Les dynamiques religieuses dans le Pacifique
Religious Dynamics in the Pacific

sous la direction de / *edited by*
Françoise Douaire-Marsaudon et de Gabriele Weichart

Couverture : L'église baptiste d'Oksapmin, Papouasie Nouvelle-Guinée.
© CNRS Photothèque/BRUTTI Lorenzo

© pacific-credo Publications
ISBN 978-2-9537485-0-5

Les dynamiques religieuses dans le Pacifique

Formes et figures contemporaines de la spiritualité océanienne

Religious Dynamics in the Pacific

Contemporary Forms and Key Figures of Oceanian Spirituality

sous la direction de / edited by
Françoise Douaire-Marsaudon et de Gabriele Weichart

pacific-credo **Publications**

Sommaire / *Contents*

Introduction:
Une foisonnante richesse religieuse

Françoise Douaire-Marsaudon et Gabriele Weichart

L'Océanie offre aujourd'hui une foisonnante richesse religieuse, résultat sans cesse renouvelé de processus complexes, au sein desquels le prosélytisme chrétien a joué, et joue encore, un rôle considérable. Ce n'est pas vraiment une surprise si l'on considère l'extrême diversité des sociétés du Pacifique en termes socioculturels, politiques et économiques, ainsi que la gamme très étendue de leurs transformations historiques. Mais cette diversité est tout autant à imputer aux mutations et métamorphoses du christianisme océanien lui-même, engendrées par le contact avec les populations locales. Dans son ouvrage pionnier, John Barker a souligné cet « étonnant syncrétisme » des christianismes océaniens, derrière leurs discours aux accents pourtant souvent exclusivistes (1990 : 11 et suiv.). Prélude à la mondialisation et fer de lance de la modernité, aujourd'hui comme aux premiers temps des missions, l'expansion de la religion chrétienne a constitué, pour les populations océaniennes, un très puissant facteur d'acculturation. Pourtant, beaucoup de ces sociétés, en particulier celles qui ont été converties dès le XIXᵉ siècle, revendiquent aujourd'hui le christianisme comme une valeur fondatrice de leurs cultures. On peut affirmer sans crainte de se fourvoyer que le processus de christianisation est toujours en cours en Océanie et qu'il touche tous les domaines de la vie sociale, en particulier la sphère du politique[1].

Au sein des sciences sociales, la question religieuse dans le Pacifique, envisagée dans sa diversité, est apparue assez tardivement[2]. Aujourd'hui, elle est traversée par trois grandes séries d'interrogations. La première est issue des phénomènes empiriques multiples, qui sont nés et se sont développés au sein et autour de la christianisation, et porte sur la nature, les raisons, les formes et les effets de cette transformation majeure qu'a représentée, pour les populations océaniennes, la conversion à la religion nouvelle. Certaines questions sont posées, directement ou indirectement, par les

---

1. Voir Douglas, 1995 : 57-92.
2. Voir Fer et Malogne-Fer, 2009 : 13-30.

contributeurs de cet ouvrage : quelles sont les raisons de la réussite ou des échecs des missionnaires chrétiens auprès des différentes populations océaniennes ? Quels paramètres ont compté dans le processus d'intégration ou de rejet d'un nouveau système de croyances, avec sa doctrine, ses dogmes et les pratiques sociales et rituelles qui lui sont associées ? Existait-il des conditions préalables, des facteurs spécifiques présents à un certain point dans l'histoire de ces sociétés, des logiques en marche, qui permettaient d'accepter, ou non, la religion nouvelle ? Comment s'expriment et que signifient les formes nouvelles de socialité – entre les membres d'une communauté, entre les hommes et les femmes, etc. – telles qu'elles se développent aujourd'hui dans la vie religieuse ?

La seconde série d'interrogations concerne le changement culturel impliqué par l'adoption et/ou l'imposition du christianisme : qu'est-ce qui change pour les populations du Pacifique quand elles sont confrontées au christianisme ? Puisque la christianisation se caractérise par l'importation – quelle que soit la manière dont celle-ci s'est accomplie – d'une religion née ailleurs, que signifie le changement impliqué pour les populations concernées : un *mélange*, plus ou moins homogène, plus ou moins stable, de deux systèmes religieux ou, au contraire, une rupture, brutale et profonde, d'avec la société précédente ? Ou encore un autre type de recomposition entre deux systèmes d'interprétation du monde, dont il convient de comprendre et d'analyser les modalités ? On verra dans cet ouvrage que les réponses à ces questions, quand elles sont données, sont loin d'être uniformes.

Pour les chercheurs en sciences sociales, le problème qui se pose est aussi, et par voie de conséquence, celui du choix du cadre d'analyse dans lequel étudier le rapport au passé et le changement qui s'y trouve impliqué. L'étude de la relation au passé doit-elle être placée dans le cadre de la continuité supposée d'une société ou, au contraire, n'est-il pas plus pertinent de mettre en question ce cadre de référence général, trop souvent considéré comme allant de soi ? Dans l'introduction de leur récent ouvrage *Anthropologie du christianisme en Océanie*, Yannick Fer et Gwendoline Malogne-Fer critiquent ce qu'ils appellent l'anthropologie de la continuité et ses effets sur l'étude du christianisme : « Reprenant à son compte le discours autochtone sur la primauté d'une permanence culturelle englobant le christianisme, une pensée anthropologique de la continuité tend en effet [...] à reléguer ce christianisme traditionnel au rang d'acteur secondaire, fondu dans un système culturel qu'il n'a modifié qu'à la marge » (Fer et Malogne-Fer, 2009 : 19). Soit. Mais si l'on postule d'emblée la discontinuité du rapport au passé, si, d'entrée, on fait l'économie du discours autochtone sur la permanence culturelle, ne risque-t-on pas de passer à côté de ce que pensent, disent et font les populations lorsqu'elles transforment en continuités les discontinuités de leur propre histoire ? Ne risque-t-on pas, avec une pensée anthropologique de la discontinuité *a priori*, de reléguer au rang d'acteurs secondaires, non plus le christianisme ou n'importe quel élément d'un système culturel, mais les gens eux-mêmes, les personnes pensantes et agissantes qui constituent une société ? Si, comme le dit Maurice Godelier (2007 : 189), les hommes non seulement vivent en société mais produisent de la société pour vivre, ne doit-on pas penser ensemble les ruptures de l'histoire des sociétés et ce que font leurs membres *pour* les surmonter (et *en* les surmontant) ?

Cette dernière problématique a été abondamment discutée, on le sait, au cours du débat quelque peu houleux sur la « coutume » et l'invention de la tradition – débat né dans le Pacifique [3] – durant les deux dernières décennies du XXe siècle. Aujourd'hui, la discussion n'est pas close mais il semble toutefois qu'elle ait perdu quelque peu de sa virulence et qu'elle tende à passer au second plan derrière une troisième série d'interrogations, elles aussi d'ordre épistémologique, posées en particulier par certains des contributeurs du présent ouvrage : étant donné l'extrême diversité, à la fois des formes d'imposition et d'appropriation du christianisme et des modes de mutation religieuse autochtone, existe-t-il un modèle d'analyse qui permettrait de comprendre l'ensemble des transformations induites par ces phénomènes ? Certains des auteurs de cet ouvrage n'hésitent pas à s'aventurer sur ce terrain problématique et proposent des modèles explicatifs, déjà éprouvés – dont le modèle dumontien de la hiérarchie et des valeurs – ou plus neufs, pour analyser le changement culturel impliqué dans le processus de christianisation. Pour d'autres auteurs, il s'agit plutôt de cerner et de comprendre les spécificités du changement culturel impliqué par les évolutions du christianisme océanien et de voir s'il est possible de dégager de leur analyse des tendances ou des lignes de forces générales.

Dans leurs tentatives de trouver des réponses à ces interrogations, ou de les penser à nouveaux frais, les auteurs ont investigué et analysé en détail des exemples ethnographiques de différentes régions de l'Océanie, la Mélanésie (surtout Nouvelle-Guinée) étant la région la plus représentée dans ce livre. Deux articles proposent une analyse de la christianisation dans les archipels polynésiens de Samoa et Tonga et un autre exemple est donné de l'Indonésie orientale.

Qu'ils étudient le phénomène de la conversion, les interactions entre les missions et les populations autochtones, le renouveau des mouvements millénaristes ou les

---

3. À propos de ce débat, voir en particulier Keesing (1989), Jolly et Thomas (1992), Sahlins (1993), Friedman (1993), Babadzan (1999). Sur la question de l'ancrage dans l'histoire des populations autochtones, voir Bastide (1970), Douaire-Marsaudon (2002), Hamelin et Wittersheim (eds) (2002).

métamorphoses du christianisme, qu'ils s'intéressent à « l'actualité du paganisme » ou à « la contemporanéité des prophétismes » – pour reprendre les termes d'André Mary (2007) – les auteurs de cet ouvrage, impliqués souvent depuis plusieurs années dans ce champ de recherche en pleine mutation, cherchent à comprendre ce qui est en jeu dans les configurations changeantes de la spiritualité contemporaine en Océanie. Ce faisant, ils interrogent aussi la validité des catégories et des outils conceptuels utilisés, comme, par exemple, ceux de croyance (Lenclud, 1991), de changement culturel (Robbins, 2004) de syncrétisme (Babadzan, 1982), ou encore d'indigénisation.

Le présent ouvrage est le résultat d'une réflexion commune menée au sein d'une des sessions de la Conférence de l'ESfO (European Society for Oceanists) qui s'est tenue à Marseille, en juillet 2005. La fin de la session a vu se dérouler une discussion passionnante et passionnée entre les participants et il n'a plus fait de doute, à ce moment-là, qu'il fallait transformer les travaux de cette session en publication. Onze des quinze exposés présentés durant cette session sont devenus les chapitres de cet ouvrage. Cinq textes sont en français, sept en anglais[4]. L'ordre des chapitres s'est imposé de lui-même dans la mesure où il est apparu moins déconcertant, pour le lecteur, de suivre le déploiement des visages de la spiritualité océanienne dans le temps, en restant au plus près de sa chronologie, laquelle nous mène du XIXe siècle à aujourd'hui.

Dans sa réflexion sur la magie et ses innovations parmi les Lelet de Nouvelle-Irlande, Richard Eves montre que la modernité, associée, aux yeux de la population Lelet, au capitalisme et à l'individualisme comme à la colonisation et au christianisme, n'a pas mis fin à la croyance en la magie, même si la pratique de celle-ci semble avoir diminué. Il voit donc une continuité entre les anciennes et les nouvelles pratiques de la magie et soutient qu'une part importante des représentations, de la conception du rituel et de ce qui est attendu de la magie, existe au sein de la structure du christianisme et s'ajuste très bien à cette dernière.

Au sein des sociétés comme Samoa et Tonga, dont la christianisation est considérée comme achevée au milieu du XIXe siècle, le christianisme est revendiqué aujourd'hui comme une valeur fondatrice. Pour Andrew Robson, le prosélytisme chrétien fut moins dramatique et moins traumatisant à Samoa que dans d'autres régions de Polynésie, comme, par exemple, à Tahiti. Après 1830, la conversion au christianisme

---

4. Tous les exposés de la conférence ESfO de 2005 ont été présentés en anglais mais comme il a été décidé de faire un ouvrage bilingue, certains auteurs français ont traduit leur texte dans leur propre langue et deux auteurs anglophones ont bien voulu accepter d'être traduits en français (J. Robbins et A. Eriksen ; voir la version anglaise (publiée) dans leur bibliographie).

fut une affaire délibérée, pragmatique et personnelle, et la même chose peut être dite de la croissance, au cours des dernières décennies, du mormonisme. À ses débuts, la conversion ne fut pas conduite par les chefs. Si le plus puissant d'entre eux, Malietoa Vainu'upo, a, en effet, garanti la sécurité des « teachers » polynésiens amenés par les missionnaires britanniques, son appui fut seulement l'un des facteurs de cette conversion. L'éducation scolaire, des considérations matérielles ainsi que la conviction religieuse jouèrent un rôle dans la décision d'adopter la religion nouvelle, de même qu'une certaine compatibilité entre les croyances traditionnelles et chrétiennes. Plus récemment, l'attention des Samoans s'est tournée vers une meilleure intégration du christianisme au sein de leurs propres traditions culturelles, impliquant une réinterprétation de celui-ci en connexion avec le système de valeurs traditionnel et la mythologie de Samoa. Aujourd'hui, le christianisme n'est plus identifié comme une religion occidentale ou étrangère mais comme une part essentielle de la tradition et de la culture samoane.

À Tonga, la christianisation de la population s'est bien faite selon le schéma traditionnel, comme le montre Françoise Douaire-Marsaudon, c'est-à-dire qu'elle a répondu d'abord à la volonté d'appropriation de certains chefs, qui l'imposent à leurs sujets et s'en servent pour asseoir leur pouvoir sur leurs rivaux. Cependant, ce qu'on ne distingue pas toujours clairement dans cette conversion rapide et commandée par en haut, c'est l'imbrication de la religion et des Églises chrétiennes dans la vie politique locale. De ce point de vue, on pourrait dire qu'il existe une continuité forte avec le passé de ces sociétés, dans la mesure où le politique et le religieux n'y ont sans doute jamais constitué des sphères séparées au sein de la vie sociale. Pourtant, cette imbrication entre le domaine religieux et la sphère politique revêt aujourd'hui des formes bien différentes de ce qu'elle était autrefois. Ce constat pose une fois encore la question du rapport que ces sociétés construisent et entretiennent avec leur passé. Si les Tongiens contemporains – comme les Samoans – revendiquent aujourd'hui le christianisme comme une source fondatrice de leur histoire, leur relation à la mémoire du passé, et plus précisément celle qui les lie à leurs ancêtres, apparaît aujourd'hui comme marquée par la gêne et l'embarras, bref comme une mémoire « trouble » qui pose question.

Denis Monnerie s'intéresse lui aussi au christianisme dans ses rapports au passé et à la mémoire dans une région (Hoot ma Whaap) de Nouvelle-Calédonie située au Nord de la Grande Terre et christianisée, elle aussi, au XIXe siècle. À ses yeux, comprendre l'implantation du catholicisme dans cette région passe par l'observation et l'analyse des cérémonies qui se sont tenues plus d'un siècle plus tard. Des récits locaux évoquent en effet cet aspect de l'histoire du colonialisme. Tout ceci montre que certaines notions et pratiques fondamentales des relations régionales de Hoot ma Whaap sont aujourd'hui – et vraisemblablement furent depuis le début – utilisées et adaptées par les Kanak, afin d'accueillir et, dans une certaine mesure, de contrôler les prêtres et les pratiques et idées catholiques. Cette démonstration permet à l'auteur de faire un certain nombre de propositions pour comprendre les relations entre le passé et le présent dans le monde kanak et au-delà.

Dans les régions intérieures des grandes îles du Pacifique, la christianisation est un phénomène beaucoup plus récent et certaines modalités de résistance au message chrétien, comme d'ailleurs de nouvelles formes d'expression religieuse, montrent la volonté des populations locales de créer et de contrôler les conditions de leur vie spirituelle. Dans ce pays profondément chrétien qu'est la Papouasie Nouvelle-Guinée, la situation des Ankave fait figure d'exception, comme s'attache à nous le montrer Pascale Bonnemère. Depuis 1972, plusieurs représentants de l'Église luthérienne ont été envoyés dans la vallée de la Suowi afin de convertir ses habitants, mais aucun n'est resté plus de deux années consécutives. Au cours de la décennie 1990, l'un d'entre eux aurait pu parvenir à introduire durablement le message chrétien, notamment parce qu'il enseigna la lecture du Tok Pisin[5] à un grand nombre de villageois, mais il eut un comportement tellement irrespectueux de la culture locale et des hommes qui la défendaient qu'il fût chassé définitivement et que ses successeurs furent contraints de quitter la vallée aussitôt arrivés. Cette situation perdurait en 2002. L'auteur cherche à comprendre la réticence des Ankave à accueillir durablement les hommes d'Église en leur sein et nous montre que celle-ci tient à la fois à des facteurs extérieurs et à des raisons liées à leur histoire.

Les Asmat de Papouasie occidentale ont été christianisés par des missionnaires américains. Dans l'ensemble de la région habitée par les Asmat, on trouve quatre dénominations catholiques, deux protestantes et une pentecôtiste. Cependant, pour Astrid de Hontheim, ce sont avant tout les Pères Crosiers (catholiques) et les membres de The Evangelical Alliance Mission (TEAM, protestants) qui peuvent être considérés comme responsables des tentatives d'évangélisation dans cette région. Astrid de Hontheim compare les idées et les comportements que ces deux ordres missionnaires, catholique et protestant, développent dans leurs relations avec les Asmat, dans un domaine fondamental de la vie sociale, celui de la santé. Cette approche lui permet de présenter la manière asmat de composer avec la maladie et l'infortune et d'évaluer l'implication des missionnaires au plan médical ainsi que la façon dont cette implication joue sur la confiance que leur accordent les Asmat.

---

5. « Tok Pisin » est le terme officiel pour désigner le pidgin parlé en Papouasie Nouvelle-Guinée.

Dans les formes plus contemporaines du christianisme évangélique et des mouvements millénaristes, la légitimité de l'institution ecclésiale cède parfois la place à l'autorité personnelle du prêtre prophète. C'est le cas du culte de John Frum, au Vanuatu. Cependant, à rebours des analyses qui voient dans les cultes du Cargo des « constructions narratives » occidentales, Marc Tabani explore la continuité de ce culte millénariste dans l'île de Tanna (Vanuatu). Connu comme l'un des plus célèbres d'entre eux, son histoire s'étend déjà sur plus de soixante-dix années. Le puissant revivalisme millénariste qu'il traverse depuis l'an 2000 est à la mesure des élans prophétiques de son passé. Si les observations menées sur le terrain vont à l'encontre des affirmations actuelles sur « l'inexistence des cultes du Cargo », elles tendent également à invalider d'anciennes propositions théoriques qui les assimilaient à des mouvements « précurseurs des nationalismes ». Pour saisir toute l'originalité du culte de John Frum, l'auteur accorde une attention toute particulière à la question du temps et de l'indigénisation des représentations millénaristes.

Au sein des Églises traditionnelles comme dans les nouveaux mouvements charismatiques, les femmes ou les jeunes constituent des groupes d'intérêt collectif dont les préoccupations s'étendent bien au-delà de la seule demande religieuse. Deborah Van Heekeren, Annelin Eriksen et Gabriele Weichart discutent de la valeur de la socialité, des relations avec la communauté, sous l'influence du christianisme. Deborah van Heekeren a choisi de focaliser son attention sur les échanges de « compagnonnage » qui constituent une partie du programme de l'United Church Women's Fellowship des Vula'a (connus habituellement sous l'appellation de Hula), sur la côte Sud-Est de la Papouasie Nouvelle-Guinée. La comparaison entre les nouvelles formes d'échange au sein de ces réseaux de compagnonnage chrétien et des formes plus traditionnelles, appuyée sur une étude du contexte sociohistorique des Vula'a et des groupes mélanésiens voisins, révèle, aux yeux de l'auteur, la dimension ontologique de l'échange de dons. Deborah Van Heekeren arrive à la conclusion que ce ne sont pas les relations d'échange qui créent la société mais qu'au contraire, c'est l'ontologie relationnelle qui engendre ces échanges. Pour l'auteur, cette ontologie est fondamentalement relationnelle puisqu'il s'agit d'un mode d'être fondé sur le besoin d'établir et de maintenir des relations au travers de l'échange.

Dans l'île d'Ambrym, au Vanuatu, la structure des relations sociales repose sur une différentiation fondamentale entre les catégories de sexe. Annelin Eriksen contraste les rôles et les activités féminines avec les pratiques d'échange de don masculin au sein d'une société à grades et montre comment les unes et les autres sont à la fois opposées et liées hiérarchiquement, selon le modèle d'analyse proposé par Dumont (1966). Alors que la personnalisation et la compétition caractérisent les pratiques de l'échange chez les hommes, c'est le partage entre pairs qui marque les activités d'échange des femmes. L'étude des relations de genre, au sein de l'église d'Ambrym, et leur comparaison avec celles qui prévalent au sein de la société tout entière, où domine la hiérarchie des hommes, révèlent comment, dans le contexte de l'église, la relation hiérarchique est inversée.

Pour sa part, Gabriele Weichart propose une discussion sur les aspects communautaires et sur l'individualisme dans la société de Minahasa, au nord-est de Sulawesi, en Indonésie. Bien que cette région ne fasse habituellement pas partie de l'Océanie, l'histoire de sa christianisation, les réactions des indigènes, leur mode d'adoption et d'ajustement du christianisme à leur culture, montrent de nombreuses similarités avec les exemples issus des îles du Pacifique. Aux yeux de l'auteur, les valeurs traditionnelles d'égalité et de compétition sont encouragées dans l'environnement chrétien contemporain où le souci de la communauté et l'individualisme vont de pair, ce qui, pour l'auteur, constitue un facteur important de l'adoption et du succès de l'Église chrétienne dans la société de Minhasa.

Le dernier texte de cet ouvrage aborde la question du changement radical, de la dialectique de la rupture et de la continuité, dans des sociétés mélanésiennes confrontées aux injonctions rigoristes des Églises charismatiques et pentecôtistes. Joel Robbins entreprend de discuter de l'individualisme dans les sociétés mélanésiennes, plus particulièrement chez les Urapmin de Papouasie Nouvelle-Guinée. En prenant appui sur la théorie dumontienne de la hiérarchie des valeurs, il interprète le glissement d'une société centrée sur la dimension relationnelle au temps préchrétien, vers une orientation contemporaine individualiste, comme une mutation des valeurs, menant en définitive à un changement culturel radical. Dans son analyse du christianisme charismatique et pentecôtiste, Joel Robbins est moins intéressé par l'Église en tant qu'institution que par le christianisme en tant que système d'idées.

Comme le montre l'ensemble des contributions au présent ouvrage, l'anthropologie religieuse des sociétés du Pacifique apparaît aujourd'hui considérablement transformée et enrichie, grâce en particulier à un retour réflexif et critique sur son propre champ de recherche, susceptible de donner sens à une moisson considérable de données nouvelles. L'un des choix épistémologiques issus de cette réflexion a été, dans les années 1990, de reconsidérer la dimension historique des phénomènes impliqués dans les dynamiques religieuses, un choix auquel souscrivent la plupart des auteurs de cet ouvrage. Celui-ci témoigne aussi d'une idée émergente des recherches en cours, qui consiste à prendre aussi en compte la subjectivité de l'expérience religieuse dans toute sa diversité, dans ses manifestations les plus spectaculaires comme dans ses aspects les plus secrets ou les plus cachés.

Bibliographie

Babadzan, Alain

1982   *Naissance d'une tradition. Changement culturel et syncrétisme religieux aux Îles Australes (Polynésie française)*. Paris : ORSTOM.

1999a   "Avant-propos. Culture, coutume, nation : les enjeux d'un débat". In Alain Babadzan (ed.), *Les politiques de la tradition. Identités culturelles et identités nationales dans le Pacifique. Journal de la Société des océanistes*, 109 : 7-12 [numéro spécial].

1999b   "L'invention des traditions et le nationalisme". In Alain Babadzan (ed.), *Les politiques de la tradition, Identités culturelles et identités nationales dans le Pacifique. Journal de la Société des océanistes*, 109 : 13-35 [numéro spécial].

Barker, John

1990   "Introduction: Ethnographic Perspectives on Christianity in Oceanic Societies". In John Barker (ed.), *Christianity in Oceania : Ethnographic Perspectives*. Lanham : University Press of America (ASAO Monograph Series 12), pp. 1-24.

Bastide, Roger

1970   "Mémoire collective et sociologie du bricolage", *L'Année sociologique,* 21 : 65-108

Douaire-Marsaudon, Françoise

2002   "Invention de la tradition, construction du rapport au passé et ancrage dans l'histoire", *Les Nouvelles de l'archéologie,* 90(4) : 23-27.

Douglas, Bronwen

1995   "Power, Discourse and the Appropriation of God: Christianity and Subversion in a Melanesian Context", *History and Anthropology,* 9(1) : 57-92.

Fer, Yannick et Gwendoline Malogne-Fer

2009   "Introduction". In Y. Fer et G. Malogne-Fer (eds), *Anthropologie du christianisme en Océanie*. Paris : L'Harmattan, pp. 1-24.

Friedman, Jonathan

1993   "Will the Real Hawaiian Please Stand: Anthropologists and Natives in the Global Struggle for Identity". In P. Van Der Grijp et T. Van Meijl (eds), *Politics, Tradition and Change in the Pacific. Bijdragen tot de Taal-, Land-en volkenkunde*, 149 : 737-780 [numéro spécial].

Godelier, Maurice

2007   *Au fondement des sociétés humaines*. Paris : Albin Michel.

Hamelin Christine et Eric Wittersheim

2002   *La tradition et l'État. Églises, pouvoirs et politiques culturelles dans le Pacifique*. Paris : L'Harmattan.

Hobsbawm, Eric et Terence Ranger (eds)

1983   *The Invention of Tradition*. Cambridge : Cambridge University Press.

Jolly, Margaret et Nicholas Thomas (eds)

1992   "The Politics of Tradition in the Pacific", *Oceania,* 62(4) [numéro spécial].

Keesing, Roger

1989   "Creating the Past: Custom and Identity in the Contemporary Pacific",
        The Contemporary Pacific, 1 : 19-42.

Lenclud, Gérard

1991   "Croyance". In Pierre Bonte et Michel Izard (eds), *Dictionnaire de l'ethnologie et de
        l'anthropologie*. Paris : Presses universitaires de France.

Mary, André

2007   "Actualité du paganisme et contemporanéité des prophétismes", *L'Homme,* 185-186,
        pp. 365-386. En ligne, URL : http://lhomme.revues.org/index17852.html [Consulté le 31
        mai 2010].

Robbins, Joel

2004   *Becoming Sinners. Christianity and Moral Torment in a Papua New Guinea Society*.
        Berkeley : University of California Press.

Sahlins, Marshall

1993   "Goodbye to Tristes Trope: Ethnography in the Context of Modern World History",
        Journal of Modern History, 65 : 1-25.

Introduction:
A Rich Profusion of Religious Forms

Françoise Douaire-Marsaudon and Gabriele Weichart

Oceania today offers a rich profusion of religious forms, the ever-changing result of complex processes in which Christian proselytism has played and is still playing a large role. This is hardly surprising when one considers the extreme diversity of Pacific societies in sociocultural, political and economic terms as well as the very broad spectrum of their historical transformations. But this diversity is equally attributable to the mutations and metamorphoses of Oceanian Christianity itself, generated by contact with the local populations. In his pioneering work, John Barker has stressed the "astonishing syncretism" of the different forms of Oceanian Christianity, behind the nevertheless often exclusivist overtones of their discourses (1990: 11 and following). A prelude to globalization and the spearhead of modernity, today as in the early days of the missions, the expansion of the Christian religion has been a very powerful acculturation factor for the peoples of Oceania. However, many of these societies, particularly those converted in the nineteenth century, nowadays claim Christianity as one of their culture's founding values. We run no risk of being mistaken when we assert that the Christianization process is still in progress in Oceania and that it affects all realms of social life, especially the political sphere [1].

In the social sciences, the issue of religion in the Pacific, considered in its diversity, made a relatively late appearance [2]. Today, three important sets of questions permeate it. The first is the result of the many empirical phenomena which have arisen and developed in and from Christianization and which concern the nature, reasons, forms and effects of the major transformation that conversion to the new religion has represented for the peoples of Oceania. Certain questions are asked, directly or indirectly, by the contributors to this book: what are the reasons for the Christian missionaries' success or failure among the different peoples of Oceania? What were

1. See Douglas, 1995: 57-92.
2 See Fer and Malogne-Fer, 2009: 13-30.

the important parameters in the integration or rejection of a new system of beliefs, with its doctrine, dogma and the social and ritual practices associated with it? Were there prior conditions, specific factors present at a certain point in these societies' history, processes evolving, which made it possible to accept the new religion or not? How are the new forms of sociality expressed by the different members of a community, by men and by women etc. and what do they mean for them such as they are developing in religious life today?

The second set of questions concerns the cultural change entailed in the adoption and/or the imposition of Christianity: what changes for the peoples of the Pacific when they are confronted by Christianity? As Christianization is characterized by the importation – however this has been accomplished – of a religion originating elsewhere, what does the change involved signify for the populations concerned: a more or less homogeneous, more or less stable *mixing* of two religious systems or, on the contrary, a brutal and deep break with former society? Or another type of recomposition involving two systems of interpreting the world whose methods need to be understood and analysed? In this work, we shall see that the answers to these questions, when they are given, are far from uniform.

Consequently, for social science researchers, there is also the problem of choosing an analytical framework in which to study the relationship with the past and the change this entails. Should the relationship with the past be placed in the context of a society's supposed continuity or, on the contrary, is it not more pertinent to call into question this general frame of reference, all too often considered self-evident? In the introduction to their recent work *Anthropologie du christianisme en Océanie*, Yannick Fer and Gwendoline Malogne-Fer criticize what they call the anthropology of continuity and its effects on the study of[3] Christianity: "In adopting the autochthonous discourse on the primacy of a cultural permanence encompassing Christianity, an anthropological philosophy of continuity tends in fact […] to relegate this traditional Christianity to the rank of a secondary force, part of a cultural system it has only peripherally modified" (Fer and Malogne-Fer, 2009: 19). This may be the case. But if the discontinuity of the relationship with the past is postulated from the very beginning, if to start with we dispense with the autochthonous discourse on cultural permanence, do we not run the risk of missing what these populations think, say and do when they turn the discontinuities of their own history into continuities?

------

3. With regard to this debate, see in particular Keesing (1989), Jolly and Thomas (1992), Sahlins (1993), Friedman (1993), Babadzan (1999). On the question of autochthonous populations' roots in history, *cf.* Bastide (1970), Douaire-Marsaudon (2002), Hamelin and Wittersheim (eds) 2002.

Do we not run the risk, with an a priori anthropological concept of discontinuity, of relegating to the rank of secondary forces, not just Christianity and any other element of a cultural system, but the people themselves, the thinking, acting people who constitute a society's members? If, as Maurice Godelier says (2007: 189), people do not only live in society but produce society in order to live, should we not at the same time consider the societies' breaks with history and what their members do *to* overcome these (and *by* overcoming them)?

The latter issue has been abundantly discussed, as we know, in the course of the somewhat stormy debate over "custom" and the invention of tradition – a debate which originated in the Pacific – during the last two decades of the twentieth century. Today the discussion is not over but it would seem, nonetheless, to have lost some of its virulence and to be tending to fade into the background behind a third set of questions, they too of an epistemological nature, asked in particular by some of the contributors to the present work: given the extreme diversity, both in the forms of imposition and appropriation of Christianity and of the modes of autochthonous religious mutation, does there exist an analytical model which would enable us to understand all the transformations resulting from these phenomena? Some of the authors of this work do not hesitate to venture onto this problematic ground and to propose explanatory models, some already tested – like the Dumontian model of hierarchy and values – or newer ones, in order to analyse the cultural change entailed in the Christianization process. For others, it is more a question of defining and understanding the specificities of the cultural change involved in the evolutions of Oceanian Christianity and of seeing if it is possible to draw from their analysis general tendencies or lines of force.

In their attempts to find answers to these questions, or to think them through anew, the authors have investigated and analysed in detail ethnographic examples from different regions of Oceania, Melanesia (above all New Guinea) being the region most represented in this book. Two articles propose an analysis of Christianization in the Polynesian archipelagoes of Samoa and Tonga and another example is given from eastern Indonesia.

Whether they study the conversion phenomenon, the interaction between missions and autochthonous peoples, the millenarian revival or the metamorphoses of Christianity, whether they are interested in "the actuality of paganism" or in "the contemporaneousness of prophetism" – to borrow the terms used by André Mary (2007) – the authors of this work, who have often been involved for several years in this radically and rapidly changing field of research, attempt to understand what is at stake in the evolution of configurations of contemporary spirituality in Oceania.

In doing so, they also question the validity of the conceptual categories and tools used as, for example, those of belief (Lenclud, 1991), of cultural change (Robbins, 2004), of syncretism (Babadzan, 1982) or of indigenization.

The present work is the result of a joint reflection in one of the sessions of the ESfO (European Society for Oceanists) conference held in Marseilles in July 2005. At the end of the session, a riveting and impassioned discussion took place between the participants which left no doubt that the work of this session should be published. Eleven out of the fifteen presentations given during the session have become chapters in this book. Five texts are in French, seven in English[4]. The chapter order was obvious insofar as it seemed less disconcerting for the reader to follow the unfolding of the different faces of Oceanian spirituality through time. We have therefore chosen to respect this chronology as far as possible, with a progression from the nineteenth century through to today.

In his reflection on magic and its innovations among the Lelet of New Ireland, Richard Eves shows that modernity, associated in the eyes of the Lelet people with capitalism and individualism as with colonization and Christianity, has not put an end to the belief in magic, even if the latter seems to be practised less. Therefore, he sees a continuity between old and new magical practices and asserts that a large part of the representations and conceptions of ritual and of what is expected of magic exists within the structure of Christianity and has adjusted very well to it.

In societies such as those of Samoa and Tonga, in which Christianization is considered as having been achieved in the middle of the nineteenth century, Christianity is today claimed as a founding value. For Robson, Christian proselytism was less dramatic and less traumatic in Samoa than in other regions of Polynesia, as in Tahiti, for example. After 1830, conversion to Christianity was a deliberate, pragmatic and personal matter, and the same can be said of the growth of Mormonism in recent decades. At first, conversion was not led by the chiefs. Though one of the most powerful among them, Malietoa Vainu'upo, did afford his protection to the Polynesian "teachers" brought by the British missionaries, his support was just one factor among others in this conversion. Schooling and material considerations, as well as religious conviction, played a part in the decision to adopt the new religion as did a certain compatibility between traditional and Christian beliefs. More recently, the Samoans have turned their attention to better integrating Christianity into their own cultural

---

4. All the presentations at the ESfO 2005 conference were given in English but, as it was decided to publish a bilingual work, some of the French authors have translated their text into their own language and two English-speaking authors have been kind enough to accept translation into French (J. Robbins and A. Eriksen; see the English version (published) in their bibliography).

traditions, which has entailed a reinterpretation of the former with regard to the system of traditional values and the mythology of Samoa. Today, Christianity is no longer identified as a Western or foreign religion but as an essential part of Samoan tradition and culture.

In Tonga, the Christianization of the population did take place according to the traditional pattern, as Françoise Douaire-Marsaudon shows us, that is to say it initially corresponded to the desire to appropriate it of certain chiefs who imposed it on their subjects and used it to establish power over their rivals. However, what is not always clearly distinguished in this rapid conversion controlled from above is the imbrication of the Christian religion and Churches with local political life. From this point of view, it can be said that there is a strong continuity with the past in these societies, insofar as politics and religion have doubtless never formed separate spheres in social life. Nevertheless, this enmeshment of the religious field and the political sphere today takes on very different forms from that of the past. This fact again raises the question of the relationship these societies develop and maintain with their past. If contemporary Tongans – like Samoans – nowadays claim Christianity as a founding source of their history, their relation to the memory of the past, and more specifically to that linking them to their ancestors, seems today marked by uneasiness and embarrassment, in short as if it were a "blurred" memory which raises questions.

Denis Monnerie too is interested in Christianity's relationship with the past and memory, in a region (Hoot ma Whaap) of New Caledonia in the north of *Grande Terre* also Christianized in the nineteenth century. In his eyes, in order to understand how Catholicism became established in this region it is necessary to observe and analyse ceremonies which took place more than a century later, for local narratives evoke this aspect of the history of colonialism. All this shows that certain notions and practices fundamental to regional relations in Hoot ma Whaap are today – and probably have been from the very beginning – used and adapted by the Kanak to receive and, to a certain extent, control the Catholic priests, practices and ideas. This demonstration enables the author to make a certain number of proposals for understanding the relationship between the past and the present in the Kanak world and beyond.

In the inland regions of the big Pacific islands, Christianization is a much more recent phenomenon and certain modes of resistance to the Christian message, like moreover new forms of religious expression, show the local populations' desire to create and to control the conditions of their spiritual life. In the profoundly Christian country of Papua New Guinea, the situation of the Ankave is an exception, as

Pascale Bonnemère undertakes to show us. Since 1972 several representatives of the Lutheran Church have been sent into the Suowi valley to convert its inhabitants, but none of them have stayed more than two consecutive years. During the 1990s, one of them might have managed to introduce the Christian message enduringly, particularly because he taught many villagers to read Tok Pisin [5], but he behaved so disrespectfully towards the local culture and the men defending it that he was driven out for good and his successors forced to leave the valley as soon as they arrived. The situation was still the same in 2002. The author seeks to understand the Ankave's reluctance to receive men of the church amongst them on a long-term basis and shows us that this is due both to external factors and to reasons linked to their history.

The Asmat of East Papua were converted to Christianity by American missionaries. In the whole region inhabited by the Asmat, there are four Catholic denominations, two Protestant ones and a Pentecostal one. However, for Astrid de Hontheim, it is above all the Crosier Fathers (Catholics) and the members of The Evangelical Alliance Mission (TEAM, Protestants) who can be considered responsible for evangelization efforts in this region. Astrid de Hontheim compares the ideas and behaviour these two missionary orders, one Catholic the other Protestant, develop in their relations with the Asmat in a fundamental sphere of social life, that of health. This approach enables her to present the way in which the Asmat cope with illness and misfortune and to evaluate the missionaries' involvement on a medical level as well as the manner in which this involvement affects the confidence the Asmat place in them.

In the more contemporary forms of evangelical Christianity and millenarian movements, the legitimacy of the Church institution is sometimes replaced by the personal authority of the prophet priest. This is the case for the John Frum cult in Vanuatu. However, going against the analyses that see the cargo cults as Western "narrative constructions", Marc Tabani explores the continuity of this millenarian cult on the island of Tanna (Vanuatu). Known as one of the most famous, its history already goes back more than seventy years. The powerful millenarian revival it has been going through since the year 2000 is on a scale with the prophetic outbursts of its past. Though the field observations run counter to current assertions about the "non-existence of cargo cults", they also tend to invalidate former theoretical pro-positions which likened these cults to movements which were the "forerunners of nationalism". In order to fully grasp the originality of the John Frum cult, the author

---

5. "Tok Pisin" is the official term used to designate the pidgin spoken in Papua New Guinea.

pays particular attention to the question of time and of the indigenization of the millenarian representations.

In the traditional churches as in the new charismatic movements, women or the young constitute collective interest groups whose concerns spread far beyond purely religious needs. Deborah van Heekeren, Annelin Eriksen and Gabriele Weichart discuss the value of sociality, of relations with the community, under the influence of Christianity. Deborah van Heekeren has chosen to focus her attention on the "companionship" exchanges which are part of the programme of the United Church Women's Fellowship of the Vula'a (usually known as the Hula) on the South-East coast of Papua New Guinea. The comparison, in these networks of Christian companionship, between the new forms of exchange and more traditional ones, based on a study of the socio-historic context of the Vula'a and neighbouring Melanesian groups, reveals in the author's eyes the ontological dimension of gift exchange. Deborah van Heekeren comes to the conclusion that it is not exchange relations which create society but that, on the contrary, it is relational ontology which generates these exchanges. For the author, this ontology is essentially relational because it represents a mode of being based on the need for establishing and maintaining relations through exchange.

On the island of Ambrym, in Vanuatu, the structure of social relations is based on a fundamental differentiation between gender categories. Annelin Eriksen contrasts female roles and activities with male gift exchange practices in a graded society and shows how they are all both hierarchically opposed and related, according to the analytical model proposed by Dumont (1966). While personalization and competition characterize exchange practices among men, it is sharing among peers which is the mark of women's exchange activities. The study of gender relations in the church of Ambrym and the comparison of them with those prevailing in society in general, where the men's hierarchy is dominant, reveal how, in the context of the church, the hierarchical relation is inverted.

For her part, Gabriele Weichart proposes a discussion of community aspects and individualism in Minahasa society, in the North-East of Sulawesi, Indonesia. Although this region is not usually part of Oceania, the history of its Christianization, the native people's reactions, their ways of adopting Christianity and adjusting it to their culture present many similarities with the examples from the islands of the Pacific. In the eyes of the author, the traditional values of equality and competition are encouraged in the contemporary Christian environment in which concern for the community and for the individual go hand in hand. For the author, this constitutes an important factor in the adoption and success of the Christian church in Minhasa society.

The last text in this work look at the question of radical change, of the dialectics of rupture and continuity in Melanesian societies confronted with the rigid injunctions of the charismatic and pentecostal Churches. Joel Robbins undertakes a discussion of individualism in Melanesian societies, more particularly among the Urapmin of Papua New Guinea. Using the Dumontian theory of the hierarchy of values, he interprets the shift of a society centred on the relational dimension in pre-Christian times towards a contemporary individualistic orientation as a change in values leading eventually to a radical cultural transformation. In his analysis of charismatic and pentecostal Christianity, Joel Robbins is less interested in the Church as an institution as in Christianity as a system of ideas.

As all the contributions to the present work demonstrate, religious anthropology in the societies of the Pacific appears today to have been considerably transformed and enriched, in particular thanks to a critical and reflexive reappraisal of its own field of research liable to make sense of a wealth of new data. One of the epistemological choices resulting from this reflection was a reassessment in the 1990s of the historical dimension of the phenomena involved in religious dynamics, a choice to which most of the authors in this work adhere. This shows too an emergent idea in current research: that of also taking into account the subjectivity of religious experience in all its diversity, in its most spectacular expressions as in its most secret or hidden aspects.

Bibliography

Babadzan, Alain

1982   *Naissance d'une tradition. Changement culturel et syncrétisme religieux aux Îles Australes (Polynésie française)*. Paris: ORSTOM.

1999a   "Avant-propos. Culture, coutume, nation : les enjeux d'un débat". In Alain Babadzan (ed.), *Les politiques de la tradition. Identités culturelles et identités nationales dans le Pacifique. Journal de la Société des océanistes*, 109: 7-12 [special issue]

1999b   "L'invention des traditions et le nationalisme". In Alain Babadzan (ed.), *Les politiques de la tradition, Identités culturelles et identités nationales dans le Pacifique. Journal de la Société des océanistes*, 109: 13-35 [special issue].

Barker, John

1990   "Introduction: Ethnographic Perspectives on Christianity in Oceanic Societies". In John Barker (ed.), *Christianity in Oceania : Ethnographic Perspectives*. Lanham: University Press of America (ASAO Monograph Series 12), pp. 1-24.

Bastide, Roger

1970   "Mémoire collective et sociologie du bricolage", *L'Année sociologique*, 21: 65-108

Douaire-Marsaudon, Françoise

2002   "Invention de la tradition, construction du rapport au passé et ancrage dans l'histoire", *Les Nouvelles de l'archéologie*, 90(4): 23-27.

Douglas, Bronwen

1995   "Power, Discourse and the Appropriation of God: Christianity and Subversion in a Melanesian Context", *History and Anthropology*, 9(1): 57-92.

Fer, Yannick and Gwendoline Malogne-Fer

2009   "Introduction". In Y. Fer and G. Malogne-Fer (eds), *Anthropologie du christianisme en Océanie*. Paris: L'Harmattan, pp. 1-24.

Friedman, Jonathan

1993   "Will the Real Hawaiian Please Stand: Anthropologists and Natives in the Global Struggle for Identity". In P. Van Der Grijp and T. Van Meijl (eds), *Politics, Tradition and Change in the Pacific. Bijdragen tot de Taal-, Land-en volkenkunde*, 149: 737-780 [special issue].

Godelier, Maurice

2007   *Au fondement des sociétés humaines*. Paris: Albin Michel.

Hamelin Christine and Eric Wittersheim

2002   *La tradition et l'État. Églises, pouvoirs et politiques culturelles dans le Pacifique*. Paris: L'Harmattan.

Hobsbawm, Eric and Terence Ranger (eds)

1983   *The Invention of Tradition*. Cambridge: Cambridge University Press.

Jolly, Margaret and Nicholas Thomas (eds)

1992   "The Politics of Tradition in the Pacific", *Oceania*, 62(4) [special issue].

Keesing, Roger

1989   "Creating the Past: Custom and Identity in the Contemporary Pacific",
        The Contemporary Pacific, 1: 19-42.

Lenclud, Gérard

1991   "Croyance". In Pierre Bonte and Michel Izard (eds), *Dictionnaire de l'ethnologie et de
        l'anthropologie*. Paris: Presses universitaires de France.

Mary, André

2007   "Actualité du paganisme et contemporanéité des prophétismes", *L'Homme*,
        185-186: 365-386. On line, http://lhomme.revues.org/index17852.html
        [Accessed 31/05/2010].

Robbins, Joel

2004   *Becoming Sinners. Christianity and Moral Torment in a Papua New Guinea Society*.
        Berkeley: University of California Press.

Sahlins, Marshall

1993   "Goodbye to Tristes Trope: Ethnography in the Context of Modern World History",
        Journal of Modern History, 65: 1-25.

Magical Innovation:
Negotiating Religious Change in New Ireland

Richard Eves

"New situations demand new magic…" [1]

The relationship between magic and modernity has been an uncomfortable one. Like the theatrical magician who makes a member of his audience disappear, magic itself was supposed to disappear, fading away in the wake of modernity, never to reappear. Seen as an antithesis of modernity, magic was "a production of illusion and delusion that was thought to recede and disappear as rationalization and secularization spread throughout society" (Pels, 2003: 4). This view of modernity as synonymous with the inevitable development of rationalist technological and scientific knowledge was put powerfully and influentially by Weber (1930: 105, 117; 1948). Subsequently, tradition was generally opposed to modernity while theories of modernisation assumed that science would inevitably displace tradition. While this narrative of modernity usurping tradition has been met with considerable scepticism by anthropologists, it still governs thinking in some other fields. For example, public education on health in Melanesia is almost always based on the assumption that beliefs attributing illness to sorcery or witchcraft will be readily displaced when the medical facts are presented (see Pigg, 2005: 61; see Eves, n.d.a.).

In the event, far from seeing an end to magic, modernity has brought an efflorescence of what is often labelled as occult forces. Scholars have even suggested that far from being a vestige of tradition, occult powers are "eminently modern" (Moore and Sanders, 2001: 10), while the Comaroffs note that the "signs and practices of witchcraft are integral to the experiences of the contemporary world" (1993: xxv).

---

1. Evans-Pritchard, *Witchcraft, Oracles and Magic* 1937: 513 cited in Jean Comaroff and John L. Comaroff, *American Ethnologist, 26(2)* 1999: 279.

For them, witches are modernity's prototypical malcontents embodying "all the contradictions of the experience of modernity itself, of its inescapable enticements, its self-consuming passions, its discriminatory tactics, its devastating social costs" (Comaroff and Comaroff, 1993: xix and see also 1999). More recently, Sanders has commented that witchcraft discourses and practices "provide moralizing meta-commentaries on the meaning of modernity as experienced in different localities" (2003: 339). In a similar vein, Parish suggests that witchcraft practices "crystallize the experiences of the modern world" and signify the frictions generated in the local moral economy by the values attributed to capitalist accumulation and the possession of material goods (2000: 487, 488)[2]. Ciekawy singles out inequalities in wealth, arguing that witchcraft discourse "offers a critique of inequality and the human agents of exploitation where excessive desire for wealth and power, and the fulfilment of one person's desire at another person's expense", are dominant themes (1998: 123). Importantly, as Sanders comments, such writings draw attention to local agency and the creative abilities displayed in people's confrontation with the modern world (2003: 340).

Very few Melanesianists have engaged with the issues raised by these Africanist scholars; very few cite this literature or address magic's encounter with modernity in a substantial way (see Eves, 2000; Knauft, 2002). Moreover, this seems to be part of a more general eschewal of the subject, since there have been very few recent studies of magic in Melanesia at all[3]. Few Melanesianists have engaged with contemporary manifestations of magic in the new contexts of urbanisation, labour migration, conflicts over resources or the AIDS epidemic. The propensity to attribute AIDS-related deaths, which are increasing rapidly, to sorcery and witchcraft suggest that more work needs to be done (see Haley, 2008).

The current eschewal of magic is surprising given the role it has played in the history of anthropology in the region. Even before Malinowski's finely detailed

---

2. Ciekawy and Geschiere pose the questions "why is modernity in Africa – and not only there – so easily linked to witchcraft? Why does witchcraft appear to be the obvious discourse for people to interpret modern changes and to try to deal with them?" (1998: 4). Sanders cautions against overstating the argument, remarking that "African witchcraft may well be part *of* modernity, but by no means needs to be *about* modernity" (2003: 338 his emphasis). See also Moore's commentary on the Comaroffs' paper, "Occult economies and the violence of abstraction", when she asks: "when did this 'new' reaction start? Is the intensification the major new feature? How many of these practices were there before? What was there before? Were there substantially different 'social and moral anchors' in the 1980s, the 1970s, earlier?" (1999: 305).

3. In addition to my own detailed analysis (Eves, 1998), I can cite primarily the work of Stephen (1995) and Young (1983).

and ethnographically rich works on magic, anthropologists such as Codrington, Seligman and Rivers were writing and speculating about Melanesian magic [4]. I suspect that magic's disappearance from anthropological debates has been due partly to a continuing inclination to approach magic from within Western categories of thought, which has robbed the topic of anthropological interest (Tambiah, 1990). While the focus has been on difference from, or similarity to, our own beliefs and practices, the significance of magic in the lived world of its practitioners has been lost (see Eves, 1998).

I agree with many other scholars that the traditional distinction between magic, science and religion has outlived its utility and represents an obstacle to deeper understanding (Brown, 1997: 130) [5]. If we study magic seriously within its own terms, paying attention to it "in specific social and historical settings rather than assum[ing] monolithic meanings", its meaningfulness can be fully illuminated and appreciated (Moore and Sanders, 2001: 13). "[I]t is only in the detail of our investigation that we can do justice to the richness of the associative process which is at the core of the imaginative act", as Fernandez remarks in his ethnography of the religious imagination (1982: 4 and see also Argyrou, 1993: 266). My aim in discussing magical innovation is similar: to show some of the complexities and ambiguities that have been thrown up in the collision of worlds and to show that the results have not been what might have been presumed.

For the ethnographic subjects of this paper, the Lelet of central New Ireland, Papua New Guinea (PNG), magic has been subject to more contestation than perhaps any other form of cultural practice [6]. However, rather than coming from the viewpoint of rationalism and science, the opposition has come from Christianity. The Methodist missionaries who arrived on the Lelet in the early twentieth century were not averse to evoking the evolutionary language of "prelogical" to describe the New Irelanders. However, though they often invoked tropes of primitiveness and heathenness, referring disparagingly to the "darkness of superstition", "unenlightenment" and "ancient beliefs", they remained equivocal about magic, only outlawing that which had "anti-social intent" (Methodist Overseas Mission, 1940). During the 1950s, the Methodists prepared a pamphlet on the "evils of magic" in Tok Pisin and

---

4. See, for example, Codrington Seligman (1910), Codrington (1891) and Rivers (1924).

5. Brown suggests a moratorium on reanalysis of Trobriand and Azande material in favour of new case studies that explore the myriad lacunae in our understanding of the significance of magic from the actor's point of view (1997: 131).

6. This paper is based on twenty months of fieldwork among the Lelet. This includes fifteen months doctoral research in 1990-1991 and a further month in each of the years 1997, 1998, 2000, 2004/2005 and 2008.

Kuanua [7] though it is unclear whether any of the ten thousand printed were distributed in New Ireland (Methodist Overseas Mission, 1956).

More recently, opposition to magic has come from the evangelical Christianity of Pentecostalism, which is antipathetic to cultural difference and eschews local tradition in favour of forms of Christian modernity [8]. Traditional practices, including magic, are denigrated and their abandonment encouraged, while a Western life-style, such as living as a nuclear family in a permanent house, replete with pictures on the walls, is valorised. Practices that are overtly magical, and even herbal remedies using plant material, are deemed "satanic" (samting bilong Satan) by Pentecostalists, and their use curtailed, if not forsaken altogether [9]. This decline in local forms of therapy has been accompanied by an increasing recourse to the Pentecostalist framework which identifies moral failings as a significant cause of misfortunes such as illness and death, something I have explored more fully elsewhere (Eves, n.d.b.).

From early in their contact history with Europeans, New Irelanders have shown a willingness to adopt new ways and adapt to the new situations they encounter. Many hundreds, for example, signed up for indentured labour on the plantations of Queensland at the turn of the twentieth century, and many others have migrated to other places in PNG in search of work. Such factors, together with others such as formal schooling and the promotion of literacy, have markedly widened the spatial and ideational horizons of the Lelet. As one would expect, this has had an effect on traditional magic, and it is this that I want to discuss here.

Lelet magic

The Lelet generally refer to magic as *lasangsanga*, but other terms include papait and, more euphemistically, *lotonga* which simply means speech [10]. Their practice of magic generally conforms to the pattern described elsewhere in Melanesia,

---

7. The language of the Tolai, used as a missionary language throughout New Ireland and New Britain.

8. It should be noted that in speaking of "Lelet Christians", I am referring only to members of the dominant United Church and not to the very small groups of Charismatic Catholics, Seventh Day Adventists and the even smaller group called the Lelet Christian Fellowship.

9. All vernacular words are italicised, while Tok Pisin and other imported words are underlined.

10. The act of uttering a magical spell is *i ngsanga*, though there are other terms which refer to the methods employed. For example, the performance of certain components of sun magic that require the fanning of a fire while incanting spells is referred to as *i tmas laxao* (he blows the fire with a spell). Some magic is sung rather than uttered, and then the verb used is singing, *i kpixan*, a term that applies to singing generally (for example in church). The processes employed in some of the more elaborate forms of magic, such as the collective garden magic, *lemeravas*, that requires the recitation of lengthy lists of ancestral names, is referred to as *lenga* or sometimes *lalavang*.

and involves the incantation of spells or the singing of songs, while things, substances or paraphernalia are manipulated or other activities performed (see Stephen, 1995: 179). However, many examples of Lelet magic involve only spells or songs, while others employ objects for their metaphoric properties without using spells. Healing magic, for example, may involve the use of appropriate plant matter, such as a viscous sap to stop diarrhoea. More generally, a wide variety of objects, substances or paraphernalia are employed, including such things as crystals, lime-powder, plant matter, skulls and bones, and ochre, as well as substances derived from humans, animals or non-human beings. As is the case with spells, what is used depends on the properties it embodies or is associated with. A key aspect of this is the metaphoric properties of the chosen materials – the sympathetic notion alluded to by Frazer (1922: 12-14) of like producing like. Images of this nature are referred to as *lampowo*. To give an example, the eggs of the eagle *lamalom* are sometimes used in taro spells so that the taro will grow as large and as smooth as the eggs. Similarly, the non-human or bush spirit, *lagas*, may be invoked by a person wishing to escape detection in some illicit activity, since *lagas* are usually invisible to humans.

The magical corpus consists of several broad categories which are generally named[11]. Most of these categories are further divided into different types, which may or may not be individually named, and these may be even further subdivided. Garden magic (*lasangsanga laramang*), for example, has five major types, including one called *lubu*, of which there are several named versions. In addition to garden magic there are the following broad categories: weather (*lunso* [sun], *lunbet* [rain], *lemanman* [wind]), sorcery (*lasak*), love (*lupupulu*), property protection (*lungkunubeng*), the seduction of valuables (*lavaxat*), hunting with dogs (*lamaskadu*), escaping detection (*lamaranga*), for curing illness (*levenpanga loklok lanmeres*), for causing famine (*langontoxo or loroxo*), for protection from famine (*lavaskabot*) and for hunger suppression during famine (*lotonga belo moxon*). The more important and powerful forms of magic are often owned by specific clans or lineages and constitute heirlooms, but there is no accompanying mythic corpus, although there may be genealogies of transmission. This applies especially to garden, weather and sorcery magic.

---

11. There is no extensive corpus of myths associated with the major traditions describing the necessary ritual and paraphernalia as is the case with the Mekeo (Stephen, 1995: 179). While some forms, such as garden magic, invoke the names of mythic figures, this is less extensive than the case discussed by Stephen where myth effectively comprises the vehicle for the transmission of secret knowledge (1995: 179).

The ownership and use of magic is gendered, with most magic in the Lelet corpus being the preserve of men. Women may inherit minor forms of magic, from a parent or other relative, such as the spells for healing minor illnesses, but it is unheard of for women to own and use major heirloom forms, such as taro or weather magic. Women, however, may perform specific components of magic within some of these major forms. This is the case with the magic used to ensure bountiful taro for mortuary feasts which begins when a taro garden is cleared and planted and continues at various stages until the preparation of the mature taro for the feast (Eves, 1998). The women's magical interventions are defined within a gendered division of labour which sets out particular tasks for women. For example, prior to the peeling of taro at the feast, a woman must utter spells on four taro to ensure that there is more than enough for those attending the feast.

One aspect of the gendered dimension of magic is the embodied antithetical power that is attributed to women. Women's bodies are associated with *laram*, a form of negative power which can dissipate the efficacy of magic and which is transmitted through sexual intercourse or other close contact (see Eves, 1998: 47-50; 2009: 189). Further, *laram* has the property of heaviness, which undermines activities which require a lightweight, buoyant and agile body, such as dancing or hunting wild pig. Through contact with women, men become slow and lethargic and unable to move in the best ways for such activities, and so they practice regimes of avoidance and abstinence to keep their bodies pure and their magic efficacious. Magicians also practice other forms of abstinence that are not specifically gender related. Thus, although a weather magician practising sun magic will avoid women for the reasons I have explained, he will also avoid drinking water and other fluids because this would jeopardise his need for dryness, a prerequisite for the sun.

Magic is not a boundless form of power; it is usually about enhancing existing capacities rather than creating something from nothing. For example, while taro magic is used to ensure taro is large, plentiful and unblemished, it cannot be effective unless accompanied by the appropriate garden work. There are, however, instances where things are created, such as the weather magician causing rain on a sunny day or a man exciting passion in a woman.

Innovations

Although some forms of magic (particularly gardening magic) seem to be largely impervious to change, in general, the magical corpus of the Lelet is mutable. The Lelet's immersion in the wider networks of association provided by the growing cash economy, Christianity and the colonial state exposed them to new ideas and practices which they could adopt. So, modernity has led to the importation of new forms of magic and to an efflorescence of innovative forms, as well as affecting local magic in many ways. Thus, rather than continuing unchanged from the mythic past in a timeless tradition, magic undergoes a great deal of change, and probably always has done so. Not only is the repertoire often being expanded and new forms created or reconstituted under the influence of changed circumstances, but magic can take on different meanings according to the new contexts in which it is situated.

New instruments for magic have also appeared on the Lelet, including substances, such as new plant materials, or introduced animals, such as black cats and chickens, and new means, such as letter writing as a new medium for enacting love magic. Importantly, the latter innovation enables men to seduce women in distant places and does not rely on personal leavings as love magic has done traditionally[12]. Perhaps most importantly, new forms of power have been introduced, including some drawn from Christianity, such as the omnipotent Christian God, whose assimilation into local frameworks allows appeals to even greater powers than existed previously. Modernity is now, however, bringing changes that are causing the overt use of magic to diminish, something I will return to later.

With minor exceptions, such as the use of black cats or ouija boards for divination, most of the new magic has come to the Lelet from elsewhere in New Ireland or from the neighbouring province of East New Britain. For example, a love magic spell may have been acquired from the Lihir Islands or some magic to avoid court cases from the Gazelle Peninsula. While minor forms of magic are acquired easily, from a friend or purchased for a little money, others require considerable resolution and effort. These more substantial bodies of magic come under the umbrella of Buai, which includes powerful forms of sorcery, magic for creating dances and numerous other forms[13]. Like its eponym, the areca-nut palm, which has many branches on its fruiting hand, so too does Buai magic. This magic is associated with the Duke of York Islands and the Gazelle Peninsula and also with places within New Ireland, such as the Lihir Islands and southern New Ireland. Buai has been adopted by Lelet working in other parts of New Ireland and New Britain, mostly in the period after the Second World War, and appears to have spread widely in the region (see Eves, 1995, 1998, 2004, 2009; *cf.* Nachman, 1981: 42, 46; Albert, 1987; Wagner, 1986).

---

12. Letter writing and written texts have held a privileged place in the adoption of Christianity as well as cargo cults in Melanesia (see Kulick and Stroud, 1990; Lattas, 1998; Lawrence, 1964).

13. *Buai* the magic is capitalised to distinguish it from the areca or betel nut which gives it its name.

Considerable dangers are involved in the acquisition and use of the powers of Buai. The main practitioners are the ritual experts, Tena Buai, and a prospective Tena Buai is not conventionally schooled by the ritually adept and knowledgeable, as occurs with other forms of magic, but acquires his power through a form of revelatory experience, achieved by ritual fasting and trial by ordeal during his initiation. This usually involves the consumption of potent magical substances, either derived from the initiating Tena Buai's body or prepared by him and transferred by a familiar to the initiate, who in this way incorporates the power (see Eves, 1995). Once a Tena Buai has been initiated into a branch of Buai, he is able to create new forms of the type of power he has attained through revelatory dreams[14]. If, for example, a Tena Buai has acquired the power to choreograph dance performances, he can experience dreams in which he learns new dances and songs from the bush spirits, *lagas*, as well as other forms of magic employed to enhance the dance and protect the dancers from sorcery attack (Eves, 2004, 2009).

For the Lelet the practice of Buai is restricted to men, though this is not always so in other places, and constitutes an assertion of masculine power. The Lelet say that if a woman were to acquire Buai it would affect her ability to reproduce and if she gave birth, she would produce an anatomically deformed or monstrous being, such as a head (without a body) or a torso (without a head) or even a snake. Furthermore, unlike men, women are said to be incapable of exercising the self-control required to maintain the stringent regimen of fasting and sexual abstinence (ailal) the potential magician must undergo. Not only do such regimes strengthen and empower the body by closing off the body to substances which are debilitating, antithetical and dangerous, such as *laram*, but they are necessary for the magical powers to become bonded or consubstantial with the magician's body.

While the Lelet's existing magical framework has to some extent imposed its own local stamp on the imported magical practices of Buai, there has also been an expansion and opening up of new possibilities under its ambit. Not only are there now forms of magic and sorcery with no precedents locally, but Buai provides an expanded context for the realisation and assertion of power. With Buai, magicians

---

14. As has been reported elsewhere in Melanesia, dreams are a significant source of innovation in the realm of magic (Stephen, 1979: 8; Burridge, 1969: 246-7). Such creativity does not arise *sui generis*, but originates following an encounter with a spirit being. These may be spirits of deceased humans or non-human bush or place spirits. The bush spirit, *lagas*, are a major source of this kind of innovation. While encounters with bush spirits are often by chance, such as bumping into one while out walking at night near where they reside, certain bush spirits that live close to human habitation can also be intentionally befriended (see Eves, n.d.c).

can compete for fame in a regional context that goes far beyond any that existed prior to the colonial period (see Eves, 2004, 2009).

Christian contestations

For people who are relatively new to Christianity, who recognise it as exogenous in origin and whose experience of modernity has been through missions, Christianity is an essential aspect of the modern Western world. For New Irelanders, like the Lelet, Christian missions were integrally bound up with the social and cultural transformation that came with colonisation and they see the coming of Europeans as a defining moment which marks off the present of modernity from a pre-modern and unenlightened past, characterised by cannibalism, warfare and ignorance.

Christianity has often been typified as antithetical to modernity, embracing a credence in the supernatural that belongs to an earlier stage of development. Against this, however, it is possible to build a strong argument that Christianity has taken on a modern form which makes it for practical purposes an aspect of modernity, being bound up, for example, with capitalism, individualism and self-consciousness. Although the Lelet have not wholly adopted these features of modernity, they categorise Christianity as modern. Indeed, they have embraced the stark pitting of modernity against tradition, at least in rhetoric if not in practice. Although the Lelet occasionally compare the modernity of development favourably to tradition or <u>kastam</u>, more commonly it is the modernity of Christianity that they compare to tradition. The enlightenment from "heathen superstition" they see offered by modernity is through the omnipotent Christian God, not through rationalist technological and scientific knowledge. They sometimes refer to the time before the advent of missionaries and colonial governance as a "time of darkness" (<u>taim bilong tudak</u> or *gano at lamain*), echoing both the evangelical rhetoric of darkness and light and the earlier European primitivist view that dark forces of savagery existed in places like PNG.

For many years, particularly during the colonial period, an uneasy coexistence transpired between Christianity and many Lelet cultural practices. Although, as I noted above, a good deal of the missionary rhetoric was disparaging of local magical practice and belief, the relationship between Christianity and tradition was exceedingly complex. While the more subtle anthropological understandings of the differences between magic, sorcery and witchcraft are generally absent from missionary writings, the banning only of magic with "anti-social intent" perhaps shows a tacit recognition that a great deal of the magic practiced was actually of a benign nature and suggests some concession towards magic, perhaps for pragmatic reasons. The focus on "anti-social intent" also suggests the imposition of a far narrower and more dichotomous frame of morality than had existed among the Lelet. Missionaries tended to see morality through the either-or framework of good versus evil, which fails to see that magic is rarely so clear-cut. Depending on the circumstances, magicians could turn their beneficial magic into harmful magic. Thus, a magician who knows sun or rain magic can use these beneficially for the successful growth of taro gardens or maliciously to cause famine. Even in the case of sorcery, which seems to fall unequivocally within the ambit of "anti-social intent", there is some ambiguity since those who know sorcery invariably know how to cure it.

This meant that the actual practice of magic was much more negotiated than the missionary rhetoric would imply and, despite the missionaries' desire to see magic replaced by Christian enlightenment, it continued to be practiced regardless of their admonishments for many years. This is evident not only in relation to indigenous Lelet magic, but also in relation to the more recent imported magic of Buai. Indeed, some of these new forms of magic have been added to the Lelet cultural repertoire by Lelet men trained by the church. Two of the small number of Lelet men who have acquired Buai were trained as ministers in the United Church and were initiated into the secrets of Buai when ministering in other parts of New Ireland and New Britain. Not only were both men Tena Buai, but they were also considered to be Tena Iniet, experts in the powerful form of sorcery, iniet, which is considered a branch of Buai. Both were eventually suspended from membership of the church for their involvement, but the fact of their involvement still suggests that the relationship between magic and modernity is far from simple and that the role of Christianity in that relationship is quite complex and apparently contradictory.

In the past, many Lelet held that magic was, after all, something that God had created, like other aspects of Lelet culture, and it was therefore a legitimate practice. Some people still hold this belief – for example, one man commented while showing me a plant used for curing, which he said had been condemned by some Christians, that it was actually something God had created, or as he said, "God had put on this earth" (God i putim olgeta samting – God put all these things) (see also Scott, 2007: 186, 307, 313-24).

Some of the Lelet's ambivalence towards magic was a consequence of the missionaries translating the word for God as *Moroa*, who is a figure from myth who created many aspects of Lelet culture and subsistence items. His name is called upon in many Lelet spells, especially those more positive forms associated with ending famine, the production of taro or the abundance of food required for feasts. One spell, for example, invokes Moroa to walk with the famine and send it back: "Moroa walk, taking this famine with you. I walk sending this famine back. Moroa walk, taking this undesirable thing with you" (Eves, 1998). Another spell for planting taro asks Moroa to plant taro here, just as the magician is doing: "I plant taro here, Moroa plant taro here". In short, giving the Christian God the name Moroa accorded a degree of legitimacy to local cultural conceptions.

Conversely, this translation was also a major factor contributing to the abandonment of much magic, since a form of garden magic which invokes God's name was considered extremely disrespectful by Christians. In this magic, as the magician is thrusting his sharpened digging stick into the ground prior to planting, the spells recited invoke the magician to smash the head of Moroa, which was of course shocking to Christians. This led to a more general deprecation of gardening magic, which saw its use decline considerably.

From ambivalence to incompatibility

More recently, under the growing influence of charismatic and fundamentalist forms of Christianity, the abandonment of magic has become more common (Eves, 2007). Exposure to these forms of Christianity dates to the 1970s, when some Lelet attended a "Crusade" in Rabaul where an evangelist associated with Billy Graham spoke. However, more recently Lelet belief has become far more intensely Pentecostal, with magic being labelled "satanic" (samting bilong Satan) and converts being pressed to abandon it, along with other cultural practices. Much as reported elsewhere, Lelet Pentecostals call for a break with local tradition (Meyer, 1998: 183). The radical change in lifestyle demanded of them is idiomatically expressed as "changing one's life" (*i lok pukus lororo* or senisim laip) or "turning one's stomach" (*i lok pukus lebelen* or tanim bel), and is equivalent to the common Christian expression of being "born again", a term also occasionally used. Changing one's life means that converts must characterise their previous life as evil, and renounce it, before making a commitment to a new life, fully dedicated to Christ (see Threlfall, 1975: 226 and also Scott, 1994: 234 and Cucchiari, 1988: 422). Sometimes this is expressed in terms of a taking on a "new life" (*lororo maxat* or nupela laip) and leaving behind the "old life" (olpela bel). If the convert is a magician, this may involve the dramatic destruction of his magical paraphernalia, which is either burnt or buried in the church grounds. It is only after undergoing this radical change and becoming morally pure that people can be possessed by the Holy Spirit, a process that may bring the conferment of certain gifts, such as speaking in tongues, the ability to heal or the ability to foretell the future [15].

Pentecostalism is far from aiming to create forms of syncretic Christianity in which local tradition sits comfortably with the imported religion, or to assimilate cultural practices into its repertoire, rather stressing rupture with the past. However, at least from the point of view of the Lelet, Pentecostalism appears to reiterate local conceptions and so has the effect of sustaining them. In other words, Pentecostalism's emphasis on other-worldly and extraordinary powers and its demonology of "evil spirits" gives credence to local conceptions of supernatural powers and the efficacy of magic. Though I do not argue that this is a simple continuity – that because these two belief systems look similar they are the same – Pentecostalism does seem to have displaced one form of magical belief for another, albeit different, form (see Robbins, 2003: 223-224).

Indeed, Pentecostalism has not displaced people's belief in the efficacy of magic and sorcery, although there has been a decline in its use (see Eves, 2003). For example, most Lelet express the view that because taro magic is no longer performed, taro is now not nearly as big as it used to be. Similarly, despite their official rejection of all forms of magic, most Lelet continue to explain much illness and death as caused by sorcery [16]. If, regardless of their personal degree of piety, the existence of God is a fundamental truth for all Lelet, the same can be said of sorcery. Rather than their long colonial and Christian history displacing or diminishing their belief in this form of power, Christianity and the more recent Pentecostalism have reinscribed and perhaps reinforced it.

There is in effect a contest for legitimacy between the two. On the one hand, this has seen Lelet practices labelled as "satanic" and illegitimate, but nevertheless considered very effective, while on the other hand, Christian concepts of supernatural power are seen as legitimate. The most righteous Pentecostals are increasingly saying that Christianity and magic are incompatible and this is being taken particularly seriously with some of the new forms of Christian healing (see Eves, 2008; n.d.b.). One such healing is referred to as the "water of life" and involves praying over water which is either drunk or rubbed on afflicted parts of the body. This form of healing

---

15. Baptism by the Holy Spirit, or indwelling as it is sometimes called, is extremely important for Pentecostals. See, for example, Cucchiari (1988: 419, and 1990: 688); Gill (1990: 713); Saunders (1995: 326); Scott (1994: 234) and Van Dijk (1995: 179).

16. Sorcery continues to be commonly cited as the cause of death when people die earlier than the expected old age and a number of the deaths that occurred while I was in the field were interpreted in this way (see Koczberski and Curry, 1999: 236; Romanucci-Ross, 1969: 207; Bercovitch, 1989: 452; Stephen, 1987).

was introduced in 1997 by a married couple, who had obtained it while the husband was working as a motor-mechanic in Rabaul. The couple had been taught this by a woman, who had reputedly "died" and been shown the healing by God as a "gift" for her righteousness in the face of the suffering she had endured at the hands of her drunken and violent husband.

The "water of life" is said to be able to heal all afflictions, local or Western. Among the local afflictions that can be healed, this includes illnesses caused by the forms of sorcery unique to the Lelet and by other imported forms, such as iniet. The water can also cure illnesses that arise when people are attacked by the place spirits, *larada*, or the bush spirits, *lagas*. The healing is said to be able to cure illnesses that are believed to have their origins in the West, such as sikAIDS. It is claimed to be particularly effective with longstanding and intractable illnesses which neither biomedicine nor local methods are able to cure. Centrally important to the efficacy of the water is the requirement to become a born again Christian who has truly renounced sin. Prior to drinking the water, those who wish to be healed have to make a confession disclosing any sins remaining in their lives. Indeed, it is not effective to drink the water without having undergone such a confessional process. As the healer remarked to me, "a person cannot drink the water for no reason, he or she must share their life with the others, and they must speak out about everything". This includes not only those "earthly things" (samting bilong graun) such as magic and sorcery, but other immoral acts that characterise the ill person's life.

This healing could be efficacious either on its own or in combination with biomedicine. However, to begin using it but then to give it up in favour of biomedicine, indicates a lack of faith on the part of the ill person, and people tell an apocryphal story about a man who did this and died as a consequence. Rather than having complete faith in the efficacy of the power of God, this man began with the healing and then put faith in biomedicine by going to the local hospital for treatment. He was "fifty-fifty" as people say. Had he not undertaken the Christian healing in the first place, there would have been no problem, but since he questioned the power of God by abandoning the Christian healing, he paid the ultimate price. Belief is a central criterion in efficaciousness.

Conclusion

Though the use of magic has diminished in the face of modernity, it has not disappeared as expected by some theorists; it has not been displaced by the secular rationality of modernity as Weber among others predicted. The ethnography I have presented shows that there is a great deal of fluidity in the negotiation of the relationship between modernity, in the form of Christianity, and magic. This is unsurprising for, in much the same way as Christianity, magic holds itself out as a powerful force for changing situations in which people find themselves. Pentecostal Christians lay great stress on the need for rupture with the past, but the actual way that relationship unfolds is far from the radical transformation they desire. Although the most righteous Pentecostals frequently emphasise that Christianity and magic are incompatible and that to be born again one must abandon magic, a more creative reworking is actually occurring and a more complex and fluid relationship of co-existence and coalescence is evolving. Convincing evidence for the argument that magic and Christianity have much in common is the persistence of the old cultural beliefs over some eighty years and their continued occasional practice in the face of the condemnation from the church. Indeed, I have often been surprised by the Lelet's great propensity to revive things that I thought they had forsaken. During one period of fieldwork in 2004-2005, a form of taro magic that had not been practiced for twenty or thirty years was resurrected as part of the preparations for a large mortuary feast. Although such occurrences depend partly on the degree of enthusiasm people are feeling for the revivalist Christianity of Pentecostalism, which is subject to considerable ebb and flow, they show that the magical beliefs have maintained their credibility.

Bibliography

Albert, Steve
1987   *The Work of Marriage and of Death. Ritual and Political Process among the Lak, Southern New Ireland Papua New Guinea.* PhD thesis, The University of Chicago.

Argyrou, Vassos
1993   "Under a Spell. The Strategic Use of Magic in Greek Cypriot Society", *American Ethnologist,* 20: 256-271.

Bercovitch, Eytan
1989   *Disclosure and Concealment. A Study of Secrecy among the Nalumin People of Papua New Guinea.* PhD thesis, Stanford University.

Brown, Michael F.
1997   "Thinking about Magic". In S. D. Glazier (ed.), *Anthropology of Religion. A handbook.* Westport: Greenwood Press, pp. 121-136.

Burridge, Kennelm
1969   *Tangu Traditions. A Study of the Way of Life, Mythology, and Developing Experience of a New Guinea People.* Oxford: Clarendon Press.

Codrington, Robert Henry
1891   *The Melanesians. Studies in their Anthropology and Folklore.* Oxford: Clarendon Press.

Comaroff, Jean and John Comaroff
1993   "Preface". In J. Comaroff and J. Comaroff (eds), *Modernity and its Malcontents. Ritual Power in Postcolonial Africa.* Chicago: University of Chicago Press, pp. xi-xxxvii.
1999   "Occult Economies and the Violence of Abstraction. Notes from the South African Postcolony", *American Ethnologist,* 26(2): 279-303.

Ciekawy, Diane
1998   "Witchcraft in Statecraft. Five Technologies of Power in Colonial and Postcolonial Coastal Kenya", *African Studies Review,* 41: 119-141.

Ciekawy, Diane and Peter Geschiere
1998   "Containing Witchcraft. Conflicting Scenarios from Postcolonial Africa", *African Studies Review,* 41: 1-14.

Cucchiari, Salvatore
1988   "'Adapted for Heaven'. Conversion and Culture in Western Sicily", *American Ethnologist,* 15(4): 417-443.
1990   "Between Shame and Sanctification. Patriarchy and its Transformation in Sicilian Pentecostalism", *American Ethnologist,* 17: 687-721.

Eves, Richard
1995   "Shamanism, Sorcery and Cannibalism. The Incorporation of Power in the Magical Cult of Buai", *Oceania,* 65: 212-233.
1998   *The Magical Body. Power, Fame and Meaning in a Melanesian Society.* Amsterdam: Harwood Academic Publishers.
2000   "Sorcery's the Curse. Modernity, Envy and the Flow of Sociality in a Melanesian Society", *Journal of the Royal Anthropological Institute,* 6: 453-468.
2003   "Money, Mayhem and the Beast. Narratives of the World's End from New Ireland", *Journal of the Royal Anthropological Institute,* 9: 527-547.
2004   "The Play of Powers made Visible. Magic and Dance in New Ireland", *Ethnos,* 69: 341-362.
2007   "Billy Graham in the South Seas". In K. Robinson (ed.), *Asian and Pacific Cosmopolitans. Self and Subject in Motion.* Houndsmills: Palgrave Macmillan, pp. 103-127.
2008   "Moral Reform and Miraculous Cures. Christian Healing and AIDS in New Ireland, Papua New Guinea". In L. Butt, and R. Eves (eds), *Making Sense of AIDS. Culture, Sexuality, and Power in Melanesia.* Honolulu: University of Hawai'i Press, pp. 206-223.
2009   "Speaking for Itself. Art, Meaning and Power among the Lelet of New Ireland (Papua New Guinea)", *The Australian Journal of Anthropology,* 20: 178-197.

Eves, Richard, n.d.c.
        AIDS and Religion. Unpublished manuscript.

Eves, Richard, n.d.b.
        "'In God's Hands'. Pentecostal Christianity, Morality and Illness in a Melanesian Society", *Journal of the Royal Anthropological Institute*, in press.

Eves, Richard, n.d.c.
        Pentecostal Dreaming and Technologies of Governmentality from New Ireland (Papua New Guinea). Unpublished manuscript.

Fernandez, James
1982   *Bwiti. An Ethnography of the Religious Imagination in Africa.* Princeton: Princeton University Press.

Frazer, James
1922   *The Golden Bough. A study in Magic and Religion.* New York: Macmillan.

Gill, Lesley
1990   "'Like a Veil to Cover Them'. Women and the Pentecostal Movement in La Paz",
        American Ethnologist, 17: 687-707.

Haley, Nicole
2008   "When There's No Accessing Basic Health Care. Local Politics and Responses to HIV/AIDS at
        Lake Kopiago, Papua New Guinea". In L. Butt, and R. Eves (eds), *Making Sense of AIDS.
        Culture, Sexuality, and Power in Melanesia*. Honolulu: University of Hawai'i Press, pp. 24-40.

Koczberski, Gina and George Curry
1999   "*Sik Bilong Ples*. An Exploration of Meanings of Illness and Well-being amongst the Wosera
        Abelam of Papua New Guinea", *Australian Geographical Studies*, 37: 230-247.

Kulick, Don and Christopher Stroud
1990   "Christianity, Cargo and Ideas of Self. Patterns of Literacy in a Papua New Guinea Village",
        Man (n.s.), 25: 286-304.

Lattas, Andrew
1998   *Cultures of Secrecy. Reinventing Race in Bush Kaliai Cargo Cults*.
        Madison: The University of Wisconsin Press.

Lawrence, Peter
1964   *Road Belong Cargo. A Study of the Cargo Movement in the Southern Madang District of New
        Guinea*. Melbourne: Melbourne University Press.

Malinowski, Bronislaw
1948   *Magic, Science and Religion, and Other Essays*. New York: Doubleday Books.

Methodist Church Overseas Mission
1940   Journal Resolutions. Meth. Ch.O.M. 273. Dixon Library, State Library of New South Wales.
1953   Mission District Minutes. Meth. Ch.O.M. 361. Dixon Library, State Library of New South Wales.
1956   Mission District Minutes. Meth. Ch. O.M. 364. Dixon Library, State Library of New
        South Wales.

Meyer, Birgit
1998   "'Make a Complete Break with the Past'. Memory and Postcolonial Modernity in Ghanaian
        Pentecostal Discourse". In R. Werbner (ed.), *Memory and the Postcolony. African Anthropology
        and the Critique of Power*. London: Zed Books, pp. 182-208.

Miller, Daniel, (ed.)
1995   *Worlds Apart, Modernity Through the Prism of the Local*. London: Routledge.

Moore, Henrietta L. and Todd Sanders
2001   "Magical Interpretations and Material Realities, An Introduction". In H. L. Moore and
        T. Sanders (eds), *Magical Interpretations, Material Realities. Modernity, Witchcraft and the
        Occult in postcolonial Africa*. London: Routledge, pp. 1-27.

Moore, Sally Falk
1999   "Reflections on the Comaroff Lecture", *American Ethnologist*, 26: 304-306.

Nachman, Steven
1981   "Buai. Expressions of Sorcery in the Dance", *Social Analysis*, 8: 42-57.

Parish, Jane
2000   "From the Body to the Wallet. Conceptualizing Akan Witchcraft at Home and Abroad",
        Journal of the Royal Anthropological Institute, 6: 487-500.

Pels, Peter
2003   "Introduction. Magic and Modernity". In B. Meyer and P. Pels (eds), *Magic and Modernity*.

Interfaces of Revelation and Concealment. Stanford: Standford University Press, pp.1-38.

Pigg, Stacy Leigh
2005   "Globalizing the Facts of Life". In V. Adams and Stacy Leigh Pigg (eds), *Sex in Development. Science, Sexuality and Morality in Global Perspective*. Durham: Duke University Press, pp.39-65.

Rivers, William Halse Rivers
1924   *Medicine, Magic, and Religion. The Fitzpatrick Lectures Delivered Before the Royal College of Physicians of London in 1915 and 1916*. London: Kegan Paul, Trench, Trubner.

Robbins, Joel
2003   "On the Paradoxes of Global Pentecostalism and the Perils of Continuity Thinking", *Religion*, 33: 221-31.

Romanucci-Ross, Lola
1969   "The Hierarchy of Resort in Curative Practices. The Admiralty Islands, Melanesia", *Journal of Health and Social Behavior*, 10: 201-209.

Seligman, Charles G.
1910.   *The Melanesians of British New Guinea*. Cambridge: Cambridge University Press.

Sanders, Todd
2003   "Reconsidering Witchcraft. Postcolonial Africa and Analytic (Un)Certainties", *American Anthropologist*, 105: 338-352.

Saunders, George R.
1995   "The Crisis of Presence in Italian Pentecostal Conversion", *American Ethnologist*, 22: 324-340.

Scott, Shaunna L.
1994   "'They Don't Have to Live by the Old Traditions'. Saintly Men, Sinner Women, and an Appalachian Pentecostal Revival", *American Ethnologist*, 21: 227-244.

Scott, Michael W.
2007   *The Severed Snake. Matrilineages, Making Place, and a Melanesian Christianity in Southeast Solomon Islands*. Durham: Carolina Academic Press.

Stephen, Michele
1979   "Dreams of Change. The Innovation Role of Altered States of Consciousness in Traditional Melanesian Religion", *Oceania*, 50: 3-22.
1987   "Master of Souls. The Mekeo Sorcerer". In M. Stephen (ed.), *Sorcerer and Witch in Melanesia*. Melbourne: Melbourne University Press, pp. 41-80.
1995   *A'aisa's Gifts. A Study of Magic and the Self*. Berkeley: University of California Press.

Threlfall, Neville
1975   *One Hundred Years in the Islands. The Methodist/United Church in the New Guinea Islands Region*. Rabaul: Toksave na Buk Dipatmen/The United Church.

Tuzin, Donald
1997   *The Cassowary's Revenge. The Life and Death of Masculinity in a New Guinea Society*. Chicago: The University of Chicago Press.

Van Dijk, Rijk
1995   "Fundamentalism and its Moral Geography in Malawi. The Representation of the Diasporic and the Diabolical", *Critique of Anthropology*, 15: 171-191.

Wagner, Roy
1986   *Asiwinarong. Ethos, Image, and Social Power among the Usen Barok of New Ireland*. Princeton: Princeton University Press.

Weber, Max

1930   *The Protestant Ethic and the Spirit of Capitalism*. London: George Allen and Unwin.

1948   *From Max Weber. Essays in Sociology*. London: Routledge and Kegan Paul.

Young, Michael W.

1983   *Magicians of Manumanua. Living Myth in Kalauna*. Berkeley: University of California Press.

Factors in the Conversion in Samoa, Then and Now

Andrew Robson

Introduction

This paper considers the circumstances and nature of the historical acceptance of Christianity by Samoans. It does so by looking through a number of lenses offered by influential Pacific historians, including "Conversion as a consequence of social trauma", "Conversion and the compatibility of Christianity with the *fa'a Samoa* (Samoan tradition)", "Conversion as a pragmatic response", "Conversion as a matter of self-interest", and "Conversion as a matter of conviction". It also discusses the personal role of the high chief Malietoa Vainu'upo, because the oft-repeated story in which Malietoa and the missionary John Williams are credited with "converting Samoa" is seriously flawed. The paper concludes by discussing parallels between the patterns of acceptance by Samoans of the teachings of the Church of Jesus Christ of Latter-Day Saints (LDS, or "Mormons") and those of the London Missionary Society (LMS), and finally by noting the emergence of new theologies of the Pacific and Samoa.

Conversion as a consequence of social trauma

One powerful idea suggests that social trauma brought about by local conflict, diseases, and Western innovations led to catastrophic population loss and the decision to accept Christianity. The Reverend John Williams – the missionary generally credited with bringing Christianity to Samoa in 1830 – observed that "in no island of importance has Christianity been introduced without a war" (1838: 185). Donald Denoon and Marvic Wyndham have written that "evangelization [...] coincided with depopulation and other mounting pressures, such that the [Pacific] Islanders could imagine the extinction of their cultural traditions, and even of their societies.

Their willingness to embrace radical change is perhaps largely explained by this circumstance" (1999: 556). On the other hand, Bruce Hindmarsh, writing in 2001, comments that, although in many countries, evangelicism has thrived in situations of social and political disruption, in the Pacific, "where traditional patterns of society are not disrupted, even in national conversion to Christianity, we get a different situation in which the kinds of questions that might prompt a personal narrative as an answer do not arise" (Hindmarsh, 2001: 94-95).

The level of disruption and trauma experienced by Samoan people after 1830 should not be underestimated, but the religious transition was certainly less dramatic than in, say, Tahiti. The war that was ending when Williams arrived in 1830 was not a fight over religion, and the victor, Malietoa Vainu'upo, ignored pleas from Williams and his fellow missionary Charles Barff to stop fighting. Furthermore, the much-repeated idea that Malietoa's victory removed an anti-Christian tyrant, Tamafaiga, and thus opened the path for conversion, is complicated by the fact that Christianity and Christian-inspired cults pre-dated Williams in Samoa, and there is no evidence that they were suppressed by Tamafaiga.

Conversion made easy by the compatibility of Christianity and the *fa'a Samoa*

Samoans were tolerant of other religions, and some historians note that this, combined with certain parallels between traditional and Christian belief and legends, made it easy for Christianity to be accepted in Samoa. Ian Breward, writing in 2001, states that "Samoan culture was a powerful entity and absorbed many features of Christianity, without itself being changed markedly" (2001: 115). Faafiuina Iofi, writing about his native Samoa, suggests that there was much from the old religion and other aspects of the *fa'a Samoa* (the Samoan Way, or Samoan culture) that was consistent or at least parallel with Christianity, and he points out that the *fa'a Samoa*, despite some strains, has remained strong into the modern era. Both Christianity and the *fa'a Samoa* "recognize the interrelatedness of the individual and the community" and, even though the community is more important in Samoa, Iofi sees Christianity helping the *fa'a Samoa* adjust to growing individualism (1980: 93).

Cluny Macpherson has maintained that "a natural alliance developed between the chiefs and the missions," and that, although contact with the West "altered the basis of chiefly authority, it did not displace the chieftaincy" (1997: 23-24). Iofi also emphasizes the importance of *matai* authority, writing that "the reason why Christianity was readily accepted by the Samoans was because of their respect for and obedience to the authority of their cultural leaders" (1980: 95). More, however, needs to be said about this, because it would be wrong to suggest that the *matai*, as a group, decided the issue and everyone else followed along. Writing in his 1832 Journal, John Williams makes it clear that there were protracted discussions at the village level to consider the options, and that individuals were free to make up their own minds:

> The Samoans must be allowed to be a shrewd sensible people […]. Christianity has not been embraced by the Samoans in general in a hasty inconsiderate manner. The Chiefs of the different settlements held meeting after meeting to consult upon the propriety of changing the religion of their ancestors and the case was argued on both sides with a calmness that seldom characterizes debates in more civilized countries and with an acuteness that does credit to their senses (Williams quoted in Moyle, 1984: 237).

Conversion as a pragmatic response

Given that Samoans were willing to consider alternatives to traditional beliefs and were interested in Western technology, some historians observe a thoughtful and frank assessment of the relative advantages of rejecting and embracing the Christian message. This might be considered a "pragmatic" response. When Williams and Barff arrived in Samoa in 1830, they appear, in a general sense, to have been expected. Two Christian villages already existed on Savai'i – Malietoa's home island – following the arrival there of individuals who had converted in Tonga. Samoans and other Pacific peoples were not completely isolated, and there was a long history of contact between Samoa and Tonga. Furthermore, foreign whalers and traders who visited Samoa brought trade items and other objects of interest. Malietoa and others were not starting from scratch in their encounter with the West, and Malietoa could also interpret the arrival of the missionary ship as the realization of an ancient myth (Robson, 2009: 22-26).

In the same vein as Williams, Samoan scholar Malama Maleisa has written that "the Samoans [did not] embrace Christianity lightly. They did so with deliberation for the most materialistic of reasons and with Samoan assumptions about religion. Foreign knowledge could be admired without the Samoans feeling inferior for the lack of it" (1987: 17). Williams gives examples of chiefs arguing for Christianity on various grounds: one pointed to the ships, clothes, scissors, beads, and other material goods of the *papalagi* (Europeans) and stated that he thought "the God who gave them all these things must be good and that his religion must be superior to ours. If we receive and worship him he will in time give us all these things as well as them"; another said he tended to favour Christianity but wanted to understand it better first: "I think it is good but I wish to know some thing more of it before I embrace it".

Still another stressed the value of literacy, although the superior memory of the illiterate Samoan was also mentioned. Williams observed that Samoans "do not pay that servile homage to their Chiefs that the natives of some other Islands do", although he acknowledged that great deference and respect was paid to Malietoa and a few other *matai* (Moyle, 1984: 237-238). Clearly, this was not a mass conversion dictated by the chiefs, and the Samoans appear to have taken a largely pragmatic approach to the religious questions of the day.

This pragmatism is also apparent in the story, derived from the LMS missionary Charles Barff, that the lives of the Polynesian teachers in Samoa became easier because "one of their number [had] enough medical knowledge to bleed Malietoa when he was suffering from a fever." This induced Malietoa to be more attentive to the teachers' needs and "more receptive to their evangelizing" (Moyle, 1984: 242). The implication that the teachers did not feel particularly well-treated is clear. Malietoa's "receptiveness" was always buffered by caution: Williams describes how, in 1832, Malietoa made a dramatic public announcement expressing "his determination to renounce his heathenism and become a Christian, but [he] wished his children still to adhere to their heathen spirits saying he would make a fair trial of the goodness of each and whichever proved the best adhere to it" (Moyle, 133; another version appears in Williams, 1838: 435). They had to wait and see whether anything bad happened first. This balancing of the old and the new was characteristic of Malietoa's leadership until his death in 1841, and his reluctance to abandon many of the old ways caused a schism between him and the missionaries who followed the more-accommodating Williams.

Conversion as a matter of self-interest

Some historians emphasise the autonomy of the Samoan chiefs and their careful identification with or against Christian missionaries and denominations. Malietoa's early manipulation of Williams was an indication that, in Samoa, the missionaries were to play an important but less than dominant role. From the beginning, it is clear that Malietoa saw a political opportunity in giving protection to the missionary teachers and controlling their activities. Placement and other decisions were made by or through him. Cluny Macpherson has observed that, unlike elsewhere in Polynesia, chiefs were not priests in Samoa (although others have interpreted this differently), so chiefly power did not impede conversion; in Samoa it helped (Macpherson, 1997: 23). His victory in the war with Tamafaiga left Malietoa paramount in Samoa, as the holder of the four great titles that together conferred the status of *Tafa'ifa*, and he used John Williams and the missionary teachers to further reinforce his own position. Even he, however, was unable to impose on Samoa a common adherence to a particular denomination. When he held so fast to the teachers who arrived with Williams, other *matai* turned to Tonga and the Wesleyans, resulting in a fierce dispute among the missionaries over spheres of influence in the Pacific Islands. Malietoa's strategy illustrates the view that, for the chiefs, "the basic religious message of Christianity was less important than the uses to which the missionaries and the faith could be put" (Shankman, 1984: 212).

Along similar lines, Andrew Porter has written that: "The continued presence and success of missionaries almost anywhere depended on their value and usefulness, the willingness of local leaders and their people to co-operate with them, and the possibility of Christianity being construed in a manner answering to local circumstances" (2004: 321). These remarks offer a good way of understanding what happened in Samoa, and they allow, realistically, for many possibilities. Porter writes that:

> Even the occurrence of explicit conversions to Christianity is now recognized by historians to represent far more than a simple surrender to white power or an accommodation to the enlargement of scale and outlook introduced by colonial [and, in Polynesia, pre-colonial] contacts. Recent writings show that Christian beliefs were evidently attractive because they addressed important aspects of everyday life inadequately dealt with by traditional religions, offering answers, for example, to the experience of evil in the shape of poverty and disease and facing up to the fact of death in new ways. (2004: 320.)

Andrew Hamilton sees converts as having "an urgent desire to learn more about the new *papalagi* world that had so dramatically revealed itself" (1998: 176), a remark akin to Porter's concerning "enlargement of scale". Other important elements, as already noted, include a desire for literacy. Brian Stanley observes that "Tahitians had perceived that the key that unlocked the power of the encroaching new world was the written word, and their enthusiasm to become people of the book now gave the missionaries the entrance they had been seeking" (2001: 189); a similar phenomenon clearly took hold in Samoa, where, even in the difficult 1840s, the number of children and adults attending schools and learning to read was impressive. While lamenting the "lukewarmness" of the Church members in 1845, the LMS missionary John Stair reported 250-300 children attending Sabbath School, and when the Malua seminary was opened in the same year, 25 out of 28 applicants were accepted, of whom all could read and some could write (*Samoan Reporter, #2*). Stair was a printer by trade, and when Samoa's first printing press arrived in 1839 it had a transforming impact.

One of the most intriguing suggestions concerning Samoan motives for conversion is Gilson's subtle bringing together of several different elements. He writes that the Samoans were a polytheistic and practical people, "tolerant of the gods of other men, and inclined to judge a deity at least partly in terms of the favors he lavished upon the living". Given the material goods and technology the Europeans had available to them, "the missionaries' willingness to have others join in the worship of Jehovah may have been, in Samoan eyes, a gesture of good will and generosity" (1970: 72).

Conversion as a matter of conviction

Of course, the references made above to the thoughtful pragmatism of the Samoans in the face of religious options should not pass without acknowledgement of what Gunson calls "heart-acceptance." It's hard to imagine that the commitment, social isolation, and suffering of so many Samoan converts and missionary teachers, many of whom spent years away from home, did not reflect a strong religious conviction. Craighill Handy, writing in 1927, said of the Samoans: "Though they were living in a simple state of material civilization, the natives of these islands possessed a high order of intellect and imagination which is reflected not alone in the mythology, but throughout the religious and social systems" (Handy, 1927: 13); despite its rather paternalistic phrasing, Handy's obvious respect for the Samoan people echoes that of Williams much earlier. Samoans discussed at length the religious choices they faced, and it is also clear that, from the 1830s on, there was both denominational rivalry and a certain propensity for switching denominational allegiance or claiming more than one affiliation. By 1858, there were three major religious identities in Samoa, according to Lt. Conway Shipley, an artist and officer aboard HMS Calypso (Capt. Worth). Shipley describes "three religious denominations, i.e. Devil, Mikkonary, and Popè, [who] may generally be known at sight from peculiarities of dress" (1858: 19). The first of these were those who remained unconverted, the second were the Protestant Christians (mostly LMS and Wesleyan), and the third were the Roman Catholics, whose first missionaries had arrived in 1845.

The role of Malietoa Vainu'upo:

Although the high chief Malietoa took a Christian name, Tavita (David), he was never formally a Church member. Donald Denoon has commented that "Malietoa was slow to forsake his gods" (1997: 196), and when the American explorer Charles

Wilkes described his visit to Malietoa in November 1839, at Sagana, he noted the clean and tidy village, where "Malietoa was seen in his domestic circle, with his wives and children around him […]. His wives busied themselves in getting things in order" (Wilkes, 1849: 183). Malietoa remained polygamous until his last moments, to the chagrin of post-Williams missionaries. Unless Williams baptized Malietoa in 1832 (which is possible but not recorded), it seems unlikely that he would have been baptized at all, the LMS missionaries having resolved in 1837 that "no person be allowed to pray in public or admitted as candidates for Baptism who have more than one wife." According to this same resolution, women were not allowed "to pray or take part in the conducting of our public religious services when men are present" (Samoan District Committee minutes). Malietoa seems to have been unconcerned; it is clear that he personally embraced Christianity, and he continued to protect the missionaries and teachers and advocate for them. He remained on cordial (but increasingly distant) terms with the missionaries. For Malietoa, then, it must have been a balancing act, but it was one that established in his early relationship with Williams. Gilson has described Williams as being "probably more guided by considerations of expediency than was any other London Missionary Society missionary of his time" (Gilson, 1970: 75); for example, Williams resisted the temptation to forbid activities such as night dancing, choosing to leave it up to the Samoans themselves to decide on such matters when they deemed the time was right – which in this case occurred, at least according to the LMS Samoan District Committee minutes, early in the 1837, when Malietoa, Pe'a and other *matai* agreed to end "night dancing and other matters" (Samoan District Committee minutes, April 4 1837). Williams himself banned only warfare and vulgar songs, and the former clearly made little immediate impression on Malietoa, who humoured Williams with expressions of interest in establishing peace but asserted that he had to finish the current war first. Following his victory, Malietoa allowed a massacre of his enemies and their families, who were burnt in a great fire pit.

Old patterns repeated:

Parallels may be suggested between the experience of the early London Missionary Society missionaries and the historical and more recent experience of missionaries of the Church of Jesus Christ of Latter-Day Saints (LDS, also known as the Mormons). In his article on the founding of the Mormons' Samoan mission, the prolific Mormon scholar, Lanier Britsch, echoes others who have noted the appeal of new religious options to oppressed and marginalized people of the world, and he also echoes Williams in linking evangelism to the disruptions of war. Britsch is startlingly frank:

> There have been many cases which clearly show the Church growing at times and in places where the odds are seemingly against it. National peace and stability do not necessarily create the best seedbed for the growth of the Church. In fact, turmoil, war, dislocation, suffering, and confusion have established a suitable climate for Church growth. Certainly one cannot conclude that wars are good or that unhappiness should be fostered to assure the expansion of the Church. Rather, one must recognize that the gospel offers answers to those who are displaced, who suffer, or who need answers to life's questions. (Britsch, 1977: 12-13)

The LDS Samoan mission began in 1862, with two missionaries arrived from Hawai'i. The mission was not authorized by the Church in Salt Lake City, and it suffered from a lack of communication and "temptations of the flesh", both of which were familiar to some of the early LMS missionaries in Tahiti. In Samoa, however, the Mormons entered a country that was already largely Christian. Britsch notes that the LMS missionaries "sometimes equated the cultural preferences of the Western world with Christianity and required their converts to conform to these preferences," but he also acknowledges the schools, the seminary, and the translation work as positive achievements (1977: 20-21). The Mormons assumed, repeating the over-simplifications of their predecessors, that it would be best to approach the *matai* first, for "the Samoan social system is patriarchal. The village elders make the rules of the community; young people listen and obey" (1977: 23). Britsch acknowledges the Biblical knowledge of the Samoans, but he also notes their pragmatism:

> The [LDS] leaders lamented that rents were high, and they were saddened when rumors of war reached their village [Vatia] only a few days after they had moved there. The natives, including some of the members of the Church, then came to them and asked them to live in their homes. The reason for the new generosity soon surfaced: missionaries and their properties were exempt from the ravages of tribal war. (1977: 24)

In recent decades, the Mormons have won many converts, becoming, by some counts, the largest single denomination in Samoa, although Mormon documents suggest the same difficulty experienced by earlier missions in getting a reliable count when the retention rate is low and double affiliation is high:

> The international LDS population has an especially high rate of "double affiliation". Nations like Tonga and Western Samoa with the world's highest rates of LDS membership (42% and 28% of population, respectively) have some of the world's highest rates of double religious affiliation (21% and 24% of the population, respectively), due mainly to the large number of LDS baptizes who return to their former denominations and beliefs without ever having experienced meaningful LDS activity. (LDS, 2005: 9.)

The statistics may be disputed, but there is no doubt that the Mormons have been very successful in Samoa and elsewhere in Polynesia, and it is interesting to speculate on the reasons for this and to see if there are parallels to the mid-nineteenth century LMS, Wesleyan, and Roman Catholic experiences. It is easy to speculate that the central importance of genealogy to Mormons coincides with a similar interest among Samoans and has helped the LDS mission. Secondly, just as the LMS made an early decision to have the Pacific missions be self-supporting and from early on expected local pastors or *faifeau* to lead the church at the village level, so the Mormons "ordained local men to the priesthood and placed them in charge of groups and branches" (Britsch, 1980: 56). Such groups are self-supporting and autonomous, selecting their own officers and teachers, and are supported by tithing, which fits in easily with the Samoan tradition of giving and exchanging that continues to fund other denominations as well. A third element is a focus on education, and in this the Mormons have been helped by the substantial financial resources of the home church, which finances a significant portion of construction, maintenance, and other costs. There can be no doubt that, just as the LMS educational efforts in the nineteenth century attracted many Samoans to the Church, so does the educational work of the Mormons today, including financial support for university studies.

The missionary principles followed by the Mormons have in some ways paralleled those of their early LMS counterparts who, as Jane Samson describes, were committed to the idea of the common humanity of all people (Samson, 2001: *passim*). Britsch talks about the Mormons following the missionary ideals of William Carey, who advocated a steady focus on the Bible through preaching and translation into native languages; a deep understanding of the local culture; and the rapid development of an indigenous ministry (Britsch, 1980: 54). All of these were ideals and practices familiar to the LMS and others.

New, indigenous, theologies

Finally, certain ironies might be observed in accounts of Pacific Christianity today. In comments on Breward's *A History of the Church in Australasia*, Niel Gunson writes as follows:

> Breward has assembled all the evidence to show a victory for Enlightenment values such as toleration, ecumenism and "reasonable Christianity" and the existence (even if not recognized) of a Christian secular state. Aboriginal people and Islanders, however, represent a victory for more traditional Christian values and spirituality. The Other, in many respects, is no longer the Other. (Gunson, 2004: 266.)

A similar description of more fundamentalist tendencies was made more than twenty years ago by Britsch, talking about Polynesian Mormons: "All things considered, the members in the islands have made a healthy accommodation with the present order of the Church. They may be doing by different historians better in adapting to the central principles than their American brothers and sisters. (1980: 61.)

Most recently and importantly, Charles Forman notes that "a revolutionary change has taken place in theological colleges in the Pacific Islands, making fresh thinking possible" (2005: 115). This new thinking involves a reinterpretation of Christianity by Pacific theologians from a number of countries, including Samoa; it has several different strands evolving out of the global ecumenical movement, but it has a strong emphasis on reconnecting with Pacific cultures. Such approaches include a heightened identification of traditional values and mythology with the Christian; an increased emphasis on social justice, including women's rights; and a re-awakening to the sacredness of the land through modern ecological concerns. They also suggest an expansion of the notion of *aiga* (extended family) to include "the whole family of creation" (Forman, 2005: 118). Given his own embrace of Christianity and continued honouring of Samoan tradition, Malietoa Vainu'upo would probably have approved!

Observations

The literature on "the conversion of Samoa" reveals a wide range of factors that influenced events in that country. The context is often over-simplified, suggesting that Samoans had no knowledge of Christianity before Williams arrived, and that the *leading chiefs* – especially Malietoa – were instrumental in bringing about large-scale conversion "from the top". The reality is much more interesting, with conversion occurring on an individual level, often after extended and extensive debate and for a variety of reasons, pragmatic and philosophical. Clearly, neither Malietoa nor Williams (who spent little time in Samoa) dictated what was to happen – far from it. What was true in 1830 remains true today, that the acceptance and development of Christianity in Samoa was – and is – a profoundly Samoan affair.

Bibliography

Breward, Ian
2001   *A History of the Churches in Australasia*. Oxford: OUP.

Britsch, R. Lanier
1977   "The Founding of the Samoan Mission", *BYU Studies*, 18(1): 12-26.
1980   "The Expansion of Mormonism in the South Pacific", *Dialogue: A Journal of Mormon Thought,* 13: 53-62.

Denoon, Donald
1997   "Chiefs and Conversion". In Donald Denoon (ed.), *Cambridge History of the Pacific Islanders*. Cambridge: Cambridge University Press, pp. 194-200.

Denoon, Donald and Wyndham Marivic
1999   "Australia and the Western Pacific". In Andrew Porter (ed.), *The Nineteenth Century* (Oxford History of the British Empire). Oxford: Oxford University Press, pp. 546-572.

Forman, Charles W.
2005   "Finding Our Own Voice: The Reinterpreting of Christianity by Oceanian Theologians", *International Bulletin of Missionary Research,* 29(3): 115-122.

Gilson, Richard P.
1970   *Samoa 1830-1900: The Politics of a Multi-Cultural Community*. Melbourne: Oxford University Press.

Gunson, Niel
2004   "Christian Encounters with the Other: Missions and Churches in the Pacific 1797-2002", *The Journal of Pacific History,* 39(2): 259-266.

Hamilton, Andrew
1998   "Nineteenth-Century French Missionaries and the Fa'a Samoa", *The Journal of Pacific History,* 33(2): 163-175.

Handy, E. S. Craighill
1927   *Polynesian Religion*. Honolulu: The Museum.

Hindmarsh, D. Bruce
2001   "Patterns of Conversion in Early Evangelical History and Overseas Mission Experience". In Brian Stanley (ed.), *Christian Missions and the Enlightenment*. Grand Rapids: William B. Eerdsmans, pp. 71-98.

Iofi, Fa'afouina
1980   *Samoan Cultural Values and Christian Thought: An Attempt to Relate Samoan Cultural Values to Christian Understanding*. Doctor of Ministry dissertation, School of Theology at Claremont.

Macpherson, Cluny
1997   "The Persistence of Chiefly Authority in Western Samoa". In Geoffrey M. White and Lamont Lindstrom (eds.), *Chiefs Today: Traditional Pacific Leadership and the Postcolonial State*. Stanford: Stanford University Press, pp. 19-48.

Meleisea, Malama

1987   *The Making of Modern Samoa: Traditional Authority and Colonial Administration in Western Samoa*. Suva: Institute of Pacific Studies/University of the South Pacific.

Moyle, Richard M. (ed.)

1984   *The Samoan Journals of John Williams 1830 and 1832*.
        Canberra: Australian National University Press.

Porter, Andrew

2004   *Religion versus Empire?*. Manchester and New York: Manchester University Press.

Robson, Andrew

2009   "Malietoa, Williams and Samoa's Embrace of Christianity", *The Journal of Pacific History*, 44(1): 21-39.

Samoan District Committee (LMS),

        Minutes of Meetings of the Samoan District Committee of the London Missionary Society for June 1836 - July 1851 and March 1898 - May 1905, *Pacific Manuscripts Bureau 95*.

The Samoan Reporter,

1845 - 1862, various issues.

Samson, Jane

2001   "Ethnology and Theology: Nineteenth Century Mission Dilemmas in the South Pacific". In Brian Stanley (ed.), *Christian Missions and the Enlightenment*. Grand Rapids: William B. Eerdsmans, pp. 99–122.

Shankman, Paul

1984   "Cult and Conflict in Tropical Polynesia: A Study of Traditional Religion, Christianity and Nativistic Movements, by Jukka Siikala" (book review), *American Ethnologist*, 11(1): 212-213.

Shipley, Conway

1851   *Sketches in the Pacific*. London: T. McLean.

Stanley, Brian

2001   "Christianity and Civilization in English Evangelical Mission Thought, 1792-1857". In Brian Stanley (ed.), *Christian Missions and the Enlightenment*. Grand Rapids: William B. Eerdsmans, pp. 169-197.

Wilkes, Charles

1849   *Voyage Round the World*. Philadelphia: Geo.W. Gorton.

Williams, John

1838   *Missionary Enterprises*. London: John Snow.

Internet source

LDS Member Activity and Convert Retention Statistics
        The Cumorah Project: International Resources for LDS Missionary Work: LDS Database, http://www.cumorah.com/, (accessed 30/04/2010).

Mémoire trouble.
Histoire d'une recomposition
politico-religieuse en Polynésie (Tonga)

Françoise Douaire-Marsaudon

L'histoire de la christianisation du royaume de Tonga (Pacifique sud) peut apparaître emblématique du mouvement de conversion chrétienne qui se propage dans les îles et archipels de Polynésie à partir du début du XXᵉ siècle, en ce que cette conversion se fait sous l'égide des chefs, qui l'imposent à leurs sujets et s'en servent pour asseoir leur pouvoir sur leurs rivaux. C'est le cas dans les sociétés polynésiennes les plus hiérarchisées, comme à Tahiti, avec la dynastie des Pomare, ou à Hawaï, avec la lignée des Kamehameha ; c'est aussi le cas à Tonga, avec la lignée des Tupou, dont descend le roi qui règne aujourd'hui.

Cependant, ce à quoi l'on ne prête pas toujours attention dans cette conversion rapide et commandée par en haut, c'est, dès le début de son implantation et jusqu'à aujourd'hui, l'imbrication du christianisme – sous sa forme instituée, au travers de ses églises et/ou de son clergé – dans la vie politique locale. De ce point de vue, on est tenté de dire qu'il existe une continuité forte avec le passé de ces sociétés dans la mesure où le politique et le religieux n'y ont jamais constitué des sphères séparées au sein de la vie sociale [1]. Pourtant, à y regarder de plus près, cette imbrication entre le domaine religieux et la sphère politique revêt des formes bien différentes de ce qu'elle était par le passé.

Envisagée dans cette perspective, la christianisation à Tonga, bien qu'ancienne au regard de nombre d'autres sociétés d'Océanie (mélanésiennes en particulier), apparaît

---

1. L'évocation du politique et du religieux comme des « sphères séparées au sein de la vie sociale » fait référence à l'histoire des États occidentaux, du moins à ceux qui ont eu maille à partir, durant la plus grande partie de l'époque médiévale, avec la querelle du sacerdoce et de l'empire et au sein desquels s'est développée l'idée de « rendre à César ce qui est à César et à Dieu, ce qui est à Dieu ». Bien entendu, cette séparation des sphères religieuse et politique existe dans les pays occidentaux sous des formes et selon des degrés fort divers ; elle est, par exemple, particulièrement marquée en France, depuis le début du XXᵉ siècle, avec la loi de séparation de l'Église et de l'État de 1905 et l'essor de la laïcité.

comme un ensemble de processus encore en transformation. Un tel constat débouche une fois de plus sur la question du rapport que ces sociétés établissent avec leur passé. Si les Tongiens contemporains revendiquent le christianisme comme l'un des fondements de leur histoire et de leur culture, il n'en demeure pas moins que leur relation à la mémoire du passé, et tout particulièrement celle qui les lie à leurs ancêtres, apparaît aujourd'hui comme une mémoire embarrassée, une « mémoire trouble » qui suscite des interrogations.

La religion chrétienne au fondement de la culture

Aujourd'hui, soit deux siècles après le début de la christianisation, les Tongiens considèrent la religion chrétienne non seulement comme leur religion propre mais aussi, ce qui peut paraître un peu plus étonnant, comme l'une des sources fondatrices de leurs traditions culturelles[2]. Le discours qui est tenu sur la conversion au christianisme, quelle que soit d'ailleurs l'église à laquelle on appartient – il en existe une bonne douzaine à Tonga, aujourd'hui – est le même chez les notables ou dans les milieux populaires, chez les anciens ou parmi les générations les plus jeunes : le Dieu chrétien leur a donné la lumière qui leur a permis de sortir des ténèbres. Ces ténèbres, ce sont celles du paganisme, bien sûr, mais c'est un mot qui est rarement utilisé à Tonga, sauf, évidemment, par les autorités religieuses. Pour les Tongiens, il y a donc bien un *avant* et un *après* la christianisation mais cet *avant* et cet *après* ne partagent pas le même statut : la période qui précède l'arrivée des missionnaires, enseignée aujourd'hui à l'école sous une forme passablement succincte, a un statut des plus ambigus. En effet, elle est regardée *simultanément* comme un temps héroïque – en raison de l'aventure prodigieuse que représente la conquête polynésienne du Pacifique et de l'imaginaire développé autour des hauts faits des ancêtres – et, d'autre part, comme un temps obscur et quelque peu honteux, durant lequel l'humanité tongienne, plongée dans la violence et le stupre, n'était pas encore vraiment parvenue à l'état de société. Cette période de leur histoire représente ainsi, pour les Tongiens, un folklore étrange, simultanément attirant et repoussant, une sorte d'énigme douloureuse, bref un passé qui passe mal et un sujet malcommode à penser. Pour le comprendre, il nous faut revenir sur les débuts de la christianisation à Tonga et sur la manière dont elle a été reçue/perçue par sa population.

---

2. On trouve la même idée à Samoa (voir Robson, pp. 45-56 dans ce livre) et à Fidji (Ewins, 1998 : 214 et suiv.).

Les débuts de la christianisation à Tonga

Comme le rappelle C.A. Julien dans son *Histoire de l'Océanie*, l'intervention européenne dans cette partie du monde – qu'il faut distinguer de la phase de la découverte – fut déterminée, à ses débuts (les deux premiers tiers du XIXe siècle), moins par la rivalité des impérialismes que par une guerre « sacrée » entre les missions, protestante et catholique. Par ailleurs, « dans tous les archipels les missionnaires frayèrent la voie aux annexions, même à leur corps défendant » (Julien, 1971 : 68)[3].

En Polynésie, le processus de christianisation a commencé avec l'arrivée des premiers missionnaires, ceux de la London Missionary Society, à la fin du XVIIIe siècle. À partir de 1812, Tahiti fut gagnée au christianisme grâce à la conversion du roi Pomaré II, obtenue par ces mêmes missionnaires. À Tonga, la première tentative de christianisation, entreprise aussi par les missionnaires de la London Missionary Society en 1797, échoua. Après trois ans de terribles malentendus, trois missionnaires, piégés dans la rage des guerres civiles, furent tués et le reste de la mission prit la fuite sur le premier bateau européen à faire halte dans les eaux tongiennes au lendemain de ce tragique événement (Gunson, 1977 : 101). Ils devinrent ainsi les premiers martyrs du Pacifique, bien que leur mort n'ait strictement rien à voir avec des raisons religieuses.

Il fallut attendre 1826, soit un peu plus d'un quart de siècle, pour qu'une autre mission chrétienne, méthodiste wesleyenne cette fois, et composée de missionnaires beaucoup plus aguerris, s'installe à Tonga et commence à remporter quelque succès. Envoyés à Tonga par Sydney, les missionnaires Weiss, Turner et Cross prennent en main la petite congrégation établie un peu plus tôt par deux missionnaires tahitiens. En 1827, la chapelle construite dans le village de Nuku'alofa – aujourd'hui la capitale du royaume – est, selon Turner, comble chaque dimanche. Les nouveaux convertis sont organisés en classes où l'on enseigne la Bible, à partir de sa lecture (Douaire-Marsaudon, 2008 : 168-179). Les missionnaires décident aussi d'ouvrir une école publique : en 1828, elle reçoit 150 élèves, garçons et filles. Turner et Cross demandent alors à leurs collègues d'écrire tout ce qu'ils enseignent en tongien et, un an plus tard, décident de traduire la Bible dans cette langue. En 1831, la mission reçoit une imprimerie et le premier livre tongien, un livre de prière, paraît le 14 avril de cette même année (Latukefu, 1977 : 122-123).

---

3. Avant la seconde moitié du XXe siècle, si les missionnaires n'ont pratiquement jamais remis en cause le principe de la colonisation, ils en ont parfois critiqué « les formes, luttant contre la traite et les excès de l'exploitation, allant même parfois, surtout chez les protestants, jusqu'à soutenir les nationalismes » (Dartigues, Guillemin et Merle, 2008 : 13).

Cependant, l'action décisive en regard de la christianisation fut celle du chef tongien Taufa'ahau. Celui-ci appartient à la très puissante lignée royale des Tu'i Kanokupolu et il est le petit-neveu du « roi », le Tu'i Kanokupolu Aleamotu'a (baptisé en 1830). Dumont d'Urville, qui a surnommé Taufa'ahau le « Napoléon des mers du sud », le décrit comme un homme doué d'un grand charisme, entièrement voué à son projet politique, celui de soumettre tout l'archipel tongien à son autorité. En l'espace de trente ans, il va, en effet, faire passer Tonga d'un système de chefferie sacrée à celui d'un État chrétien, tout en préservant l'indépendance de son pays, et ce en dépit de l'appétit grandissant des grandes puissances dans le Pacifique[4].

Sans entrer dans le détail de tous les événements qui jalonnent la christianisation de l'archipel, il paraît cependant intéressant de mentionner quelques-unes des actions les plus significatives de certains chefs, en particulier celles de Taufa'ahau. En 1830, après avoir eu quelques contacts avec les missionnaires qui avaient converti son grand-oncle, le Tu'i Kanokupolu Aleamotua, Taufa'ahau, alors « gouverneur » de l'archipel du centre (Ha'apai), décide d'engager un marin déserteur, « pour tracer les lettres de l'alphabet sur le sable, en bordure de mer, pour le bénéfice de ceux qui voudraient apprendre à lire », et oblige le même marin, pourtant non croyant, à célébrer le Dieu chrétien par des prières dans une maison réservée à cet usage (West, 1865 : 357-358). Un peu plus tard, il obtient des missionnaires wesleyens de Tongatapu qu'ils lui envoient l'un des leurs en la personne d'un des premiers catéchumènes, le tongien Pita Vi. À partir du moment où il a Pita Vi à ses côtés, Taufa'ahau se livre à un certain nombre d'actions « sacrilèges », provoquant les divinités traditionnelles, d'abord en privé, puis en public. Il commence par détruire une pirogue sacrée. Une autre fois, il se rend, avec Pita Vi, chez la prêtresse du dieu-requin Haehaetahi, et juste au moment où elle se trouve « habitée » par le dieu, il la frappe violemment à deux reprises. Après quoi, il crie qu'il a abattu le dieu-requin. Un autre jour, il se jette à la mer en appelant le dieu-requin par son nom. Au cours d'un voyage en mer, il lance son javelot sur un requin qu'il soupçonne d'être ce même dieu-requin et, le manquant, jette à l'eau Pita Vi et l'un de ses compagnons, en leur demandant de récupérer son javelot et de l'apporter sur la plage la plus proche. Heureusement pour l'œuvre missionnaire, les deux hommes réussirent à gagner la plage sans encombre (Latukefu, 1977 : 126-127). Finalement, en 1831, il fait rassembler les objets de culte et y met le feu devant une foule de Tongiens terrifiés (Moister, 1869 : 321). Le 7 août de la même année, après avoir choisi le nom chrétien de George – le même

---

4. Tonga est le seul de tous les royaumes polynésiens à avoir conservé son indépendance, malgré un protectorat britannique de 1900 à 1970. Il dispose aujourd'hui d'un siège à l'ONU.

que celui du roi d'Angleterre de l'époque, George III – il se fait baptiser. Enfin, il réussit à convaincre le prince Ulukalala, gouverneur de Vava'u, l'archipel du Nord, de procéder à un autodafé général en détruisant par le feu les places de cultes et les effigies des divinités dans les deux archipels du Nord et du Centre (Vava'u et Ha'apai), action qui déclenche une révolte générale qu'il finira par juguler.

Cependant, sur l'île principale de Tongatapu, les chefs les plus puissants refusent toujours le christianisme, pour des raisons à la fois religieuses – ils veulent conserver la religion de leurs pères - et politiques - accepter le christianisme reviendrait à faire acte d'allégeance à Taufa'ahau. Ils ont vu d'un très mauvais œil la destruction des sites sacrés et des objets de culte. Quand le bruit court que ces chefs songent à s'emparer du titre royal de Tu'i Kanokupolu, Taufa'ahau se lance à l'assaut de l'île principale avec ses guerriers. La guerre civile va durer une vingtaine d'années (1837-1855), faisant des milliers de victimes [5]. Le chef Taufa'ahau la mène comme une croisade contre le paganisme, au nom du dieu chrétien et avec le soutien des missionnaires. En 1845, au cours d'une trêve, les principaux chefs de haut rang, lui confèrent le titre de Tu'i Kanokupolu et il devient alors le *hau* [6]. En 1852, la guerre reprend avant d'aboutir à la défaite des principaux chefs opposants et à l'unification du royaume tongien sous la houlette de Taufa'ahau.

Il faut noter que les missionnaires ont été partie prenante dans ces guerres, les protestants wesleyens du côté de Taufa'ahau, alors que les catholiques, arrivés en 1837, se sont rangés du côté des traditionalistes, réussissant en particulier à faire baptiser le chef suprême, le Tu'i Tonga (Laracy, 1977 : 143) [7]. En 1875, l'ensemble du royaume est devenu chrétien, les uns adoptant le protestantisme wesleyen, les autres le catholicisme. La conversion de la population tongienne au christianisme paraît donc achevée en 1875, date officielle de l'évangélisation de l'ensemble du royaume.

La même année, le roi « King George » Taufa'ahau Tupou Ier, aidé par le Révérend Shirley Baker, un missionnaire wesleyen bientôt en rupture avec son ordre, accorde aux Tongiens une Constitution. Cet acte couronne la tentative du roi tongien de faire reconnaître son pays comme une « nation chrétienne et civilisée » (Latukefu,

---

5. C'est en particulier le cas au moment de la prise des forteresses, où se réfugie la population civile, lorsque Taufa'ahau utilise, pour les détruire, les canons des vaisseaux anglais venus prêter main-forte aux missionnaires et à leur allié.

6. À cette époque, le *hau* est considéré comme le titre le plus élevé après celui de Tu'i Tonga.

7. Les prêtres catholiques français, arrivés dans l'archipel dès 1837, ne s'y étaient véritablement installés qu'en 1842. Protestants (wesleyens) ou catholiques, les missionnaires vont prendre une part active dans les guerres menées par Taufa'ahau contre les chefs tongiens, chaque partie se réclamant de la « vraie » religion et traitant l'autre de rassemblement d'hérétiques.

1974 : 204-205), ce qui, à ses yeux, permettait d'éviter que son pays tombe sous la coupe de l'une des grandes puissances présentes dans le Pacifique. Par ailleurs, la Constitution dote du même coup le royaume d'un appareil d'État, avec un gouvernement, des fonctionnaires, une armée et des écoles.

On doit souligner que, dès la fin des guerres civiles, le roi Taufa'ahau s'est préoccupé autant d'évangélisation que d'éducation, les deux allant de pair dans son esprit. En 1866 est fondé le Tupou College, destiné à former des élites chargées de faire appliquer les lois nouvelles.

Comme l'a bien montré Paul van der Grijp, la transition de Tonga d'une chefferie sacrée vers un État moderne s'est accomplie en parallèle avec la conversion de la population entière au christianisme (1993 : 661-672 ; aussi 2009, *passim*). On doit noter cependant que cette transformation fut, au départ, doublement menacée, d'abord par ceux des chefs qui n'acceptaient pas la réduction de leur pouvoir traditionnel, ensuite par les missionnaires wesleyens eux-mêmes. En effet, ces derniers, après avoir apporté un soutien résolu à Taufa'hau, voyaient d'un mauvais œil le nouveau roi prendre conseil, au plan politique, auprès d'autres qu'eux, y compris d'autres Occidentaux. Craignant de perdre leur influence sur le roi, ils encouragèrent une annexion britannique (les missionnaires catholiques réclamant pour leur part une annexion par la France). Finalement, en 1885, Taufa'ahau et son premier ministre Shirley Baker (missionnaire wesleyen, il venait de renier sa mission pour servir le roi) fondèrent la Free Church of Tonga, autrement dit une église de doctrine chrétienne, méthodiste wesleyenne dans son esprit et sa liturgie, mais néanmoins complètement indépendante des missions australienne ou britannique, et placée, par conséquent, sous l'autorité directe du chef de l'État, autrement dit du roi (Latukefu, 1977 : 134)[8].

À la fin du XIXᵉ siècle, Tonga est donc devenu un État dans le sens occidental du terme mais un État explicitement chrétien puisque le respect des « devoirs de la religion » vis-à-vis du Dieu chrétien est mentionné sans équivoque dans la Constitution (section II). Celle-ci, en effet, établit la liberté de culte, à condition que ces cultes ne soient pas en contradiction avec les lois du royaume. Le préambule du Code de Vava'u, promulgué en 1839 et qui devait servir de base à la Constitution, écrit dans un langage biblique, reflète fortement l'influence des missionnaires wesleyens. Il débute ainsi : « *It is of the God of heaven and earth that I have been appointed to speak to you, he is King of Kings and Lord of Lords, he doeth whatsoever he pleaseth, he lifteth up*

_____

8. Après un attentat contre Shirley Baker, en 1886, les missionnaires wesleyens, soupçonnés par le roi d'y avoir plus ou moins joué un rôle, furent chassés du royaume.

one and puteth down another, he is righteous in all his works, we are all the work of his hand » (cité dans Latukefu, 1975 : 20).

La vision tongienne de la christianisation

L'attitude des chefs tongiens vis-à-vis de la nouvelle religion s'est bien évidemment transformée au fil de la christianisation. Il n'est pas aisé de savoir précisément ce que ces derniers pensaient de ces événements, étant donné qu'à cette époque et sur ce point, les sources dont on dispose sont presque uniquement des sources missionnaires. Cependant, au travers des propos et des actes des chefs rapportés par les missionnaires et en prenant les précautions d'usage, on peut tout de même se faire une idée de la manière dont ces chefs ont perçu, puis combattu et/ou adopté, la nouvelle religion (*lotu*).

Les témoignages des premiers missionnaires montrent clairement qu'au tout début de la christianisation, les chefs prirent grand soin de signifier aux missionnaires que « la religion chrétienne était sûrement ce qu'il y avait de mieux pour les populations chrétiennes mais qu'en ce qui les concernait, ils préféraient conserver la religion de leurs ancêtres » (Latukefu, 1977 : 120). Par ailleurs, il est clair – et les missionnaires en font part avec une désarmante naïveté – que les chefs tongiens sont bien davantage intéressés par les possessions matérielles des missionnaires (outils, tissus, armes) que par leurs prêches (Latukefu, 1974 : 48 et suiv.) L'attitude du chef de haut rang Ata est symptomatique à cet égard: en 1826, à l'arrivée des missionnaires wesleyens John Thomas et John Hutchinson, il les installe sur ses terres, leur accorde sa protection mais refuse catégoriquement d'accepter la nouvelle religion et défend même à ses gens de se joindre d'une manière ou d'une autre à la mission (Latukefu, 1977 : 115). Pour les chefs comme Ata, accueillir les nouveaux venus sur ses terres, les aider à s'installer et les protéger, fait partie de la fonction de chef. Bien entendu, c'est aussi un moyen de contrôler les nouveaux venus, ainsi que leurs biens, tous ces objets pour lesquels, selon l'expression des missionnaires eux-mêmes, les Tongiens « mouraient de désir ».

Pour les chefs tongiens, il s'agissait aussi de percer à jour les buts poursuivis par les nouveaux venus en s'installant à Tonga. Après les premiers questionnements sur l'origine des Européens – ces êtres venus de l'autre côté du ciel sont-ils apparentés à des esprits ancestraux ? À des chefs venus d'un monde différent ? Ou encore à autre chose de parfaitement inconnu ? – les Tongiens les ont vite identifiés comme appartenant, comme eux, à la catégorie des « vivants », puisque, comme eux, ils faisaient l'expérience de la mort. La question s'est alors déplacée : sont-ils des gens puissants, assimilables à des chefs, ou sont-ils des êtres de peu de poids social, comme le sont les roturiers dans leur société ? Ou encore, occupent-ils une place intermédiaire ? La réponse à cette question n'a pas dû leur paraître évidente. En effet, si les Européens étaient arrivés avec des richesses nombreuses et inconnues, témoignant de la maîtrise de savoirs désirables (comme l'écriture ou encore la science des armes à feu), ils arrivaient parfois dans un état de dénuement tel qu'on ne pouvait être sûr de rien [9].

Si les Tongiens étaient manifestement prêts à accueillir, sous certaines conditions, des figures religieuses « autres » que les leurs dans leur propre panthéon, le prosélytisme des missionnaires, en revanche, leur était, en tout cas dans les premiers temps de la christianisation, parfaitement incompréhensible. Le système religieux des Tongiens – comme du reste celui de tous les Polynésiens – ne comportait ni dogme ni doctrine et toute sotériologie leur était étrangère. Comme on peut l'imaginer, l'idée que tous les hommes, roturiers ou chefs, partageaient, par nature, la condition de pécheurs était singulièrement contraire à l'idéologie ambiante. De toute façon, comme il était proprement impensable, pour les Tongiens, que ces hommes soient venus de si loin dans le seul but de sauver des âmes – à ce que ceux-ci racontaient – les hypothèses allaient bon train. La plus commune – selon les missionnaires eux-mêmes – était que les étrangers, privés de terre dans leurs propre pays, étaient parvenus à Tonga dans l'espoir d'en obtenir des chefs. D'autres témoignages révèlent que les Tongiens ont aussi imaginé que les missionnaires étaient venus pour les tuer : par l'intermédiaire de leurs rites, les nouveaux venus utilisaient leurs *'otua* (dieux) pour faire disparaître la société tongienne (Missionary Notices, 1837 : 462 ; Gunson, 1977 : 101, 108) [10].

Il est clair, en tout cas, que l'attitude des Tongiens vis-à-vis de la nouvelle religion n'a été ni hâtive ni inconsidérée, comme le souligne Andrew Robson à propos de Samoa (voir pp. 45-56 de ce livre) mais qu'au contraire, ils ont pris du temps et du recul, qu'ils ont longuement supputé les avantages et les inconvénients d'une éventuelle

9. Dénuement quasi total pour les déserteurs, partiel pour les missionnaires, pourvus de biens mais sans femme ou avec une femme unique, ce qui, aux yeux des Tongiens, était un signe de bas statut. Cependant les missionnaires, persuadés d'être choisis et envoyés par Dieu, se conduisaient comme en pays conquis, agissant avec un paternalisme teinté de hauteur, tançant sans ménagement les « naturels », y compris les chefs, induisant du coup ces derniers, et le reste de la population, à penser que ces hommes nouveaux n'étaient sans doute pas « n'importe qui » (Latukefu, 1974 : 47).

10. Malheureusement pour les missionnaires de la LMS, dans les semaines qui suivirent leur arrivée à Tonga, trois chefs de haut rang décédèrent coup sur coup, ce qui parut confirmer cette hypothèse aux yeux des chefs tongiens.

adoption de la religion nouvelle. De tous les chefs tongiens, Taufa'ahau est sans doute celui qui a le mieux saisi tous les atouts – politiques, symboliques, matériels – que pouvaient lui procurer l'appropriation de la religion nouvelle et le soutien de ceux qui la propageaient.

Chacune des sociétés polynésiennes converties au christianisme a construit autour de l'événement constitué par l'évangélisation une histoire qui lui appartient, y compris quand cet événement a été tragique, comme à Futuna[11]. Pour les Tongiens, cette appropriation, non seulement de la religion chrétienne mais de l'événement même de la conversion, a sans aucun doute été plus facile qu'ailleurs puisque finalement, c'est à l'un des leurs, et au plus prestigieux d'entre eux, qu'ils attribuent cette action. Tous les Tongiens s'accordent, en effet, non sans fierté, sur le fait que la religion chrétienne a été transmise à leurs aïeux par un Tongien, le père fondateur de la nation tongienne, le roi Taufa'ahau Tupou, arrière-arrière-grand-père du roi qui règne aujourd'hui. En vertu de ce fait, Taufa'ahau est conçu comme un personnage de stature prestigieuse, une sorte de héros civilisateur comme il en existait autrefois dans leur cosmogonie, mais un héros des temps modernes, suffisamment habile pour éviter que Tonga ne tombe sous le joug d'une grande puissance, en transformant le royaume en État, en introduisant l'école, en s'alliant aux puissants étrangers après avoir fait sienne la religion nouvelle.

Pour autant, il faut se garder, à propos de l'évangélisation, d'un irénisme déconnecté de la réalité : l'arrivée des nouveaux venus, et tout particulièrement les missionnaires wesleyens qui vont sommer les insulaires de renoncer à leurs traditions et à leurs pratiques religieuses, va bouleverser rapidement et en profondeur la vision du monde de ces derniers et la place qu'ils y occupent. Pour le comprendre, il nous faut présenter un bref aperçu de la religion tongienne à la fin du XVIIIe siècle.

---

11. À Wallis, les premiers missionnaires furent des Tongiens protestants, arrivés en 1836. Suspectés de miner l'autorité des chefs, ils furent tués par des Wallisiens hostiles. En 1837, un groupe de prêtres maristes français arriva sur l'île, avec, à leur tête, l'évêque Pompallier, qui obtint du « roi » la permission de laisser sur place un des prêtres, le père Bataillon. Un arrangement du même type fut trouvé à Futuna où un autre prêtre mariste, le père Pierre Chanel, débarqua. En 1841, le père Chanel fut tué par un parent du roi de Futuna et devint le premier martyr catholique de l'Océanie. À Futuna comme à Wallis un peu plus tard, la nouvelle de l'assassinat du prêtre déclencha parmi la population un mouvement généralisé de crainte de représailles (par les autorités françaises) et les habitants se convertirent en masse. Dès 1842, le père Bataillon put écrire au père Colin (fondateur de l'ordre mariste) et à l'Office de la Propagation de la Foi - lequel était rattaché directement au pape - que la population entière de Wallis et de Futuna était baptisée (Girard, 2008 : 250. À propos des missions maristes, voir aussi Rozier, 1955 ; Laracy, 1977 ; Laux, 1998 et 2000 ; Angleviel 2000).

Un univers socio-cosmique structuré par le religieux

On ne peut, dans le cadre de cet article, faire une présentation exhaustive de la religion tongienne au moment du contact, et on tentera donc d'en donner les figures les plus marquantes, les principes et les caractères les plus généraux. L'important, pour notre propos, est de montrer qu'au moment où les Européens pénètrent dans le monde qui est celui des Tongiens, il n'existe pas de frontière, ou de limite, au sein de ce monde, entre ce qu'on appelle le religieux et ce qui relève du politique. Non seulement les deux domaines sont imbriqués l'un dans l'autre, mais on peut même dire que l'un *est* l'autre, et vice-versa. Autrement dit, on a affaire, dans le Tonga du contact, à un univers où – pour parler comme le philosophe Marcel Gauchet – la religion ancestrale « est structurante, où elle commande la forme politique de la société et définit l'économie du lien social » (1998 : 13). Simultanément, on peut aussi percevoir, dans l'histoire tongienne, comme d'ailleurs dans celles de sociétés polynésiennes du même type – Tahiti et Hawaï – que quelque chose de cet univers-là arrive alors à son terme, l'intrusion des Occidentaux précipitant le mouvement en cours. Nous y reviendrons.

L'ordre socio-cosmique : po et 'aho

Le système religieux tongien a beaucoup intrigué les premiers voyageurs européens (Hollandais, Anglais et Français), si bien qu'on a la chance d'avoir un nombre relativement important de sources à son sujet [12].

Le panthéon tongien d'avant la christianisation comprend un nombre considérable d'entités religieuses, cette richesse transparaissant dans le vocabulaire attaché autrefois aux figures du champ religieux. Aux côtés des génies et des esprits de toutes sortes, les plus importantes de ces entités sont d'une part les « grands » dieux, divinités vénérées dans tout le monde polynésien comme Tangaloa, et d'autre part les esprits des morts ou les ancêtres, et en particulier ceux qui sont rattachés aux lignées des chefs. Avant de présenter ces entités surnaturelles, nous allons nous intéresser à la

---

12. Citons ici les plus remarquables. Le récit – mis par écrit par un médecin londonien, John Martin – d'un jeune Anglais, William Mariner, qui restera quatre ans à Tonga, entre quatorze et dix-huit ans, adopté comme fils par un chef de haut rang après le naufrage et le pillage de son navire. Celui du missionnaire Vason, arrivé à Tonga avec ses compagnons, en 1797, sur le célèbre Duff, qui reniera sa religion et adoptera les mœurs du pays après avoir pris plusieurs épouses dont la fille d'un chef (ce dernier lui accordera un domaine qu'il mettra magnifiquement en valeur). Enfin, celui de Sarah Farmer, publié en 1855. Par ailleurs, on dispose également d'un très riche corpus de mythes et de récits livrés par une tradition orale restée longtemps très vivace.

représentation que les Tongiens se faisaient de l'ordre socio-cosmique dans le cadre duquel ces entités évoluent.

L'ordre socio-cosmique tongien est, comme pour beaucoup de sociétés polynésiennes, conceptuellement structuré par l'opposition *po*/*'aho*. Le terme *po* désigne la nuit, l'obscurité, celui de *'aho*, le jour, la clarté ; cependant, les deux termes ne s'opposent pas à la manière dont les sociétés occidentales pensent cette dichotomie. L'univers socio-cosmique des Polynésiens est marqué de part en part par la dimension du sacré, et l'opposition du jour et de la nuit y opère sur le registre de la métaphore. Le monde du *po*-nuit, c'est le monde enchanté des morts, des ancêtres et des divinités, c'est aussi l'origine des choses, c'est ce qui existait avant et qui existera après, c'est un monde antérieur et englobant, supérieur hiérarchiquement (au sens dumontien). Le monde du *'aho*-jour, c'est le monde visible, celui des « vivants » (*mou'i*), des hommes et de leurs actions, du temps qui s'écoule, un monde où l'on naît et où l'on meurt. Mais c'est aussi un monde d'apparence, englobé par la nuit et pénétré par elle, puisque les esprits des morts, les ancêtres et les divinités peuvent y circuler sous des formes visibles... ou invisibles. Le *po*-nuit, c'est tout ce que les hommes ne voient pas, ne savent pas voir, ne comprennent pas : tout ce qui leur est inintelligible. Les cycles saisonniers comme celui des ignames, les mouvements des marées, ceux des astres, les règles et le corps féminins, la sexualité, relèvent du *po*-nuit. Ce n'est pas un monde sans loi où règne le chaos mais un univers régi par des lois qu'on ne connaît pas, qu'on ne maîtrise pas, bref qui ne sont pas du ressort des humains.

Nous allons maintenant revenir aux entités surnaturelles qui peuplent ce monde du *po*-nuit, en commençant par les esprits des morts/ancêtres.

Des morts très présents

Les esprits des morts/ancêtres étaient – et sont encore aujourd'hui (cf. *infra*) – très présents dans la vie quotidienne tongienne. Une première ligne de démarcation sépare les esprits des morts des autres entités spirituelles : on distingue, en effet, les esprits qui ont été rattachés à une existence humaine de ceux qui ne l'ont jamais été. Une deuxième limite passe entre la catégorie des esprits des morts connus et celle des esprits des morts inconnus : les premiers sont répertoriés comme locaux – par exemple, les âmes des guerriers d'autrefois – et donc généralement plutôt bienveillants ; les autres comme des esprits inconnus, donc plutôt dangereux. Dans la catégorie des entités qui peuvent se révéler malveillantes entre aussi tout ce qui a rapport à des morts qui n'auraient pas accompli complètement leur passage de l'état de vivant à celui d'esprit : soit des morts non ou mal intégrés à la société, soit des morts dont le décès est à imputer à des causes anormales (suicide, meurtre, fausse couche). Enfin, une troisième limite, modulable, passe entre les ancêtres du groupe *kainga* et les ancêtres des autres groupes.

Plus la mort est récente, plus l'esprit du mort agit sur les vivants. On croyait autrefois à la puissance du désir d'un mort d'attirer à lui les gens qu'il aimait [13]. Les esprits des morts communiquent avec les vivants par l'intermédiaire de rêves – des rêves qui durent, autrement dit dont on se souvient – ou, plus rarement, par des apparitions ou ce que les missionnaires ont appelé des « crises de possession ». Les apparitions des morts dans les rêves sont jugées comme des avertissements, moins péremptoires cependant que les apparitions à l'état de veille ou les crises de possession.

Pour entrer en contact avec les hommes, les esprits des morts pouvaient se livrer à des métamorphoses. Par exemple, en revenant à sa tombe et en passant par sa dépouille, un mort pouvait reprendre la forme qu'il avait de son vivant. Le revenant pouvait alors communiquer avec les « vivants » par le geste ou la parole. On croyait à l'éventualité de rapports sexuels entre un esprit et un vivant : la mort en était l'issue fatale [14]. Les rêves dont on garde le souvenir étaient systématiquement mis au compte des esprits et servaient d'avertissement, au même titre que les apparitions. À Tonga, seuls les esprits des chefs décédés pouvaient, comme les divinités, prendre la forme physique d'un animal. Lorsqu'un animal était ainsi habité par un esprit – divinité, chef décédé ou mauvais génie – celui-ci était appelé le *vaka* (« pirogue ») de l'esprit (Collocott, 1919 : 155).

Les esprits des morts, comme d'ailleurs les divinités, pouvaient aussi « habiter » ponctuellement certains objets comme des pierres, des dents de cachalot, des lances, des statuettes anthropomorphes grossièrement sculptées. Ces objets figuraient dans les lieux de culte mais n'étaient pas considérés comme sacrés en soi. Cependant, une fois enduits d'huile et enveloppés d'un morceau de tapa et d'une natte fine, ces objets pouvaient servir de « pirogue » à une divinité ou à l'esprit d'un grand chef décédé. Et ils devenaient alors des objets momentanément sacrés, des objets à *mana*.

Enfin, les esprits des morts de haut rang comme d'ailleurs certaines divinités, pour entrer en contact avec les vivants et communiquer avec eux, pouvaient aussi choisir de venir habiter le corps d'un vivant et de parler par sa voix : c'est ce que les missionnaires appelleront des crises de « possession ». Ces visites se manifestaient par des signes particuliers : un état de prostration ou de mélancolie, suivi par une

---

13. Cette idée n'a pas disparu aujourd'hui.

14. Ceci n'est pas sans rappeler ce que dit A. Babadzan à propos des croyances de Rurutu (îles Australes) (1982 : 64).

crise de larmes et accompagné parfois par un bref évanouissement (Martin, 1981 : 85-86). Ou encore des malaises tels que crampes et saignements de nez (Gifford, 1929 : 340 et suiv.). La présence d'un esprit dans le corps d'un vivant était censée, à la longue, provoquer des maladies graves, voire la mort. Les divinités pouvaient aussi entrer en communication avec les hommes en s'introduisant dans le corps de leurs prêtres au cours d'un rituel d'invocation (*kava*) et leur parler par l'intermédiaire de la voix de ces derniers (Martin, 1981 : 84, 210). Certaines personnes, surtout des femmes, étaient également considérées comme des sortes de prêtresses, capables d'entrer en communication avec les esprits des morts/ancêtres.

À Tonga, le terme qui sert à désigner les ancêtres est celui de *tupu'anga*, qui peut se décomposer en *tupu*, – « bourgeon », « pousse », « naître », « croître » (Missions maristes, 1890 : 315 et 284) – et *'anga* – « le lieu de », « l'origine de ». Le dictionnaire mariste donne pour *tupu'anga* : « origine », « source », « cause », « principe » ; ou encore « père », « ancêtre », « créateur ». Dans la tradition orale, les ancêtres sont considérés comme les initiateurs du cycle de la vie. Ayant eux-mêmes accompli la partie du cycle qui fait passer de la vie à la mort, du *'aho* au *po*, ils sont responsables aussi de l'autre partie du cycle qui fait passer du *po* au *'aho*, du monde surnaturel au monde humain, et donc de cet autre passage, en sens inverse, que constitue la naissance. Relevant des deux mondes du *po* et du *'aho*, ils sont considérés à la fois comme la source de la vie et les garants de la reproduction du groupe. Ce sont, à proprement parler, des *passeurs*, des médiateurs entre le jour et la nuit, c'est-à-dire entre les différents lieux comme entre les différents moments du cycle de vie.

Notons cependant que dans le Tonga traditionnel, tous les Tongiens n'avaient pas droit à la survie. En effet, si les âmes des chefs morts étaient censées aller au Pulotu (le paradis tongien) – y retourner – ce n'était pas le cas des âmes des roturiers : on pensait que celles-ci disparaissaient au moment de la mort ou qu'elles subissaient une sorte de transmigration animale – comme le laissent supposer certains rituels de funérailles – avant d'être avalées par une divinité ou un ancêtre de chef. C'était là du moins l'idée que se faisaient les chefs à propos des roturiers mais que tous ces derniers ne reprenaient pas forcément à leur compte si l'on en croit le témoignage autorisé de William Mariner, ce jeune anglais qui vécut quatre ans chez les Tongiens (Martin, 1981 [1818] : 313)[15].

---

15. « Ils [les Tongiens] reconnaissent que […] l'ordre inférieur du peuple possède un esprit ou une âme ; mais ils croient fermement que leur âme meurt avec le corps et que, par conséquent, ils n'ont pas d'existence future. La masse des *tooas* (le bas de l'échelle sociale) eux-mêmes sont de cette opinion ; mais il y en a qui ont la vanité de penser qu'ils ont une âme immortelle tout comme les *mataboles* (officiants céré-moniels) et les chefs et qu'elle s'en ira vivre ensuite au Bolotoo » (Martin, 1981 : 313, ma traduction).

On rendait un culte aux ancêtres, généralement sur la place où se célébraient les principaux rituels du groupe. Quant aux ancêtres des chefs, ils étaient vénérés par la population de tout le district sur lequel leur descendant exerçait son autorité, au même titre que les divinités, les « grands dieux », auxquelles ils étaient apparentés.

Les « grands dieux »

Comme ailleurs en Polynésie, les divinités comprennent deux catégories : les dieux créateurs qui préexistent à la formation de l'univers et les dieux créés, apparus au temps des grands commencements et que leur généalogie relie aux chefs. Certaines divinités peuvent être assimilées davantage à des héros ou à des demi-dieux : accomplissant des exploits au détriment des grands dieux mais au bénéfice des humains, ils sont généralement considérés, dans leurs cosmologies respectives, comme les ancêtres de l'humanité (Maui, Tane, Tu, Ti'i ou Tiki). Aux dieux créateurs et éternels, ni bons ni mauvais, on ne rend pas de culte. Ils représentent l'immanence divine dans l'univers. Peu anthropomorphisés, ils sont du pur *mana* et ne sont pas censés nourrir le moindre intérêt à l'égard du genre humain. En revanche, les dieux issus d'un processus de création représentent le principe de transcendance divine ; ils sont donc les pourvoyeurs de *mana*, en particulier auprès des hommes qu'ils n'ont pas nécessairement contribué à créer mais avec lesquels ils sont néanmoins, via les chefs de haut rang, dans un rapport généalogique et auxquels ils procurent prospérité et santé mais aussi maladies et calamités.

À Tonga, la divinité pan-polynésienne Tangaloa se présente sous la forme de quatre dieux, associés au ciel. Quant à Maui, on le trouve à Tonga sous la forme d'une triade (le plus souvent générationnelle, grand-père, père et fils), le plus jeune étant le type même du héros culturel et du trickster. Cependant, la figure centrale des grands dieux est celle de Hikuleo (connue aussi à Samoa sous le nom de Sikuleo)[16]. Le mythe de création tongien qui raconte l'origine du monde et la naissance des grands dieux fait de Hikuleo le rejeton de deux incestes gémellaires successifs et l'aîné des grands dieux, les Tangaloa et les Maui. Dans les récits de la tradition orale, le personnage d'Hikuleo est toujours représenté comme un dieu terrifiant, une

---

16. Le même mythe raconte comment Hikuleo a fait le partage du monde entre ses frères et lui, s'attribuant le gouvernement du Pulotu, le paradis tongien d'où viennent les chefs et où ils retournent à leur mort. Cependant, Hikuleo, désirant peupler son empire, veut faire mourir tous les premiers-nés – les chefs, dans la tradition tongienne ; ses frères, les Tangaloa et les Maui, décident alors de l'attacher au centre de l'univers par une corde maintenue au ciel par les Tangaloa et au centre de la terre par les Maui (cf. Reiter, 1907 : 230).

divinité de la démesure, qui possède de nombreux aspects duels. On peut gager qu'il est une sorte de « deux-en-un », ses attributs constituant autant de manifestations de sa nature bisexuée (Douaire-Marsaudon, 1998 : 283).

À l'époque du contact, en tout cas, et probablement bien avant, on ne rendait aucun culte ni aux Tangaloa, ni aux Maui. En revanche, c'est en l'honneur d'Hikuleo qu'avait lieu, chaque année, le *'inasi*, le plus grand et le plus important des rites de la vie religieuse tongienne. Au cours de ce rite, qui durait une dizaine de jours, c'est l'ensemble des Tongiens qui offraient à Hikuleo, via leurs souverains, les prémices des récoltes, marines ou terrestres. Pour un certain nombre de témoins ou d'exégètes de la tradition tongienne, le chef suprême, le Tu'i Tonga, était, au moment du grand rituel annuel, soit le grand prêtre soit même le représentant terrestre de la grande divinité pourvoyeuse des fruits de la terre et de la mer (Farmer, 1855 : 129 et suiv.; Gifford, 1929 : 345). J'ai personnellement acquis la conviction que, lors du rituel du *'inasi*, ce n'est pas le Tu'i Tonga uniquement qui représentait la divinité Hikuleo, mais le Tu'i Tonga *et sa sœur*, celle qu'on appelle la Tu'i Tonga Fefine (mot-à-mot: Tu'i Tonga femme). En effet, à l'occasion du grand rituel, des quantités considérables de nourritures (porcs, ignames, patates douces, poissons, cocos, etc.) et de « richesses » (nattes et tissus d'écorce) étaient rassemblées selon l'ordre hiérarchique et accumulées sur le *mala'e* royal avant d'être redistribuées. Cependant, avant que ne commence la redistribution, le Tu'i Tonga prélevait la plus belle part des produits accumulés et les offrait à sa sœur, la Tu'i Tonga Fefine (Bott, 1982 : 107). J'ai montré comment le circuit des dons, lors de l'offrande des prémices, instituait les relations entre l'ensemble des Tongiens, leurs souverains et les divinités, le Tu'i Tonga assumant le rôle du père et les relations des vivants à la terre, la Tu'i Tonga Fefine gérant, en tant que tante paternelle, les relations entre les vivants et les morts (Douaire-Marsaudon, 1998 : 283).

Si Hikuleo est bien, comme j'en ai fait l'hypothèse, une divinité bisexuée, alors le souverain suprême et sa sœur constituent, au moment précis du grand rituel annuel, l'alternative terrestre de la divinité, mais une divinité scindée, clivée en ses deux composantes: un homme et une femme, plus exactement un frère et une sœur (ils partagent les mêmes parents) à qui les rapports sexuels sont interdits. Ainsi pourra vivre et croître la société des « vivants » (Douaire-Marsaudon, 1998 : 283).

Les chefs: ancêtres de l'humanité et médiateurs entre les hommes et les dieux

Un mythe d'origine tongien raconte comment l'aîné des Tangaloa, *'Eitumatupu'a* (mot-à-mot: l'esprit/dieu ancêtre), tomba amoureux d'une fille de chef, descendit du ciel sur la terre (Tonga) et lui fit un enfant qui devait devenir, à la suite de certaines péripéties, le premier Tu'i Tonga (Reiter, 1907 : 230-240 ; 1919-20 : 125-142). Son nom, 'Aho'eitu, exprime sa double nature, divine et humaine : le terme 'eitu, qui signifie « esprit » ou « dieu », indique son ascendance divine et celui de 'aho, jour, fait référence au domaine terrestre où il exercera sa fonction de chef suprême. On peut aussi interpréter ce nom en relation avec celui de 'Eitumatupu'a et il signifie alors le dieu « nouveau » par opposition au dieu ancestral (Gifford, 1924 : 26). Cependant, tous les titres 'eiki (les titres circulant au sein des familles de chefs) étant rattachés au titre du Tu'i Tonga, l'homme-dieu, par des liens généalogiques (aîné/cadet ; père/fils), c'est l'ensemble des chefs titrés qui se trouve ainsi doté d'une généalogie divine.

Cette parenté généalogique entre les chefs et les divinités n'est évidemment pas sans conséquence sur l'ensemble du corps social et les représentations que chacun, chef ou roturier, s'en faisait. Chaque chef titré relié généalogiquement au Tu'i Tonga était à la tête d'un groupe appelé kainga, qui comprenait à la fois ses parents et ses sujets, lesquels vivaient sur ses terres, sous son autorité et à son service. Les « gens » d'un chef appartenaient à toutes les catégories de la pyramide sociale. Ces groupes kainga sous l'autorité des chefs titrés, y compris celui du chef suprême, transcendaient donc la stratification sociale (Kavaliku, 1977 : 47) [17]. Devenus la forme dominante de la structure sociale à l'arrivée des Européens, ces mêmes groupes représentaient, à leur échelle, une sorte de microcosme, répliquant la société tout entière, microcosme à l'intérieur duquel la hiérarchie des ordres (ou des « états ») se vivait comme une « affaire de famille » (Douaire-Marsaudon, 1998 : 85).

Si l'on regarde avec attention ce qu'impliquent les liens généalogiques entre les divinités – Tangaloa et Hikuleo – le Tu'i Tonga et l'ensemble des chefs qui lui sont reliés par l'intermédiaire du système de titres, c'est une sorte de gigantesque parenté à l'échelle cosmique que l'on voit se dessiner. Descendant de l'ancêtre des ancêtres par lequel les divinités étaient liées à l'humanité, le Tu'i Tonga était le médiateur par excellence entre le monde surnaturel des esprits et des dieux et le monde des hommes.

Quand l'ensemble des Tongiens faisait autrefois l'offrande des prémices à leur chef suprême et à sa sœur, il ne s'agissait pas du juste prix pour tout ce qu'ils avaient reçu des divinités via les souverains. Ce geste, appelé polopolo, qui consistait à offrir aux représentants terrestres de la divinité Hikuleo des quantités considérables de nourriture et de biens précieux, représentait une portion (traduction précise du terme

---

17. Il semble qu'il existait une identification très forte entre le chef, qui était appelé tamai, « père », et ses sujets-enfants, au sein d'un même groupe kainga. « Le chef était leur propre incarnation : s'il était grand, ils étaient grands ; s'il était fou, ils étaient tous fous » (Bott 1982 : 71). Une des raisons qui rendait les guerres civiles si terribles était que chaque partie, pour abattre l'adversaire, tentait de tuer le plus grand nombre possible des « gens » – parents et sujets – des chefs adverses (Martin 1981 [1817] : n° 1, p. 159).

'*inasi* qui sert à désigner le rituel), autrement dit une part symbolique, de tout ce qu'ils avaient obtenu – récoltes, enfants, succès – de la divinité Hikuleo par la médiation de leurs souverains. Plus qu'une restitution symbolique, ce geste est le signe de la dette incommensurable qui lie les Tongiens aux divinités par l'intermédiaire de leurs souverains [18].

Cette disposition généalogique qui fait de Hikuleo, d'une part, un condensé de frère/sœur et des deux souverains, d'autre part, un père et une sœur de père pour tous les Tongiens, commande à la fois le circuit des dons culminant dans le grand rituel agraire et l'ensemble des relations sociales que celui-ci est chargé de fonder (Douaire-Marsaudon, 1998 : 284-285).

On voit bien alors se dessiner une société où religion et politique sont plus qu'étroitement imbriqués puisqu'il s'agit d'une seule et même chose. Si j'ai emprunté à Marcel Gauchet ses termes pour qualifier la religion traditionnelle tongienne, c'est parce que cette dernière joue, en effet, un rôle structurant (et pas seulement légitimant) pour l'ensemble de l'organisation socio-politique. Dans cette société tongienne de la fin du XVIIIe siècle, il existe bel et bien « une domination globale et explicite du religieux ». Tout l'ordre socio-politique est conçu comme régi par le rapport au sacré et soumis à des fins religieuses. La souveraineté même est incarnée par un homme-dieu : « on assiste alors à une véritable fusion du politique et du religieux en sa personne ainsi que dans les rapports sociaux et les institutions dont il est la clé de voûte et la source (apparente) » (Godelier, 2007 : 207). Au sein d'un univers socio-cosmique dont ils ne sont censés comprendre ni les tenants ni les aboutissants et qui leur demeure profondément obscur, les hommes n'ont d'autre recours que d'espérer capter un peu de la force sacrée, le *mana* puissant et volatil des dieux, et ceci grâce aux gestes répétés d'offrande faits à leurs chefs, médiateurs entre le monde des vivants et celui des morts. Quant aux relations sociales, elles ne prennent leur plein sens que dans le rapport exclusif, fondé sur une dette, incommensurable et inextinguible, qui lie les hommes aux ancêtres et aux dieux via leurs chefs.

Bien entendu, même si la religion traditionnelle tongienne « commande la forme politique de la société et définit l'économie du lien social », l'histoire de Tonga, dominée par les efforts d'une lignée de chefs pour s'élever au-dessus des autres, montre qu'on n'est pas pour autant dans un univers religieux à son stade « inaugural », comme en parle Marcel Gauchet. Même si le passé mythique demeure la référence

---

18. On est ici, très précisément, dans le cas de figure évoqué par Maurice Godelier à propos du « travail avec les dieux » des chefs et de l'endettement des hommes vis-à-vis de ces dieux et de ces chefs (2007 : 219-220).

de base, on n'est pourtant plus dans une absolue dépendance vis-à-vis de lui : au cours des rituels de kava des chefs et des rois, on récite, à côté des mythes fondateurs, les hauts faits des ancêtres, récitation inscrite dans une temporalité cumulative qui rompt avec la circularité du temps mythique. Par ailleurs, les guerres civiles que déclenchaient de temps à autre les rivalités entre les chefs et les assassinats périodiques des chefs suprêmes montrent que l'on n'est plus dans cette disposition *contre* l'histoire qui est la caractéristique de la religion à l'état pur dont parle Marcel Gauchet (1985 : 49 ; souligné par moi). On peut même dire qu'on a affaire ici à un monde qui est déjà – et sans doute depuis fort longtemps – en mouvement vers ce que Marcel Gauchet appelle « la sortie de la religion »[19]. Construit sur la longue durée, ce monde n'était d'ailleurs pas dénué d'ambiguïtés et de contradictions, comme celle, par exemple, qui concernait la survie après la mort, les chefs et les roturiers ne partageant pas la même conception à ce propos (cf. *supra*).

Si on lit le processus de la christianisation dans cette perspective, même appropriée et imposée par un grand chef du crû, celle-ci représenterait alors une étape supplémentaire vers la sortie d'un monde du « Tout religieux ». Pour le comprendre, il nous faut reprendre le fil de l'histoire tongienne depuis l'achèvement officiel de la christianisation.

Une autre conjugaison du politique et du religieux

Comme on l'a vu, le leader charismatique Taufa'ahau, après avoir renoncé à ses dieux et brûlé publiquement les effigies de la religion de ses pères, entreprend de réunir l'ensemble du pays sous son autorité et pour cela mène contre ses adversaires une véritable croisade, au nom de la religion nouvelle et avec l'appui des missionnaires. À partir de 1880, après avoir chassé les missionnaires wesleyens, il fonde sa propre Église, une Église chrétienne, indépendante de tout lien avec l'étranger et dont il est le chef. Au tournant du XIXe et du XXe siècle, avec l'achèvement officiel de la christianisation, la promulgation de la Constitution et la formation d'un appareil d'État, la religion chrétienne, adoptée par le chef de l'État, puis par l'ensemble de la population, est donc omniprésente dans le paysage socio-politique tongien[20].

19. En de fort belles pages, ce dernier montre comment, avec l'avènement du personnage du roi-prêtre – qu'incarnent si parfaitement ces représentants des divinités que sont les Tu'i Tonga – il y a « réfraction de l'altérité divine à l'intérieur de l'espace social, concrétisation de l'extra-humain dans l'économie du lien inter-humain » (1985 : 69). En conséquence, au travers de cette implication « sous forme de pouvoir au sein des affaires humaines, les mêmes dieux se trouvent ramenés en quelque façon à portée et rendus en pratique socialement contestables » (*ibidem* : 68).

Elle l'est encore dans le Tonga contemporain, comme l'affirment les Tongiens eux-mêmes et comme le montre à l'envi la forte présence des églises chrétiennes à la fois comme constructions dans le paysage urbain tongien et comme institutions et pratiques dans la vie quotidienne du pays [21]. Le dimanche matin – et souvent le dimanche après-midi aussi – est entièrement voué au service du culte dans les différentes églises chrétiennes et, la nuit qui précède, on peut entendre les fidèles répéter, à partir de trois ou quatre heures du matin et pendant de longues heures, les chants qui ponctueront le culte du dimanche. Et gare à celui qui oserait se promener dans la rue ou, pire, dans les magasins au moment du culte ; seuls les vieillards, les malades et les femmes enceintes sont autorisés, à la rigueur, à rester chez eux. Par ailleurs, c'est aussi dans le cadre du culte, après la messe ou le sermon, que sont organisés les fêtes religieuses ou les rassemblements à buts sociaux (par exemple, en vue d'une tombola pour recueillir des fonds). Enfin, il est assez clair qu'avant la naissance du mouvement pro-démocratie – mais c'est encore assez largement le cas aujourd'hui – l'appartenance à telle ou telle Église chrétienne jouait, auprès des Tongiens, un rôle très voisin de celui de l'adhésion à un parti politique ou à un syndicat.

Durant la dernière décade du XXe siècle, deux acteurs majeurs de la communauté chrétienne ont émis des critiques sévères à propos de la vie politique tongienne, et ceci au nom des valeurs chrétiennes. Il s'agit d'une part de l'évêque catholique Finau, un Tongien, qui a dénoncé des faits de corruption au sein de la bureaucratie d'État et dans les rangs du Parlement et qui fut l'un des principaux défenseurs du mouvement pro-démocratie au nom de l'évangile. En 1990, 'Amanaki Havea, président de la Free Wesleyan Church, l'église du roi, déclara qu'il croyait dans les vertus de la séparation de l'Église et de l'État, ce qui résonnait comme une sorte d'abandon du roi par sa propre Église, si on se souvient des liens étroits qui unissaient cette Église et l'État depuis la création de celle-ci par Taufa'ahau.

Aujourd'hui, il n'est pas rare d'entendre dire, à Tonga, que les premiers éléments de démocratie ont été introduits dans le pays par la Constitution, inspirée largement par un missionnaire wesleyen, comme par exemple, le principe qui consiste à proclamer que tous les citoyens tongiens, qu'ils soient chefs ou non, sont égaux devant la loi. Il

---

20. Cette omniprésence du christianisme, Yannick Fer et Gwendoline Malogne-Fer montrent qu'elle existe bien au-delà des limites du royaume tongien, et qu'un certain nombre de constitutions des États du Pacifique y font explicitement référence (2009 : 13).

21. Alain Babadzan et Bruno Saura ont montré, chacun à leur manière, comment le religieux et le politique s'interpénètrent dans de nombreux domaines de la vie sociale en Polynésie française (Babadzan, 1982 ; Saura, 1993).

est d'ailleurs symptomatique que les principes démocratiques comme la liberté et l'égalité soient considérés à Tonga, au nombre des valeurs chrétiennes.

Pourtant, si la religion chrétienne occupe une place éminente dans la vie sociale et si les valeurs associées au christianisme sont revendiquées dans la vie politique du pays, cette omniprésence œuvre à l'intérieur d'un ordre qui relève d'autres règles que celles de la religion. Autrement dit, d'un ordre où, contrairement à ce qui existait avant la christianisation, la religion n'est plus ni le principe ni le moteur, bref d'un ordre que celle-ci ne détermine plus. Il n'est pas possible, dans le cadre de cet article d'en donner une démonstration complète mais on peut en souligner quelques traits parmi les plus manifestes. Rappelons d'abord qu'avec la christianisation, chacun a acquis une âme et la nouvelle religion a ouvert à tous la possibilité d'une relation individuelle à Dieu, alors qu'autrefois, toute relation à la chose sacrée passait obligatoirement par la médiation des chefs et se faisait de manière collective et publique. Ce nouveau mode de relation au divin change passablement l'ordre des choses, car non seulement, comme on l'a dit maintes fois, il individualise le rapport à Dieu mais encore il fait de la religion, pour chacun, un domaine *privé*.

Par ailleurs, si on se place non pas au plan des croyances des membres de cette société mais au niveau de son organisation socio-politique, on constate que même si la référence au Dieu chrétien figure jusque dans les textes constitutionnels, le passé fondateur n'est plus celui où une même généalogie liait ensemble, depuis le temps des grands commencements et à jamais, les chefs et les divinités. Non seulement il n'existe plus d'apparentement entre les chefs et les dieux mais pour les Tongiens contemporains, la date fondatrice de l'histoire de Tonga comme nation souveraine est celle de la promulgation de la Constitution – qui officialise l'achèvement de la christianisation – et de l'avènement de l'État (1875). Bien entendu, l'histoire d'avant la Constitution existe bel et bien mais, comme on l'a dit, son statut est marqué par une profonde ambiguïté.

Il faut souligner ici que lorsque j'emprunte à Marcel Gauchet son expression de « sortie du religieux », c'est pour dire que l'on se trouve à Tonga, avec la période correspondant à la christianisation, à la fin de l'âge religieux comme « structure ». Mais ceci ne va pas à l'encontre du fait qu'il puisse exister, notamment dans le discours religieux lui-même, des idées, des représentations, voire une idéologie, de la religion comme principe structurant tous les domaines sociaux, y compris le politique.

C'est le cas, par exemple, de certaines Églises évangéliques fondamentalistes qui sont apparues ces dernières années dans le Pacifique. L'exemple de la Destiny Church, en Nouvelle-Zélande, est frappant à cet égard. Bien qu'elle ne soit pas implantée sur le sol tongien, il s'agit d'une Église qui comprend majoritairement des Maoris et des Polynésiens insulaires, dont des Tongiens [22]. Créée près de Rotorua, en 1998, Destiny Church est une Église pentecôtiste fondamentaliste, qui se déclare pour la défense des « valeurs familiales » (mariage religieux, enseignement biblique à l'école) et contre les « dérives de la modernité » comme le mariage civil ou la laïcité. L'avortement est considéré comme un péché et les rapports homosexuels comme une abomination. Elle a ses propres écoles primaires et ses services sociaux. Un certain nombre de critiques se sont élevées à son propos, en particulier lors de l'organisation, en août 2004, d'une marche (intitulée « Enough is enough ») rassemblant des membres de l'Église qui ont défilé – habillés en chemise noire et treillis – et crié des slogans dénonçant la nouvelle législation sur le mariage civil. La même année, Brian Tamaki, le charismatique pasteur de Destiny Church, prophétisa qu'en 2008, Destiny Church dirigerait la Nouvelle-Zélande ! Mais le parti politique Destiny Church, créé à cet effet, ne remporta qu'un maigre score (0,6 % des suffrages) aux élections néo-zélandaises de 2005. En octobre 2008, Destiny Church planifiait la construction d'une « cité sainte » dans le sud d'Auckland, précisant que désormais les enfants des membres de cette communauté n'iraient plus jamais à l'école publique [23].

Si les prosélytes de la Destiny Church cherchent à créer les conditions de ce que devrait être, à leurs yeux, une vraie société chrétienne, si les pratiques mises en œuvre au sein de leur propre organisation montrent que ses dirigeants ambitionnent, en effet, de jouer un rôle structurant sur et dans la société dans sa globalité, il n'en demeure pas moins qu'on est là devant des vœux professés par un imaginaire religieux dont l'influence demeure très marginale en dépit des buts visés.

Ceci étant, si l'on examine aujourd'hui le christianisme à partir de sa fonction subjective d'expérience religieuse, autrement dit en prenant le point de vue du sujet « croyant », même si on peut penser qu'on est aujourd'hui – à Tonga ou ailleurs – sorti de la religion comme *structure*, « il serait naïf de croire, comme nous en avise Marcel Gauchet, que l'on en a fini avec la religion comme *culture* » (souligné par moi). Bien entendu, le terme « culture » tel que l'utilise le philosophe fait référence ici à l'aspect subjectif de l'ethos religieux, aux représentations, aux comportements, aux pratiques et aux sentiments des croyants.

---

22. À Tonga, les Églises les plus importantes restent les Églises « historiques » (Free Wesleyan Church, Church of Tonga et église catholique). Les Mormons ont fortement progressé durant les 25 dernières années (16% aujourd'hui).

23. Cf : http://en.wikipedia.org/wiki/Destiny_Church_(New_Zealand), (page consultée le 30/04/2010).

Les ancêtres : des médiateurs entre le présent et le passé

À Tonga comme ailleurs, l'arrivée des Européens, et plus particulièrement l'entreprise de christianisation, eut des effets profonds sur les représentations du monde et le système de valeurs des Tongiens. Des pans entiers de la religion traditionnelle tongienne ont été jetés, peu ou prou, aux oubliettes, même si aujourd'hui les écoliers tongiens apprennent qu'ils furent autrefois polythéistes et que leurs dieux avaient nom de Tangaloa, Maui, Hikuleo. Il n'est pas possible ici de montrer et d'analyser toutes les facettes de ce phénomène qui mériterait un ouvrage entier. Il me paraît cependant important de souligner un fait assez peu mis en avant dans la littérature anthropologique concernant le Tonga contemporain, à savoir la prégnance, dans la vie de tous les jours, des esprits des morts/ancêtres.

Pour les Tongiens contemporains, les esprits des morts vivent leur vie de manière autonome, se mouvant dans la proximité, voire dans l'entourage immédiat des humains. Ils continuent à s'intéresser de près aux vivants, en particulier au groupe de parenté auquel ils sont rattachés. Ils sont censés fréquenter davantage certains lieux que d'autres, par exemple les cimetières, ou la brousse, ou encore la cocoteraie. La nuit leur appartient et les vivants doivent savoir leur laisser la place. Le monde des morts, en effet, n'est pas celui des « vivants » et la limite qui les sépare est nette pour ces derniers. Cette limite a toutefois tendance à s'estomper au moment de la naissance ou de la mort d'un membre de la communauté : les esprits des morts se pressent autour de la dépouille du décédé comme autour du lit de l'accouchée. C'est pourquoi ces moments cruciaux que sont un décès ou une naissance doivent être ritualisés et placés sous la protection d'une personne – une sœur de père, un descendant de sœur de père ou encore un membre de la chefferie – chargée de gérer les relations entre les vivants et les morts du groupe de parenté. Enfin, les esprits ancestraux sont censés s'occuper tout particulièrement du patrimoine foncier qu'ils ont contribué à accumuler.

Toutes les entités surnaturelles (cf. *infra*) ont été catégorisées indifféremment par les missionnaires de *tevolo* (de l'anglais *devil*). Pourtant, malgré leur appellation (qu'ils ont conservée aujourd'hui), les esprits des morts n'ont pas, comme en Polynésie française, basculé dans la négativité absolue (Babadzan, 1982 : 1). Ils ne sont pas, en soi, malveillants, même s'ils peuvent le devenir. La dichotomie manichéenne entre le bien et le mal, très présente dans l'idéologie chrétienne, n'a pas vraiment marqué cette catégorie d'êtres que sont les esprits des morts : il n'y a pas d'esprits bons qui lutteraient contre des esprits mauvais mais des esprits qui se montrent tantôt bons, tantôt mauvais, selon les circonstances et surtout selon le type de relations qu'ils entretiennent avec les vivants.

Les esprits des morts sont invoqués comme explication lorsque surgit un événement inhabituel, anormal ou menaçant. Des difficultés existentielles qui se traduisent par des désordres psychologiques sont mises au compte de la présence et des agissements des esprits des morts, ce qui a pour conséquence que la personne malade – la possession est conçue comme une maladie – n'est pas laissée seule face à des symptômes qui risquent de l'exclure de la communauté ; la référence aux esprits des morts du groupe rend chaque membre de ce groupe partie prenante de l'événement. En fait, on peut dire que l'intervention des esprits des morts sert non seulement à exprimer un désordre social, à le rendre manifeste, mais aussi à lui fournir une explication et, partant, à le dissoudre en réintégrant les acteurs sociaux dans le circuit normal, anodin, des relations quotidiennes. Les esprits des morts sont comme certaines enzymes : ils aident à digérer ce qui, dans l'événement, suscite du malaise.

Parmi les esprits des morts, ceux du groupe auquel on se rattache, les ancêtres, servent à décliner les différentes facettes et les différents degrés de l'appartenance au groupe et apparaissent comme les acteurs d'une renégociation permanente du rapport à l'identité/altérité. Pour les Tongiens, les ancêtres ne sont pas abandonnés à Dieu qui fixe leur sort (paradis, enfer ou purgatoire) mais continuent à vivre parmi les vivants ou à leur proximité, prenant soin d'eux comme les vivants prennent soin des morts.

Pourtant, cette ancestralité pour tous – expression d'une identité que chacun revendique comme tongienne, voire polynésienne – à la fois collective et individuelle, demeure inscrite dans une histoire tronquée, où *l'avant* et *l'après* de la christianisation revêtent des valeurs opposées, le premier de ces deux temps de leur histoire étant l'objet d'une inavouable honte. Périodiquement, des religieux – ce fut notamment le cas, en son temps, de l'évêque catholique Finau – s'élèvent pour mettre en garde les Tongiens contre leurs démons, autrement dit contre leurs habitudes païennes, celles du temps des ténèbres, avant que ne vienne le Dieu de lumière. Tous ces avertissements sont destinés à tenter de mettre fin aux relations que les Tongiens entretiennent avec leurs morts (en chrétienté, un bon mort n'erre pas parmi les vivants).

Avec l'introduction de la dichotomie manichéenne du bien et du mal, le christianisme a inversé le sens du concept duel du *po*-nuit/*'aho*-jour. Il l'a aussi transformé en une opposition figée en deux termes irréductibles puisqu'aujourd'hui, le discours officiel des autorités religieuses assimile le *po* aux temps obscurs du paganisme, à des entités religieuses diabolisées, au Mal, alors que le *'aho* fait référence à Dieu, à la lumière, au futur, au Bien. Mais alors, la dichotomie à laquelle renvoie le *po*-nuit/*'aho*-jour au sein de ce discours n'a plus grand-chose à voir avec la notion duelle « classique » où l'opposition hiérarchique – dans le sens de Dumont – des deux termes signifiait leur relation et non leur exclusion mutuelle[24]. Mais cette même dichotomie a aussi opéré un découpage dans le temps du passé, lequel découpage s'exprime, au moins dans le discours religieux, en terme de valeur : le passé ténébreux et ambigu du paganisme et le passé lumineux et pur de l'évangélisation.

Pourtant, par-delà le discours réprobateur officiel et en dépit des transformations considérables de leurs représentations religieuses, les Tongiens continuent d'accorder aux esprits des ancêtres une place et un rôle éminents. À ces derniers, ils attribuent, en effet, une qualité essentielle : non seulement celle, traditionnelle, de fournir une médiation entre le monde des vivants et celui des morts mais surtout celle d'être les passeurs entre les deux temps forts de leur histoire, *avant* et *après* la christianisation.

Conclusions

Dans le Tonga préchrétien, on peut faire l'hypothèse que la religion « commandait la forme politique de la société et définissait l'économie du lien social » (Gauchet, 1998 : 13). Ce n'est plus le cas aujourd'hui, et on ne voit pas comment cela pourrait le redevenir demain, en dépit des visées de certains dirigeants des Églises/réseaux pentecôtistes et fondamentalistes. Même si l'on constate aujourd'hui à Tonga une omniprésence du discours religieux, même si les Églises chrétiennes y jouent un rôle que l'on peut qualifier de politique et si certaines d'entre elles revendiquent une « gouvernance chrétienne », la recomposition du politique et du religieux telle qu'elle s'est accomplie au cours de l'histoire et telle qu'elle se présente aujourd'hui est d'une tout autre nature que celle qui avait cours au moment du contact[25].

Quant au domaine de l'expérience religieuse à Tonga, il apparaît aujourd'hui clivé. D'une part, domine un champ public, occupé par la religion et les Églises chrétiennes (même sous une forme éclatée) où la relation à Dieu est vécue surtout collectivement et sous le rapport du rituel (en particulier, lors du culte du dimanche). D'autre part, un champ privé, intime, celui de la relation aux ancêtres, que l'on n'évoque qu'entre soi – en famille – mais qui renvoie simultanément à un passé mal défini, à une

---

24. Alain Babadzan discute de cette même opposition pour montrer d'une part comment on en arrive, à Rurutu, à passer d'une religion polynésienne à un *syncrétisme chrétien* et d'autre part pour construire le sens qu'il donne à la notion de syncrétisme (1982 : 275 et suiv.).

25. Ceci va à l'encontre de certains discours des courants pentecôtistes dans le Pacifique pour lesquels l'imbrication de la religion chrétienne dans la vie sociale et politique de ces sociétés – qu'ils appellent de leurs vœux – répond à une *tradition* culturelle. En fait, la conception traditionnelle de l'ordre socio-cosmique, telle qu'elle existait au moment du contact, ne correspond en rien aux diverses recompositions politico-religieuses contemporaines.

mémoire embarrassée et trouble. Pourtant, en dépit de ce trouble et malgré l'opprobre montré à leur encontre par les autorités religieuses, les relations que les vivants entretiennent avec leurs ancêtres continuent aujourd'hui d'animer et de donner du sens aux actes de la vie quotidienne.

L'histoire de la conversion au christianisme des populations de Polynésie comporte des aspects ambigus, voire contradictoires, qu'il convient d'analyser dans les moindres détails et au sein d'une perspective historique si on veut en comprendre les enjeux contemporains. À Tonga, au-delà du discours consensuel sur le christianisme fondateur, l'histoire de la conversion paraît loin d'être achevée et ses représentations contemporaines montrent que la religiosité de ses habitants est sans doute plus composite et leur univers spirituel moins univoque qu'il n'y paraît.

Bibliographie

Angleviel, Frédéric
2000   *Religion et sacré en Océanie*. Nouméa, Paris : C.O.R.A.I.L. et L'Harmattan.

Babadzan, Alain
1982   *Naissance d'une tradition. Changement culturel et syncrétisme religieux aux Îles Australes (Polynésie française)*. Paris : ORSTOM.

Barker, John
1990   "Introduction : Ethnographic Perspectives on Christianity in Oceanic Societies". In John Barker (ed.), *Christianity in Oceania: Ethnographic Perspectives*. Lanham : University Press of America ("ASAO Monograph Series" 12), pp. 1-24.

Bott, Elizabeth
1982   *Tongan Society at the Time of Captain Cook's Visits*. Wellington : The Polynesian Society, Memoir 44.

Collocott, E. E. V.
1919   "Notes on Tongan Religion", *Journal of the Polynesian Society*, 30 : 152-153, pp. 227-240.

Dartigues, Laurent, Alain Guillemin et Isabelle Merle,
2008   "Histoire des missions en Asie et dans le Pacifique". In F. Douaire-Marsaudon, A. Guillemin et C. Zheng (eds), *Missionnaires chrétiens, Asie et Pacifique, XIXe-XXe*. Paris : Autrement (coll. Mémoires/histoire).

Douaire-Marsaudon, Françoise
1998   *Les premiers fruits. Parenté, identité sexuelle et pouvoirs en Polynésie occidentale (Tonga, Wallis et Futuna)*. Paris : Éditions de la MSH/CNRS-Éditions.
2008   *Missionnaires chrétiens, Asie et Pacifique, XIXe-XXe*. In F. Douaire-Marsaudon, A. Guillemin et C. Zheng (eds), Paris : Autrement (coll. Mémoires/Histoire).

Ewins, Rory

1998   *Changing their Minds. Tradition and Politics in Contemporary Fidji and Tonga.*
        Christchurch : MacMillan Brown Center for Pacific Studies.

Farmer, Sarah

1855   *Tonga and the Friendly Islands. With a Sketch of their Mission History.*
        Londres : Hamilton Adams.

Fer, Yannick et Gwendoline Malogne-Fer

2009   "Le christianisme, une religion d'Océanie ?". In Y. Fer et G. Malogne-Fer (eds),
        Anthropologie du christianisme en Polynésie. Paris : L'Harmattan (Cahiers du Pacific Sud
        Contemporain), pp. 13-30.

Firth, Raymond

1979   "The Sacredness of Tikopian Chiefs". In William A. Shack et Percy S. Cohen (eds.), *Politics
        in Leadership : A Comparative Perspective.* Oxford : Clarendon Press, pp. 139-168.

1970   *Rank and Religion in Tikopia.* Londres : Allen and Unwin.

Gauchet, Marcel

1985   *Le désenchantement du monde. Une histoire politique de la religion.* Paris : Gallimard.

1998   *La religion dans la démocratie. Parcours de la laïcité.* Paris : Gallimard.

Gifford, Edward Winslow

1924   *Tongan Myths and Tales.* Honolulu : Bernice P. Bishop Museum, Bulletin 8.

1929   *Tongan Society.* Honolulu : Bernice P. Bishop Museum, Bulletin 61.

Girard, Charles (ed.)

2008   *Lettres des missionnaires maristes en Océanie 1836-1854.* Paris : Karthala (coll. Mémoire
        d'Églises).

Godelier, Maurice

2007   *Au fondement des sociétés humaines. Ce que nous apprend l'anthropologie.*
        Paris : Albin Michel.

Grijp, Paul van der

1993   "The Making of a Modern Chiefdom State : The Case of Tonga", *Bijdragen tot de Taal,
        Land en Volkenkunde,* 149(4) : 661-672.

2009   "So Many Islands : Constructing Polynesia as a Culture Area", *Asia-Pacific Forum,* 43 : 130-153.

Gunson, Niel

1977   "The Coming of Foreigners". In N. Rutherford (ed.), *Friendly Islands.* Melbourne :
        Oxford University Press, pp. 90-113.

Julien, Charles-André

1942   *Histoire de l'Océanie.* Paris : Presses Universitaires de France.

Kavaliku, Langi

1977   "'Ofa, the Treasure of Tonga", *Pacific Perspectives,* 6(2) : 47-67.

Laracy, Hugh

1977   "The Catholic Mission". In N. Rutherford (ed.), *Friendly Islands.* Melbourne :
        Oxford University Press, pp. 136-153.

Latukefu, Sione

1974   *Church and State in Tonga : the Wesleyan Methodist Missionaries and Political Development, 1822-1875*. Canberra : Australian National University Press.

1975   *The Tongan Constitution*. Nuku'Alofa : Tongan Government.

1977   "The Wesleyan Mission". In N. Rutherford (ed.), *Friendly Islands*. Melbourne : Oxford University Press, pp. 114-135.

Laux, Claire

2000   "Polythéisme, hénothéisme, monothéisme. Les enjeux politiques du passage du paganisme au christianisme en Polynésie". In F. Angleviel (ed.), *Religion et sacré en Polynésie*. Paris : l'Harmattan, pp. 147-176.

2000   *Les théocraties missionnaires en Polynésie au xixᵉ siècle. Des cités de Dieu dans les Mers du Sud ?* Paris : l'Harmattan (coll. Mondes Océaniens).

Martin, John

1981   *Tonga Islands. William Mariner's Account*. Tonga : Vava'u Press. (Édition originale 1817).

Mary, André

2008   "Actualité du paganisme. Et contemporanéité des prophétismes", *L'Homme,* 185-186(1-2) : 365-386.

Missionary Notices

1837   Methodist Missionary Archives, SOAS, the University of London : London Missionnary Society.

Missions maristes

1890   *Dictionnaire toga-français-anglais*. Paris : Chadenat.

Reiter, François

1907   "Traditions tonguiennes", *Anthropos,* 2 : 230-240

1919-20 "Traditions tonguiennes", *Anthropos,* 14-15 : 125-142.

Rozier, Claude

1955   *Un bâtisseur de la chrétienté : Monseigneur Bataillon*. Paris : mission des îles n° 60.

Saura, Bruno

1993   *Politique et religion à Tahiti*. Tahiti : Éditions Polymages-Scoop.

West, Thomas

1865   *Ten Years in South Central Polynesia : Being Reminiscences of a Personal Mission to the Friendly Islands and their Dependencies*. Londres : James Nisbet and Co.

Sources internet :

http://en.wikipedia.org/wiki/Destiny_Church_(New_Zealand), (page consultée le 30/04/2010.)

Following The Pathways.
Contemporary Ceremonies, Representations of the
Past and Catholicism in Northern New Caledonia.

Denis Monnerie

In memory of my friend Marino Theain Hiouen.

Introduction

This paper is an attempt to understand the relations between the Kanak[1] world of New Caledonia and the Catholic Church that are one aspect of the complex imbrications of past and present in a contemporary Melanesian society. I would like to underline from the very first that both the Catholic religion and French colonization are not only things of the past in New Caledonia but that they have considerable import in the present. My approach also aims at stressing the importance of recontextualizing the anthropology of New Caledonia within the debates about Melanesia and Oceania[2]. For an understanding of Kanak societies, this means emphasizing the importance of the study of transactions, exchanges, sharing or, more accurately

---

1. In the 1980s, the independence movement adopted the work "Kanak" to refer to the autochthonous people of New Caledonia. It is a convenient word, now widely accepted. In the field, the best definition I could find of what it is to be Kanak was an answer given to this question by an Arama man: "We Kanak practise customary procedures, or ceremonies (*coutumes*)". For a comparison with the Island of Maré in the Loyalty Islands, east of Grande Terre, see Faugère (2002).

2. Thanks to Gérard Glanard for developing and printing my pictures and to Agnès Clerc-Renaud for her suggestions on a version of this text. Different versions of this paper were presented at the conference *La christianisation en Océanie*, Paris EHESS, 26-7 May 1999 and at the sixth conference of the European Society for Oceanists; Session: *Dynamics of Pacific Religiosity*, Marseilles 6-8 July 2005. During this ESfO conference, a belated session dealing exclusively with New Caledonia was convened. Researchers on New Caledonia who had already registered for other sessions were not invited to participate in this New Caledonia session. This made it the only session of the conference not thematic but dealing with one, and only one, country of the Pacific. In reaction to this attitude, my view is that anthropology in New Caledonia does not need more endogamy but, on the contrary, more cross fertilization by research from the many shores of Oceania and Indonesia, the anthropological community and the social sciences at large.

maybe, *circulations of goods, speeches and persons* especially in ceremonial contexts (Coppet, 1968; Robbins, 1994; Strathern and Stewart, 2000; Lemonnier, 2006; Monnerie, 2005, 2008b). This also means stressing one specific aspect of Kanak ceremonial exchanges and circulations, namely the fact that they are always strongly interwoven with ceremonial speeches. Eliciting information on these exchanges and circulations is made somewhat easier by this trait, as most speeches comment on the acts they are part of and the relationships they actualize (Bretteville, 2002, Monnerie, 2005). In these ceremonial speeches, in exchanges and circulations, in narratives and glosses dealing with contemporary Kanak institutions and in everyday conversation, the explicit association of contemporary practices with aspects of the past[3] is a central and pervasive feature of Kanak social life. I will suggest that the precise knowledge and analysis of the present, especially of contemporary ceremonies, greatly enhance our knowledge of the representations of the past and vice versa.

Here I will focus on some outstanding aspects of the relations with the Catholic Church of the Kanak society of Arama and of other societies belonging to the region called Hoot ma Whaap in the far north of Grande Terre. One of my points will be that there is a reciprocal acculturation[4] of the Kanak world and the Catholic Church. It is the precise forms, meanings and dynamics of this reciprocal process, which I attempt to describe and analyze here. In order to understand this, it is best to first distinguish between what is happening inside churches and what is happening outside churches. Thus, before embarking at some length on what is going on outside churches it is important to say a few words about what is happening inside churches, especially inside the small, elegant, church of Arama.

Arama, a Kanak village and its church

I have been working in the far north of New Caledonia since 1992, my main field site being a village called Arama, and my work is systematically extended to translocal relations within the Hoot ma Whaap region and to relations with the rest of New

---

3. Thus, many of the contemporary goods used in ceremonial exchanges, though they are modern substitutes for the ones which were once used, are often referred to in ceremonial speeches by the local word designating the original item (Monnerie, 2005: 250, 255, 2008b).

4. Although out of anthropological fashion for the time being, acculturation is a handy word here. In the use I am making of it in this paper, its meaning is explicitly or implicitly qualified by the term reciprocal – this will be a key feature of my argument. Reciprocal acculturation refers: a) to an ongoing process; b) to social as well as cultural phenomena which, following the French anthropological tradition, I do not separate.

Caledonia and with the rest of the world (Monnerie, 2005). Situated on the north-eastern tip of Grande Terre, Arama is a coastal village, with approximately 400 inhabitants at the time of my first fieldwork[5]. The Nyêlâyu language is spoken in Arama, Belep and Balade[6]. The inhabitants' main subsistence resources are fishing, horticulture, cattle raising, some government subsidies and, very irregularly in the 1990s, and less so in the 2000s, salaries from working in mines or the transportation of ore. The local primary school is Catholic. Most Arama people are Catholic and many attend mass regularly. The deep and sincere Catholic faith of many, especially women, cannot be doubted; these attend most services. The majority of the others attend services more or less regularly, especially for the most important Catholic festivals and ceremonies (Christmas, Easter, All Saints' Day, baptisms, weddings and, massively, funerals) and feasts organized by Catholic associations. The practice of saying grace before meals is widespread. Along with the practice of Kanak forms of attention to dreaming and meditation, praying is common, so is crossing oneself, especially with regard to places of the dead. The social acts and representations which I am going to describe in this paper refer to 1993, but during my last stages of fieldwork, up to 2005, I noticed few changes as far as local relations with the Catholic Church were concerned[7].

First, a few words about what takes place inside Arama's church. Masses and prayer meetings are conducted there, regularly on Sunday and for other important Catholic events, in a way that is strongly reminiscent of what takes place in the colonial capital, Nouméa, or in French churches. The church itself, outside and inside, looks like a small, simple French church, with brightly coloured glass window panes in place of stained glass windows and with the Pacific touch of a corrugated tin roof. Masses and prayer meetings have some Kanak features, the most prominent being, of course, the attendance, which is almost exclusively by Kanak villagers, except on rare special occasions when a few *Calédoniens* may attend. They are

---

5. This lasted from July 1992 to October 1994.

6. All local words, when not in Kanak French (*i.e.* the specific form of French spoken by the Kanak) are in Nyêlâyu. For a dictionary of Balade Nyêlâyu see Ozanne-Rivierre 1998. Following the transcription system recently adopted in Arama, I now use accents on all nasalized vowels.

7. Despite an increase in population, regular attendance at Sunday services has decreased somewhat between the 1990s and recent years. This partly coincides with Sunday masses – solemnly performed by a priest in full regalia, which remain popular – being replaced by prayer meetings, led by the male *catéchiste* or other well-known local men and women, which draw a limited attendance. Between 2001 and 2007 my impression was that attendance at services by young men, and to a lesser extent, unmarried young women had tended to decrease even more than for other age groups (children, married adults, old people).

non-Kanak inhabitants, mostly from Nooet hamlet. Some of them belong to families which have been settled in this area for several decades. During services, the local language, Nyêlâyu, is used for a few prayers and hymns, but French dominates, used by the priests for masses and sermons and even by the Arama men and women who conduct prayer meetings. Some of the elements of the decoration of the Church also have a strong Kanak flavour, especially the flowerbeds surrounding it and, inside, the garlands of leaves and flowers used to decorate it. One prominent statue – a fine Madonna – was carved by Passa Waminya, a young contemporary Kanak artist from Lifou whose name is known by all in the village and who married a local woman. Characteristically, the species and place of origin of the tree used for this piece are also remembered. This Madonna has become something of an icon of the village's Catholic identity and its image has been reproduced on T-shirts issued to finance and commemorate local Catholic events[8]. The sociality of the mostly Kanak congregation also tends to exhibit many French Catholic features for the duration of the ceremony, *i.e.* while participating in the ritual conducted by the priest or *catéchiste*. So inside the church, especially during the ceremonies, the French Catholic element dominates. This is combined with a few rather subaltern, local Kanak elements. However when the villagers leave the church, one of the forms of Kanak sociality, usually that of the *marché* or of everyday life (Monnerie, 2008b), tends to take over.

This paper's main developments will now concentrate on what happens outside this church building. I shall show that outside the balance is reversed, with Kanak relational features dominating and Catholic features being subaltern. I shall start with a description of the Hoot ma Whaap regional network because it provides much of the fundamental principles of the relations to be described in the rest of this paper. Then I am going to give a sketch of the celebration of the 150th anniversary of the first mass celebrated on Kanak soil. A description will follow of the reception ceremony organized in Arama for a large wooden cross – circulating in New Caledonia and symbolizing christianization – and then I shall say a few words about religion and colonization in a Kanak perspective, trying to elicit some principles of reciprocal acculturation and the dynamics of past and present before returning to the relation of inversion I have just underlined.

---

8. More generally the sale of such printed T-shirts is a popular way of financing and marking important aspects of Kanak social, religious, political, cultural and sporting life (this is also true, but to a lesser extent in the far North, of other segments of the New Caledonian population).

The Hoot ma Whaap network of regional relations

What is happening outside the church in a context of relations with the Catholic world is, I shall argue, largely predicated on classic Hoot ma Whaap Kanak regional relations. Arama is a local society which belongs to a wider system, covering the Hoot ma Whaap region. This region is acephalous and made up of twelve local societies linked by a network of pathways. The six Hoot societies are construed as having been established before the Whaap ones. Each of these twelve societies has a name beginning with Teâ; thus Teâ Aâôvaac is Arama, Teâ Belep is Belep, Teâ Vaak is Bondé, Teâ Puma is Balade. Although more than ten different Kanak languages (all Austronesian) are spoken in this region, some of the words referring to persons of high status in these societies are the same throughout. The man representing the society as a whole is everywhere called the *teâma*. His eldest son is called *teâ*[9] and his younger son *mweau*. Their sisters are called *kaavo* and *hixe*. In contemporary times, high status is linked to ceremonial precedence and does not entail coercive power over people of other localized kin groups.

Most of the twelve local societies of Hoot ma Whaap are locally construed as a house or "great house"[10]. In this context, a great house has a name beginning with Teâ and refers to a localized assemblage of localized kin groups and/or hamlets. Great houses are linked to each other by a series of pathways, which are spatial and social itineraries. There are land and marine pathways. At the interface between houses and pathways, there are doors or passages. Three local concepts, or figures (Monnerie, 2005, in press a), are basic here: the great house or house (*mweemwâ*, *mwâ*), the pathway (*daan*) and the door or passage (*phwâ*). They are the three building blocks of the Hoot ma Whaap network. This network exists in the memory, personal practice and experience of hundreds of people and is actualized in special circumstances. The contemporary ceremonial circumstances of Hoot ma Whaap regional relations are primarily the sending and reception of messages concerning local societies (*i.e.* not messages between persons as such), regional meetings, as well as funerals and weddings of persons of high status. Formerly

---

9. A *teâ* becomes *teâmâ* after an installation ceremony; the suffix – *mâ* is a collective which at the same time adds a nuance of magnification to the word it modifies. The value attached to collective entities, actions, etc., is often stressed by my Arama interlocutors.

10. Some Hoot ma Whaap societies may be construed in yet other ways; for instance Paimboas, or Teâ Maalum, is also construed as "The Bone and the Breath", which is the title of Dominik Bretteville's PhD thesis on this society (Bretteville, 2002).

Hoot ma Whaap was also a system of alliance for warfare and raids in which Hoot societies, on the one hand, or Whaap societies, on the other, tended to pool resources against each other (Lambert, 1900; Dauphiné, 1992; Douglas, 1970; Guiart, 1966). In what I consider a rather typical Melanesian feature, this was a system in which relations of violence were associated with other relations of a more peaceful character such as those practised today. These were less spectacular and less well documented by travellers, priests, soldiers, ethnographers and historians (but see Lambert, 1900 and Guiart, 1966). For pre-colonial times, oral history in Arama recalls the above-mentioned relations of warfare *and* ceremonial circumstances as being part of the classic relations within Hoot ma Whaap. One knowledgeable man also asserts that Hoot ma Whaap was organized as a system of regional relations, following a sort of regional diplomatic agreement after a series of meetings between dignitaries of this part of Grande Terre. This was meant to put an end to indiscriminate warfare and conflicts and took place some time before colonization – or before the arrival of white men [11]. Thus the Hoot ma Whaap system of regional relations is construed by Kanak oral history as a pre-colonial autochthonous diplomatic creation and its existence in the very first years of colonization is indeed confirmed by the published sources, although these tend to concentrate on the exchanges of violence between Hoot and Whaap, which were soon instrumentalized by colonial forces.

Today Hoot ma Whaap is one of several cultural regions (*aires culturelles*) of New Caledonia. There is a Hoot ma Whaap customary council (*conseil coutumier*) as well as one such institution for all the other cultural regions. In a country which is largely structured in terms of French institutions – *Haut Commissariat, Provinces, Communes, Rectorat*, etc. – both cultural regions and customary councils are recent innovations aiming at creating modern, Kanak-oriented, territorial divisions and decision-making institutions. Customary councils [12] were a creation of the Matignon Agreements of 1988 following a proposal made by the most famous Kanak pro-independence leader, Jean-Marie Tjibaou (Tjibaou, 1996).

11. James Cook landed at Balade in 1774, French Catholic priests settled in Balade in 1843, France took possession of Grande Terre in 1853, also at Balade. Balade, or Teâ Puma, is a Hoot ma Whaap great house.

12. They were first labelled *conseils consultatifs*. Their name was changed with the 1998 Nouméa agreement in order to coincide with the widespread local Kanak French expression, which from the beginning was *conseil coutumier*. In 1998, these councils' federative institution became the Kanak Senate (*Sénat kanak*) – bearing the name of a French political parliamentary institution.

Reception ceremonies and their adaptations

Reception ceremonies are an important feature of Kanak social relations throughout New Caledonia. They can be very large and formal or very brief – when a person arrives in a place where he does not belong – with almost all imaginable variants in between. Reception ceremonies are all basically organized on the same principle, with two ceremonial sides facing and meeting each other – one side being a visiting group or person, the other comprising a local group or person. The reception process entails an exchange of speeches and goods between the groups or persons that form what I call each *side* of the ceremony. Immediately after this is over, the visitor(s) is (are) invited to share a meal or a snack. The context of the reception is a key element of other aspects of its organization, development and performance. For instance, in Hoot ma Whaap, the largest reception ceremonies (*thiam*) may be performed in the classic context of Kanak regional relations or in others, such as relations with different parts of the Kanak world (for instance for anticolonial meetings), or with the colonial authorities or the Catholic Church and at many important or significant social events involving several local societies. Large reception ceremonies are a prominent opening feature of contemporary regional meetings in Hoot ma Whaap. When the meeting is over, it is followed by one or several large departure ceremonies. A comparative study of these ceremonies and their implications – especially the central dimension of "relative firstness" and the associated social dynamics of reception and expulsion – leads to a better understanding of Hoot ma Whaap social relations and, I suggest, more generally, of Kanak social relations and the Kanak independence movement (Monnerie, 2002, 2003b, 2005).

This chapter will now focus on the celebration, in 1993, of the 150th anniversary of the first mass celebrated on New Caledonian soil in a hamlet of Balade called Mahamat[13], December 25 1843. This huge celebration was only made possible because, after some informal meetings and formal debating during two special sessions, the Hoot ma Whaap customary council agreed to it with conditions. One condition was that all the delegations were first to be received formally by the council in the Kanak way: either the complex Hoot ma Whaap reception ceremony called *thiam* or with comparatively simplified reception procedures for people of other regions and cultures. Another condition was that the Church were to have made it known several weeks before that during these ceremonies the French Bishop

---

13. Balade lies about 20 kilometres south-east of Arama as the crow flies. It was fairly easily reached on foot or by boat. Today cars are preferred but the modern road is much longer.

of Nouméa would publicly express the repentance of the Church for the "wrong done to the Melanesian people in the sufferings and the injustice inflicted on their ancestors who were obliged to abandon part of their culture". Thus these Catholic ceremonies for the 150th anniversary of the first mass in New Caledonia, which included masses and prayer meetings (24-26 December), were made possible only because they were temporally and spatially wrapped within a series of reception and departure ceremonies performed in the Kanak way (from 18 till 28 December; Monnerie, 2005: 119-170, 217-260). Along with the presence of thousands of participants, most of them Kanak, during this period the links between Kanak and Catholic ceremonies were provided by the essential and largely female task of cooking and feeding everyone. This was performed in a classic Kanak manner, during Catholic ceremonies as well as during reception and departure ceremonies. In these, the circulations of persons and goods, which are so characteristic of Kanak ceremonies, take the form of the preparation and sharing of (most of) the food which has been gathered by the receiving side and brought by each of the visiting sides. The cooking is done by local women assisted, or sometimes replaced, by women from the arriving parties. Young men collect firewood and carve raw meat.

Hence, the short term configuration of this commemoration is strongly reminiscent of the long term one I have described as regards what is happening inside and outside the church of Arama: the Kanak element dominates for the indispensable arrival, reception and departure procedures whereas Catholic ceremonies come to the fore in between receptions and departures, a process I call wrapping. It is linked to their repetition on different occasions, entailing a replication on different scales according to a context of meaningful social acts and forms. This points to a significant degree of coherence established in the relations between this part of the Kanak world and the Catholic Church for the same fundamental principles of reception, repetition, replication and variability are at work in Kanak reception and life cycle ceremonies. The ceremonies I shall describe now also display these features.

Following the pathways and circulating the cross

While following step by step the social relations and events which accompanied the celebration of the 150th anniversary of the first mass, I became aware that there was another system of regional relations which had hitherto escaped my attention and seemed to have remained unseen or ignored by anthropologists. It is resorted to in the context of rather outstanding, complex or formal relations with the Catholic Church – so usually not performed in the context of weekly masses, prayer meetings, etc. – and derives from that of the Hoot ma Whaap network I have just described. In this acculturated system, local parishes are linked by pathways, passages and doors. Parishes do not always coincide with Hoot ma Whaap local societies[14]. Reception and departure ceremonies, which also derive from classic Hoot ma Whaap ceremonial procedures, are practised within this acculturated regional system.

Just before the 150th anniversary of the first mass, and in order to concretely display its hold on New Caledonia, the Catholic Church had organized for a large carved wooden Christian cross to travel from parish to parish for several weeks throughout New Caledonia. Day after day, this cross's progress[15] was both a local event – as we shall see shortly for Arama – and a national one, since it was broadcast on RFO TV, the government controlled French overseas network covering New Caledonia. The cross was to get to the northern part of the country at the beginning of December and reach Balade for the large Christmas celebrations I have just mentioned. It got to Arama on December 16, being brought by boat from New Caledonia's northernmost parish, Belep. Two days later it would be taken to Bondé, another neighbouring parish.

Let me now describe the reception ceremony performed in Arama. In the morning, three small outboard powered boats from Belep Island reached the coast. The heavy wooden cross was taken from one of the boats and erected on the shore on a sort of portable wooden stand, beneath a decorated bamboo arch, next to pro-independence flags of Kanaky (photo 1 [16]). About fifty Arama villagers, many of them women and children, were waiting for them. Among these people were the *catéchiste* and several dignitaries, two of them the owners of a pathway to Belep[17]. A Catholic priest and several nuns, some of them from Italy, were also among this receiving party as well as most of the village's schoolchildren from Arama's Catholic primary school. Maala Whaap, the landing place where they waited for the Belep boats is also called Pu Daan which can be glossed as the "origin/beginning of (several marine) pathways". This is also where the Catholic priests are said to have first arrived in Arama. Bearing

---

14. For instance the Teâ Aâôvaac great house is divided into two parishes, one for Arama, the other for Tiari (Monnerie, 2005).

15. The Church (*Archidiocèse de Nouméa*) also had scarves and wall hangings printed with the names of all the parishes and the dates of their christianization. The Belep-Arama sequence described here corresponds to the fact that Belep Island was christianized before Arama (see below).

16. In this picture, the northern tip of the island of Balabio can be seen on the right.

17. One generally owns a pathway through bearing a given name in a given sub-clan, which is in charge of one or several pathways.

the date 1860[18], a small monument topped by a concrete cross overlooking the coast (photo 4), commemorates this event.

In the boats had come several Belep dignitaries as well as their *catéchiste*. The formal reception of these representatives of Belep which then took place involved exchanges and circulations of speeches, goods and persons. In the first sequence, one of the Arama men who owns the pathway to Belep joined the side of the arrival party of Belep men and made a brief ceremonial speech in Nyêlâyu describing the pathway and asking the Arama people to receive the visitors and the cross. Then he handed the ceremonial gift brought by the Belep arriving party to an Arama man on the receiving side. This gift was a banknote wrapped in a cotton cloth. He then went back to the receiving side of Arama people. The second sequence of the reception followed immediately. Another Arama man[19] put a ceremonial gift of banknotes wrapped in a cotton cloth on the ground (photo 2) and made a welcome speech for the reception of the visitors and the cross. In a third sequence, after taking the gift from the ground, the *catéchiste* from Belep answered with an arrival speech and gave three coins to a man[20] from the receiving party. In the fourth sequence, the *catéchiste* from Arama explained the organization of the ceremonies to be held locally (photo 3). All those present then started singing hymns and chanting prayers in French and Nyêlâyu. The cross was next taken and carried at the head of a procession of men, women and children walking towards the church, singing and praying all the time (photos 4 and 5). On each side of the cross, two men held flags of Kanaky. The procession stopped twice: once in front of the Arama cemetery, then, just before getting to the church, the cross was placed under a second decorated bamboo arch which had been erected especially for this event. During these stops, more prayers were chanted and hymns sung. Then the procession with the cross and the flags entered the Church (photo 6[21]). There the mass was celebrated by a Catholic priest from New Guinea. Part of his sermon was devoted to recounting personal religious experiences which had taken place in Belep and to glosses of the carvings covering the cross, several of which depicted aspects of the Kanak world.

18. Two missionaries, Father Guillibert and Father Gagnière, were sent to found a "new mission" in Arama in 1860 (Rozier, 1997; Mortelier, 1993).

19. He was both an Arama dignitary and active in the parish.

20. He is a high status member of the receiving clan of Arama (Monnerie, 2005: 74-75).

21. The statue of the Virgin on the left is not the one I mentioned above as the Madonna.

Photo 1. © Denis Monnerie.

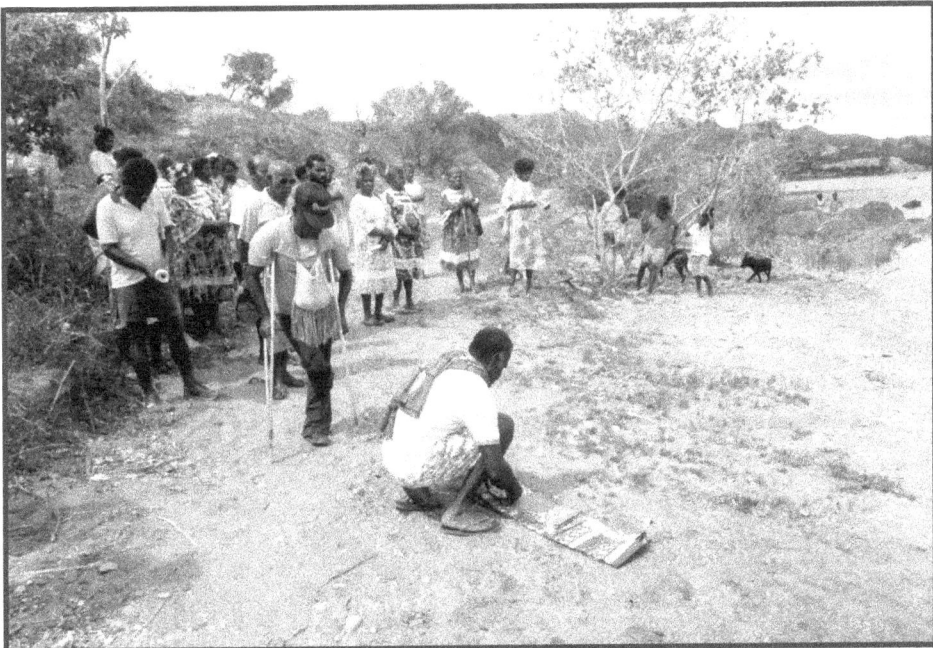

Photo 2. © Denis Monnerie.

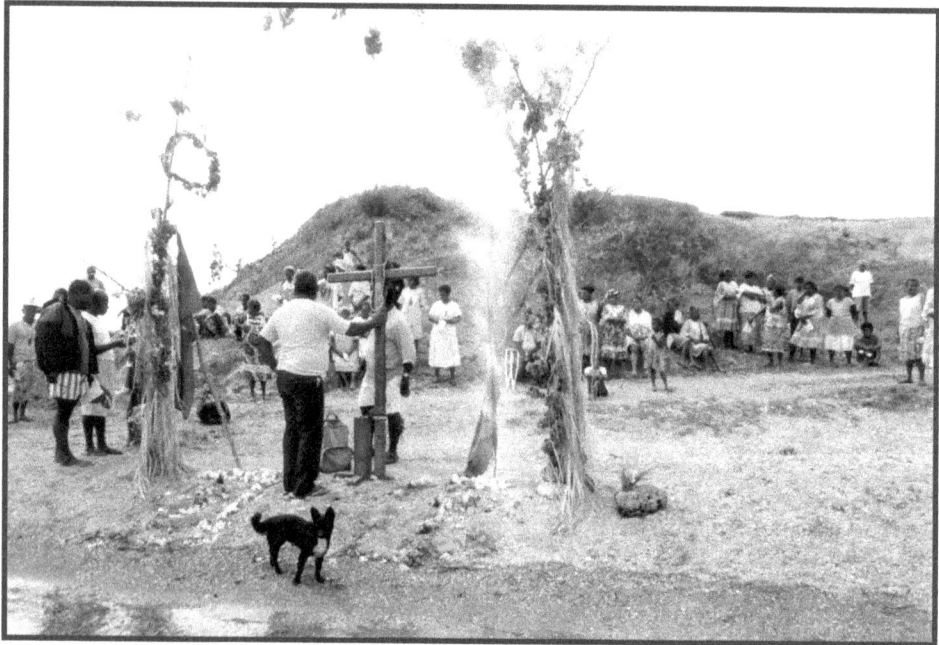
Photo 3. © Denis Monnerie.

Photo 4. © Denis Monnerie.

Photo 5. © Denis Monnerie.

Photo 6. © Denis Monnerie.

In Arama, the following days were given over to prayer meetings, exchange ceremonies and large meals which were in direct relation with the forthcoming commemoration of the 150th anniversary in Balade. On December 18, the departure ceremony for the cross was performed in Arama[22]. Bondé dignitaries and their *caté-chiste* drove to Arama to fetch the cross. The departure ceremony was held in front of the church gate. A series of ceremonial exchanges and speeches were made "to say good bye" (*ba-olaer*) to the cross and "to let it go" (*ba-panuer*). Here are the comments made in Kanak French by one of the Arama men who described this procedure[23]: this departure "is not really a customary procedure (*coutume*)" and also "it wasn't done in the customary way between parishes, because normally we should have taken the cross to them" – which is what the Belep people did between their home island and Arama. These two assertions imply that the church's process of accultura-tion has led to a "customary way between parishes" which is not exactly that of Hoot ma Whaap but derives from it. The following comment was made about the reception ceremony "it is a sort of customary pathway, the cross follows the pathway of the gospel and religion". My interlocutor immediately mentions a conflict dating back to between 1843 and 1860. This is because, after arriving first in Mahamat and spreading to some other parts of Hoot ma Whaap, "the gospel went from Balabio to Belep, without reaching Arama". Oral traditions have it that the gospel and religion were brought directly to Balabio island by converts. As Balabio was part of local Arama society the "gospel and religion" should have been received by the whole of the great house. Taking it straight to Belep was a dramatic breach of procedure and etiquette, which led to the expulsion of the people of an Arama clan living on Balabio to Belep – where they remain to this day[24] (Monnerie, 2005, 2008a).

Religion and colonization in a Kanak perspective

Thus Arama people tend to gloss simultaneously about their history and their contemporary social life and ceremonies. I am going to argue that here we neither have "*bricolage*", in the sense of Claude Lévi-Strauss (1962: 26-47, 198), nor syncretism, to use a time-honoured but rather vague concept. What we have in this adaptation to the Catholic Church, and by it of the regional procedures and notions of reception, assemblage and departure of Hoot ma Whaap, implies both curbing the Church

22. Note that I could not witness it since I was in Balade at the time; it was described to me afterwards.

23. He is the man mentioned in note 19 above.

24. To be noted also is that Belep is Hoot, whereas Balade and Arama are Whaap.

and putting it to good use through involving it in the web of Kanak relations and their etiquette. Oral history stresses the fact that following this Kanak etiquette in regional relations was the only way for the Church to be accepted. Ignoring this led to at least the one breach of procedure I have just mentioned, resulting in grave conflict, before the Church was finally accepted in Arama in 1860. All this took place at a time when French colonization was beginning to enforce its military and administrative superiority. This was sometimes accomplished with much bloody violence, including, in Balade, the often evoked use of the guillotine in front of forcibly assembled villagers[25]. Today most Arama people consider that the Church brought strength to the Kanak and believe that the Catholic Church, in spite of some shortcomings, had a positive role in helping their ancestors and themselves withstand some of the worst excesses of colonization.

I mentioned before that during two meetings of the Hoot ma Whaap customary council some dignitaries had expressed rather diverging and sometimes hostile views on the celebration of the 150th anniversary. For these men – none of whom represented Arama[26] – the Church was instrumental in the colonial enterprise which subjugated the Kanak world. Thus, among the Kanak people of Hoot ma Whaap, there are important differences of opinion on the role of the Catholic Church in New Cale- donia. However, after two meetings, a final consensus prevailed and the celebration of the 150th anniversary was accepted by the customary council who took charge of the reception and departure ceremonies. On December 16, silently but eloquently, the carriers of the Kanak flag flanking the procession which took the cross into the church expressed the Arama position in these debates about colonization, independence and the role of the Catholic Church: namely that one can both be for independence and a Catholic. A few days later, the Arama orator asserted in a ceremonial speech at Balade that the Kanak world had two sources of strength (*uje*), one being regional relations, the other the Christian God[27].

---

25. However, it should be stressed that, by nineteenth century colonial standards, the violence of French colonization in New Caledonia was not in the same league as the worst forms which were com- monplace in other parts of the Pacific and the world. Thus, in New Caledonia, there was no systematic genocide on the scale practised against American Indians, Australian Aborigines or the Tasmanians.

26. It is necessary to say a word on politics here. Arama as a village tended to vote for the Union calédo- nienne. Its representatives on the customary council certainly were sympathizers or members of this party whose foundation involved two Christian groups, one Catholic, the other Protestant (U.I.C.A.L.O. and A.I.C.L.F.; Kurtovitch, 1997). Some of those on the customary council who opposed the comme- moration tended to be sympathizers of another party, PALIKA, which, originally, had marxist leanings. Both parties belonged to the pro-independence coalition F.L.N.K.S. (Monnerie, 2005: 119-132).

27. Monnerie (2005: 147, 226).

Interpretations of the past and contemporary ceremonies

My interpretation of this ethnography will lead to the idea of reciprocal acculturation and aims at eliciting some of its principles. I use the expression reciprocal acculturation to define a broad domain which describes and qualifies both (i) the way Arama has become an original part of the wider contemporary Catholic world – as shown, for instance, in relations with other parishes – and (ii) the historical processes which led to this – as described in local oral history as well as in written history.

This approach hinges on the fact that the understanding of the present situation – of which the performance of ceremonies is an important aspect – entails an understanding of the past and vice versa. With regard to the past, most of the information I have concerning Arama and its relations with the outside world, and certainly the most relevant for my purpose in this article, comes from Kanak oral history. This stresses the ancient and autochthonous aspect of the Hoot ma Whaap system of regional relations and the fact that respecting its procedures was a highly valued aspect of social life at the time of christianization and colonization and before. Oral history was conveyed to me – as it is to the Kanak young *and* repeatedly expressed in conversation when such topics arise – through narratives (or fragments of them), comments and glosses which were proposed by several of my Arama interlocutors on various occasions and, significantly, with respect to specific places. A good example of this is the comment which was made along with the description of the departure ceremony for the cross (see above). Written sources dealing with the spread of Catholicism confirm some aspects of this oral history – especially as regards dates – but usually they stress other aspects of it. It is these discrepancies between Kanak oral history and Catholic inspired written history which I want to address in the following paragraphs.

I have underscored that, as regards the arrival of Catholicism in Arama, Kanak oral history puts forward one aspect of the process: the importance for the Church of respecting – or ignoring – the etiquette of Kanak regional relations. In contrast, written history, mostly from Catholic sources, develops four very different aspects. First, for the Catholic priests, coming to Arama in 1860 is a result of "their hierarchy's intention and decision"[28]. Second, this decision was aimed at spreading Catholic influence more efficiently in the north of Grande Terre and sprang from the necessity of anchoring the Church in key villages – some of them Whaap, some Hoot, in

28. This was made possible by the acquisition of Arama land as early as 1852 (Rozier, 1990: 242-3, 1997: 34).

order to reach a homogenous coverage of the far north of Grande Terre. Third, this was made easier by the fact that Nyêlâyu – a very difficult language which the priests had had great difficulty mastering – was also spoken in Arama and Belep as well as in Balade. Fourth, the names and personalities [29] of the Marist priests who brought the Church to Arama – Fathers Gagnière, Gilibert and, later, Guitta – are important. But the four "young Arama natives", who were instructed in the faith in order to help the priests, remain nameless shadows (Rozier, 1997: 146; Mortelier, 1993: 34 [30]). For the understanding of the christianization process, the discrepancies between Kanak oral history and Catholic inspired written history are significant in that they reflect strongly diverging views. More generally, important discrepancies between oral and written sources characterize most of my information on aspects of Arama's past [31].

These discrepancies not only help one to understand some aspects of past and contemporary Arama society, but also highlight specific features of French Catholic representations of cultural and social life and of history. This is especially striking for the quasi heroic mini-legends created by Catholic inspired writings surrounding almost every step of the missionary enterprise and also some of the priests, named individuals who devoted their lives to it. This is done while *never* forgetting to underline the *extreme centralization* of the Catholic decision process. This combination of praise for the value of (some) individuals within a highly centralized hierarchical context – of the chain of command type – strongly recalls aspects of European military history. Some of the Catholic priests are like heroic soldiers of God whose actions are praised for their individual originality and personal value within the limits firmly set them by a chain of command hierarchy. The latter, in turn, is supposed to serve a higher and ultimate purpose, in the present case, the Catholic Church and God (and, in the case of military history, the Army and the State).

---

29. The priests' proclivity to sainthood or martyrdom, or rather some nineteenth century version of it, are suggested (Rozier, 1997: 160; anonymous, 1993). Also I would like to stress the fact that in their correspondence generally the Marist priests in the North of Grande Terre (many, like Father Dubois, were active in other parts of New Caledonia as well) attach a lot of import to petty rivalries among themselves as well as among villagers. Personal psychological considerations also tend to be important.

30. Though in Mortelier (1993: 47) one finds a puzzling reference to "Amabili, chief of Belep". This may be linked to the above-mentioned conflict: one reason why Arama and Belep were selected among other villages was that, by 1860 the priests had mastered the local language, Nyelâyu.

31. In another aspect of social life, the "genealogies" collected by the French *gendarmes* (country police) for administrative purposes and the descriptions of families (I use this rather vague term on purpose as the theoretical questions raised by Kanak kinship are numerous and difficult) given by my Kanak interlocutors show very strong discrepancies indeed. This will be dealt with in other publications.

These differences in representations of past processes are well worth looking into. As is often the case, the written sources also express disagreements over some facts and/or their interpretation. However, the Kanak oral version(s) always has/have differences with regard to the written ones (*i.e.* "European" ones) which I consider more meaningful than mere disagreements because they develop on an altogether different level: it is their *frames of reference and social and cultural values* which differ. This shows that a common history is not a shared history and, at the same time, that specific modes of historicity characterize specific social worlds. Even more than the pluralization of history and its sources – which is necessary but insufficient – this sort of material underlines: (i) the importance of confronting and articulating the different representations of the past and (ii) the fact that precise anthropological knowledge of the present helps us understand these differential representations of the past – to some extent.

Some principles of reciprocal acculturation

I now want to develop two aspects of the process of reciprocal acculturation of the Catholic Church and the Hoot ma Whaap network of regional relations, again stressing that this is an ongoing process and that what I am commenting on here concerns the period 1843-2005 as apprehended on the basis of oral recollections dating 1992-2005. What I consider the building blocks of the acculturated network are (i) the parishes (instead of the local societies: houses or great houses in the classic network), (ii) the pathways, (iii) the doors and passages. My interpretation is that the main change concerns the first element, especially as in several cases – such as Tiari and Arama – the social and geographical extension of parishes does not coincide with that of local societies[32]. Further in this paper I will suggest how the liminal notion of door, or passage, is rather flexibly adapted. As for the pathways, what can be elicited from the ethnography and oral history of Arama suggests only minor changes but this is not necessarily so for the whole of a large region, many parts and aspects of which to this day are yet to be studied by anthropologists or historians. For the performance of ceremonies within this acculturated network, we have already seen that there is both what we can call a ceremonial canon – arriving sides should be formally received with exchanges of goods and speeches by the inviting one, on its own land, in a reception ceremony – and, again, a lot of flexibility.

---

32. Several of which have been deeply modified by christianization, colonization, the creation of reservations, local conflicts and movements of populations, in the period between 1843 and the present.

The Kanak Catholic participation in the groups of representatives which form the arriving and receiving sides is strongly linked to the notion of parish. Hence the importance of the role of the *catéchiste*; but, if necessary, he can be replaced and represented, in a way reminiscent of ceremonies in the classic Hoot ma Whaap network (Monnerie, 2005). Other Kanak dignitaries of the parish attend, especially the owner(s) of the pathway(s). When priests and nuns attend, as representatives of the Church's hierarchy, they represent a "universal" – *i.e.* not localized – element encompassing the regional network. Finally, during these Catholic ceremonies the Kanak goods which circulate tend to be similar to those which circulate during regional ceremonies. The carved cross of 1993 comes as an addition to these contemporary goods, but if we follow Guiart we might (wildly?) speculate that it may be reminiscent of the former circulation of ceremonial axes (often called *haches ostensoirs* in French sources; Guiart, 1966, *De jade et de nacre* 1990: 141; 152-154; 211; 229-31).

All this draws attention to an important aspect of Arama society – and, I suggest, of other Kanak societies in this region – namely that they are multifaceted, made up of several "exchange complexes" which are actualized in different contexts. I have coined the expression "exchange complex" to refer to the combining of a system of exchange with a form of sociality and, often, language use. I have proposed a model of Arama society and its external relations in which several exchange complexes are articulated. Each one accounts for one of the variable configurations of Arama society (Monnerie, 2008b). In a similar way, in the context of regional relations with the Catholic Church, reference to the parish comes to the fore whereas, in the classic contexts, reference is to the great house. This has local implications and also, prominently, implications as to who are the privileged agents in the specific exchange complex at work in a given context. When dealing with the Church, the local extension of parishes, the local people as parishioners and the *catéchistes* come to the fore. Thus the acculturated network, with its Catholic elements – especially parishes and *catéchistes* – has not replaced the Hoot ma Whaap network but has been added to it, inspired by it and articulated to it[33]. In a context of relations with the Catholic Church, the former comes to the fore whereas in other contexts the latter predominates.

Now to turn to another aspect of this acculturation, let me go back to the oral interpretations of the past and their relations with the contemporary world and to Arama's specific mode of historicity. One striking feature of the form of reciprocal

33. Compare with the articulation of the great house and the *marché* (Monnerie, 2008b).

acculturation I am dealing with here is the way contemporary ceremonies linked to the Catholic Church re-enact and recall some aspects of past processes. This is especially true of the performance of formal reception ceremonies and the use which is made of the notion of pathways. Clearly, two important aspects of Arama society and the Hoot ma Whaap regional network which are at work in the ceremonies I have been concerned with are (i) the successive stages of formal receptions and (ii) the concepts or notions of pathways, doors and passages. Thus the Catholic Church is construed as having (eventually) been received through classic Kanak social procedures, involving notions which prevail(ed) within Hoot ma Whaap. With the above-mentioned transformations, this is re-enacted and recalled whenever important events happen which concern the Church. When we compare the acculturated network with the classic one and the relations inherent in them, the resulting picture is a mixture of continuity and differences. The latter are most heavily apparent in the local anchoring – parishes vs local societies – which is directly linked to who the representatives acting in the ceremonies are – *catéchistes* vs the dignitaries representing great houses called *teâma*. I shall also suggest that the liminal notion of door or passage tends to operate differently.

Here one can draw a parallel with French colonization, the first sequence of which is locally construed as having been a formal reception by Kanak dignitaries of a French admiral (in 1853), this first reception defining relations between the receiving autochthonous people and the newcomers. The later developments, which were dramatic for the Kanak people, are taken as a betrayal of this reception process and relations by the French colonizers. In 1994 (Monnerie, 2003b, 2005) and 1998, the Hoot ma Whaap customary council organized ceremonies whose procedures and meanings were aimed at helping to reverse the contemporary colonial situation resulting from this betrayal. One of the differences between colonization and christianization can be understood here. Although the arrival of both christianization and French colonization is construed in terms of reception processes, the former needs to be reversed, the latter does not.

Dynamics of past and present

This analysis leads to a more general contextualization of the ethnography, as regards the past and the present. In Arama, the past is not seen as a closed or completed process. A backdrop to this is the fact that, with the flow of generations, through the practice and experience of giving renewed life and agency to some of the ancestors' names by bestowing them on their grandsons (and sometimes great-grandsons), the personal name system tends to create interactions with the past which have strong significance, are highly valued and are very efficient in the present (Monnerie, 2001, 2003a). Within a narrower span of time, most accidents and diseases I knew of between 1992 and 2005 were interpreted as resulting from past ceremonies having been wrongly conducted. After these errors had been identified, generally thanks to a "seer" (Kanak French: *voyant*; Nyêlâyu: *noga*) living in the villages of Bondé or Gomen, a correct re-enactment of the ceremony or ceremonial sequence would be held to cure, or help cure, the disease and prevent further problems. These zigzag movements between "past" and "present" are certainly not unknown in other societies, including our own. It is rather their domains of application and the ways they are performed and represented which are specific to one particular social world. In France, two recent and well publicized examples, when strong interactions between the past and the present came to the fore, are well-known: at the end of the twentieth century it was the case for the celebration and reappraisal of the French Revolution and, more recently, for the voting of a law concerning the teaching in French schools of the positive aspects of French colonialism. In such circumstances, the French tend to "rewrite" history – to the point of voting specific laws for the purpose (Rémond and Azouvi, 2006) – or to create new historical interpretations, debates, monuments or museums aimed at re-evaluating a legacy, or heritage, which is construed in terms of "*patrimoine*". The latter has become a key notion in relations between the past and the present in French civilization. It has been the focus of much emphasis (cultural, political, economic, tourist) and many debates in recent years. The government has created and financed specific institutions for the preservation of the French *patrimoine*. In contrast, in Arama ceremonies are re-enacted[34]. In this specific Kanak mode of historicity, just as past beings (ancestors: *hulac*) and contemporary ones (the living, the elders who are also termed *hulac*) have a definite degree of interdependence (especially through bearing the same names), the succession of generations, past procedures, past processes and contemporary ones also have a recognized degree of interdependence. This is locally the subject of much discussion and reflexion.

Dynamics of inversion

Let me end with suggestions for what I believe is, for an anthropologist, a problematical and significant aspect of the process of reciprocal acculturation of the Kanak and the

---

34. This idiom of re-enactment, also rather widespread among large religious systems, may be among one of the reasons why the Catholic Church was adopted in Arama in the first place.

Catholic worlds. It is a fact that what is happening inside the church, where the Kanak element is subaltern, is an inversion of what is happening outside it, where the Kanak system tends to prevail. In several respects, this is reminiscent of Bourdieu's famous analysis of the Kabyle house. Bourdieu notes that "the two symmetrical and inverted spaces are not interchangeable, but inverted, the inside space precisely being only the inverted image, or reflection in a mirror, of the masculine space" (1969: 81-2). Bourdieu's stress on form is a characteristic of the then dominant structural anthropology, though it is combined further on in his text with a rather low-key allusion to dominance which, later, would become one of the hallmarks of his approach. Another model which could be used here is Louis Dumont's "encompassment of the contrary". Again there is a strong structuralist element in this, but here it is combined with an attention to values which takes us away from the model of a mirror image and renders the idea of inversion more complex (Dumont, 1966, 1983). These models suggest much but do not apply here directly. What is special about this Kanak case? To answer this question, one should turn it around: these models were custom-made for the Kabyle world or for the Indian caste system and, arguably, the "modern European" worlds whereas what we need is a model tailored for the Kanak world of Hoot ma Whaap and its relations to the Catholic Church and colonization.

In order to understand the processual and dynamic aspect of this inversion, let us now turn our attention to the long anthropological tradition of analysis in which thinkers, such as Van Gennep (1981 [1909]), followed by Victor Turner (1967, 1968), have concentrated on the analysis of the social acts usually called rituals (in the Kanak context, I prefer the word ceremony) and their forms, dynamics and meanings. Their works account for the liminal role of some elements of the Kanak regional system and reception process. Pu Daan, *i.e.* the place where the reception of the Belep dignitaries and the cross takes place, the bamboo arches which were specially built close to the landing place and the church (photos 1 and 3), and the gate of the church [35] are "doors, passages" (*phwâ*). They can be construed as liminal spaces, or thresholds, in Van Gennep and Turner's vocabulary. I suggest they play a role in the relation of inversion between what takes place outside the church – where the acculturated but predominantly Kanak inspired regional system of relations between parishes takes over – and what takes place inside the church – where the Catholic Church's own procedures prevail. Does going through these doors,

---

35. Through which the cross was taken into the church, but especially as the place where the departure ceremony took place. Over the years I have seen many ceremonies performed in front of Arama's church gate; it is said that the former *teâmâ* used to perform the yearly yam ceremony there.

passages, these liminal spaces, account for these relations of inversion in the same way? It seems to me that in the acculturated regional system, the first two sorts of "passages" (Pu Daan and the arches) recall the "barrier gates" (*phwâ xayot*) of the classic Hoot ma Whaap regional system (Monnerie, 2005: 98-99, 174, 209). Arriving from Belep, the cross and the Belep dignitaries, in order to formally enter Arama, go through them and, with Arama dignitaries, perform the liminal ceremony of reception. Later, as they get near the church, they go through the second arch, which signals to the procession that they are about to enter a different social and architectural space where other procedures prevail. However, it is only when entering the gate of the church that the inversion becomes fully fledged. Hence doors and passages operate in different ways. This makes me underline again the flexibility of the basic notions of the Hoot ma Whaap regional system. It also shows it is necessary to complement the formal approaches of Van Gennep and Turner – the latter in his generalizing theoretical work – with other considerations, namely of context and also of local meaning.

For the participants in these ceremonies, this form of reciprocal acculturation often entails attitudes which are context dependent, strongly predicated on specific social and cultural moments and, especially, on relations. This, of course, varies according to people but one's "identity" as a Catholic can be, *contexte oblige*, put in the background and, for instance, political and cultural ideas favouring independence then come to the fore which are certainly *not* congruent with the position of the Catholic authorities in Nouméa. This was the case for a man who was both deeply involved in the Church in Arama, as a *catéchiste*, and, at the same time, was politically an admirer of Éloi Machoro, a famous Kanak militant leader whose politics included resorting to arms against the French in the 1980s [36]. Interestingly, this is precisely the sort of dual positioning which is collectively expressed by the Arama people during the liminal procession towards the church and during most of the meetings of the Hoot ma Whaap council and the ceremonies for the 150th anniversary of the first mass.

Conclusion

Relations of reception, with groups and people becoming integrated in succession – and in the long term – are among the key principles of social organization in Arama

---

36. Éloi Machoro acted as the Union calédonienne's war leader whereas, in the same political party, Jean-Marie Tjibaou acted as a peace maker. The former was killed by French troops in 1985, the latter by a Kanak separatist in 1989.

and, I suggest, in the Hoot ma Whaap region[37]. In one of the many variants of James Fox's notion of Austronesian "precedence" (Fox, 1988a, 1988b) and Marshall Sahlins' concept of "firstness" (Sahlins, 1985), the stress on reception in Arama is associated with the valorization of what I have called "relative firstness". This is linked to a display, in many ceremonies, of the combining of the pervasive social and cultural principles of reception and relative firstness with *ceremonial* precedence. It is seen most clearly in reception ceremonies, which are at their most complex, explicit and valued in that great regional form, the *thiam* (Monnerie, 2001, 2003a, 2005). The congruence between and replication of (i) long term "historical" processes of reception, social organization and (ii) the ceremonial idiom is striking, but also partial. It can be construed as fractal, or holographic. However suggestive, these metaphors merely stress the formal side and the replication of these phenomena; but this does not suffice. Here I have analyzed the intricate idioms of Kanak ceremonies, the sociability attached to them and some of the rich meanings they convey in terms of "exchange complexes".

My suggestion that a common history is not necessarily a shared history springs from the comparative study of Catholic written history and Kanak oral history for the first years of the christianization of Arama and Hoot ma Whaap. The latter stresses reception procedures and contemporary reception ceremonies which re-enact former relations[38]. Wrapping the most important Catholic celebrations within a flexible, but strongly established, Kanak inspired system of regional relations has several advantages. It allows to distinguish, associate and consolidate two different expressions of strength: regional relations and relations with the Catholic God. In other words, receiving and adopting the Catholic Church has created yet another facet, another exchange complex, in Arama society and the Hoot ma Whaap region. This entails a differentiation of context which leads to a differentiation of meaning and value, at the same time relating and contrasting what is happening inside the church and outside it, while putting both of them to good use for the common welfare. There is yet a further level to this – another layer of wrapping – stemming from the Catholic church's ambition for universality. I believe this is mostly felt when priests and nuns – many of whom come from distant places – are physically present in the ceremonies. Kanak pilgrims returning from faraway holy places, such as Lourdes, also fit this universal dimension.

---

37. Hypothetically in the whole Kanak world.

38. This is also the case for the arrival of the first colonists, which is construed in oral history and contemporary ceremonies as a relation of reception (see above).

The responses of this society to christianization show a double movement. First, a tendency to preserve – and *adapt* – its classic autochthonous regional system of exchange and refer to it above all other considerations when recalling, re-enacting and interpreting both the history of the Catholic Church in Hoot ma Whaap and contemporary relations. This concerns past and present: hence contemporary procedures, and especially *ceremonial procedures*, play a major role in Arama's mode of historicity and vice versa. Second, a tendency to *add* the Catholic procedures to the Kanak ones while differentiating them – in a process I have characterized as "wrapping". This is to stress the fact that, both spatially and temporally, the Kanak ceremonies encompass the Catholic ones. What we have here is a process in which the colonized use some of the procedures of the colonizers while preserving some of their own, those which are considered essential. These processes of adding and wrapping at the same time make it possible to relate to the Church and, in some ways, to resist it while integrating its religious aspects and the strength it brings to the Kanak. Characteristically, they have been systematically pursued in terms of exchange or circulation complexes.

Bibliography

Anonymous
1993   "Note sur le Père Jerôme Guitta (1823-1904)", *Bulletin de la Société des Études Historiques*, (S.E.H.), 94: 48-52.

Boulay Roger, Marchal H. and E. Kasarherou (eds)
1990   *De jade et de nacre : patrimoine artistique kanak*. Paris: Réunion des musées nationaux. [Exhibition catalogue.]

Bourdieu, Pierre
2000   *Esquisse d'une théorie de la pratique; précédé de Trois études d'ethnologie kabyle*. Paris: Éditions du Seuil. (Points. Série Essais.)

Bretteville, Dominik
2002   *"L'os et le souffle": le système social et cosmique d'une société kanak de Nouvelle-Calédonie: les Paimboas*. Thèse de doctorat de l'EHESS, Paris.

Coppet, Daniel de
1968   "Pour une étude des échanges cérémoniels en Mélanésie", *L'Homme*, 8(4) : 45-57.

Dauphiné, Joël
1992   *Pouébo. Histoire d'une tribu canaque sous le Second Empire*. Paris, Nouméa: L'Harmattan, Agence de développement de la culture kanak.

Douglas, Bronwen
1970   "A History of the Balade People of New Caledonia 1774-1845", *The journal of the Polynesian Society*, 79 (2): 180-200.

Dumont, Louis

1966   *Homo hierachicus. Essai sur le système indien des castes*. Paris: Gallimard.

1983   *Essais sur l'individualisme*. Paris: Éditions du Seuil.

Faugère, Elsa

2002   "La fabrique identitaire dans les îles Loyauté. Comment peut-on être un colon-kanak?",
        Ethnologie Française, 32 (4) 629-635.

Fox, James

1988a   *To Speak in Pairs. Essays on the Ritual Languages of Eastern Indonesia*.
        Cambridge: Cambridge University Press.

1988b   "Origin, Descent and Precedence in the Study of Austronesian Societies". In Public Lecture in
        Connection with De Wisselleerstoel Indonesische Studies: Leiden University.
        http://dspace.anu.edu.au/bitstream/1885/41369/1/Wisselstoel_Lecture.pdf
        (accessed 11/05/2010).

Guiart, Jean

1987   *Mythologie du masque en Nouvelle-Calédonie*. Paris: Publications de la Société des Océanistes.

Kurtovitch, Ismet

1997   *Aux origines du F.L.N.K.S. L'U.I.C.A.L.O et l'A.I.C.L.F (1946-1953)*. Nouméa: Éditions Île
        de Lumière.

Lambert, Père

1900   *Mœurs et superstitions des Néo-Calédoniens*. Nouméa: Nouvelle imprimerie nouméenne.

Lemonnier, Pierre

2006   *Le sabbat des lucioles. Sorcellerie, chamanisme et imaginaire cannibale en Nouvelle-Guinée*.
        Paris: Stock.

Lévi-Strauss, Claude

1962   *La pensée sauvage*. Paris: Plon.

Monnerie, Denis

2001   "Représentations de la société, statuts et temporalités à Arama (Nouvelle-Calédonie)",
        L'Homme, 157: 59-85.

2002   "Ceremony as Resistance", *Cultural Survival Quarterly*, 26: 53-56.

2003a   "Social Organisation and the Naming System. A New Caledonian Case: Arama", *Zeitschrift für
        Ethnologie*, 128: 249-268.

2003b   "Résistance au colonialisme, culture, coutume et politique (Arama et région Hoot ma
        Whaap). Pratiques et représentations historiques et contemporaines", *Journal de la Société
        des Océanistes*, 117: 213-231.

2005   *La parole de notre Maison. Discours et cérémonies kanak aujourd'hui*. Paris: CNRS Éditions,
        Éditions de la Maison des sciences de l'homme.

2008   "Nouvelle-Calédonie : histoire commune et malentendus partagés.". In F. Douaire-Marsaudon,
        A. Guillemin and C. Zheng (eds.), *Missionnaires chrétiens XIXᵉ - XXᵉ siècles*. Paris: Éditions
        Autrement, pp. 31-49.

2008b   "The Great House and the Marché. Two Kanak Exchange Complexes (New Caledonia)".
        In P. Stewart and A. Strathern, (eds.), *Exchange and Sacrifice. Essays in honor of Daniel de
        Coppet*. Durham, N.C., U.S.A.: Carolina Academic Press, pp. 25-52.

2010   "Symboles et figures, deux modes sociaux de signification", *Journal de la Société des
        Océanistes*, 130-1. [Special issue in memory of Bernard Juillerat. P. Lemonnier and
        D. Monnerie (eds).]

Mortelier, Christiane

1993   "Un baleinier à Arama", *Bulletin de la Société des études historiques* (S.E.H.), 94: 11-48.

Ozanne-Rivierre, Françoise
1998   *Le Nyelâyu de Balade (Nouvelle-Calédonie)* [with Baptiste Boiguivie, Scholastique Boiguivie, and Éliane Dedane]. Paris: Peeters. Société d'études linguistiques et anthropologiques de France; 367; Langues et cultures du Pacifique; 12.

Rémond, René and Azouvi, François
2006   *Quand l'État se mêle de l'Histoire*. Paris: Stock.

Rozier, Claude
1990   *La Nouvelle-Calédonie ancienne*. Paris: Fayard.
1997   *L'Église sur le Caillou avant les communards*. Nouméa: Éditions Île de Lumière.

Robbins, Joel
1994   "Equality as a Value: Ideology in Dumont, Melanesia and the West", *Social Analysis,* 36: 21-70.

Sahlins, Marshall
1985   *Islands of History*. Chicago: The University of Chicago Press.

Strathern, Andrew and Stewart, Pamela J
2000   *Arrow Talk. Transaction, Transition, and Contradiction in New Guinea History*. Kent, Ohio: The Kent State University Press.

Tjibaou, Jean-Marie
1996   *La présence kanak*. Paris: Odile Jacob.

Turner, Victor
1972   *Les tambours d'affliction*. M.-C. Giraud (translator). Paris: Gallimard. (Original ed., 1968.)
1986   *The Forest of Symbols. Aspects of Ndembu Ritual*. Ithaca: Cornell University Press.

Van Gennep, Arnold
1981   *Les rites de passage*. Paris: Picard. (First ed., E. Nourry, 1909.)

Histoire de l'échec d'une conversion : trente ans d'incursions missionnaires en pays Ankave (1972-2002)

Pascale Bonnemère

Avec une population dont la très grande majorité des membres s'identifient comme chrétiens[1], la Papouasie Nouvelle-Guinée est une nation profondément marquée par la présence des différentes Églises qui s'y sont implantées à partir du XIXe siècle, lorsque des missionnaires européens catholiques ou protestants et d'autres originaires de la Polynésie et de la Mélanésie orientale furent envoyés dans les régions côtières (Swain and Trompf, 1995 : 205 ; Barker, 1999 : 240). La christianisation fut plus tardive dans les zones montagneuses du centre du pays, où les premiers contacts datent seulement des années 1930, mais aujourd'hui, rares sont les villages qui ne disposent pas d'un bâtiment, le plus souvent construit en bois et en chaume, dans lequel un homme d'Église[2] célèbre l'office et, parfois, apprend à lire et à écrire à la population. En d'autres termes, en Papouasie Nouvelle-Guinée comme dans toute l'Océanie, le christianisme est aujourd'hui la religion la plus représentée (Barker, 1990 : 1).

Cela étant dit, parce que les territoires de Papouasie et de Nouvelle-Guinée connurent des histoires de contact très variables et firent l'expérience de temporalités différentes, il n'est guère possible de généraliser à l'échelle de l'île tout entière, voire même de sa partie orientale uniquement. Cette variabilité se mesure « à la fois dans sa chronologie, dans les formes revêtues par le prosélytisme chrétien, ainsi que dans les productions religieuses qui en résultent aujourd'hui », comme l'exprimait Françoise Douaire-Marsaudon à propos de l'Océanie tout entière (2001 : 145).

---

1. En 1980, 85 % des habitants de Papouasie Nouvelle-Guinée déclaraient être chrétiens (Barker 1992 : 145). Vingt ans plus tard, c'était le cas de 96 % d'entre eux (http://www.answers.com/topic/religion-in-papua-new-guinea).

2. Dans le pays, selon les régions, on trouve des représentants de l'Église romaine catholique, de l'Église évangélique luthérienne, de l'Église unie (United Church), ou de celle des Adventistes du Septième Jour (SDA), sans oublier les adeptes de nombreuses Églises évangéliques protestantes dont l'influence est aujourd'hui croissante.

Dans un article paru en 1992, John Barker faisait remarquer que, malgré un tel contact, massif, des populations locales avec ce nouveau système religieux, les anthropologues n'avaient qu'exceptionnellement montré de l'enthousiasme pour son étude. En embrassant les préceptes d'une forme de pensée issue de l'Occident, les Mélanésiens devenus chrétiens auraient en effet perdu le système de croyances qui les rendait dignes d'une étude ethnographique (Barker, 1992 : 144). Il s'agit là de la version de la thèse du « *fatal contact* » que certains spécialistes appliqueraient dans leurs analyses des nouveaux mouvements religieux installés dans le pays depuis la toute fin des années 1980 (Somare, 1994 : 62) alors qu'elle avait été élaborée pour parler de l'implantation des principales Églises dans le passé (Barker, 2001 : 106). Pourtant, dans la majorité des cas, ces populations ne se sont pas laissé imposer le christianisme par les missionnaires, mais l'ont modelé et adapté en fonction de leurs propres modes de pensée religieuse. Autrement dit, la christianisation ne s'est nulle part substituée aux systèmes de représentations qui lui préexistaient ; elle s'est au contraire mêlée à eux, si bien que la vie quotidienne de la très grande majorité des populations mélanésiennes aujourd'hui ne peut se comprendre si l'on appréhende la « missionnarisation » comme l'imposition d'un dogme à des gens qui n'auraient rien eu à en dire ou comme un épiphénomène sans influence sur leur vie. Étudier dans chaque contexte ethnographique la façon particulière dont ces deux ensembles de représentations forment un nouveau système culturel relève alors bien du domaine de l'ethnologie. Minimiser l'impact de la christianisation, c'est prendre le risque de décrire une société qui n'existe plus, c'est chercher à la connaître à travers les récits des anciens plutôt que par l'observation, c'est en bref adopter une démarche plus historique qu'ethnographique.

La seule exception concerne les « mouvements religieux exotiques » (Barker, 2001 : 106), autrement dit, d'une part, les « *cargo-cults* », étudiés depuis les premiers travaux ethnographiques, et tout particulièrement par l'anthropologue gouvernemental Francis Edgar Williams qui analysa le mouvement religieux qui s'appelle la « Vailala Madness » en 1923, alors qu'il n'était encore qu'assistant (Williams, 1976), et, d'autre part, les mouvements charismatiques, d'apparition plus récente et objets d'une attention remarquée (Robbins, 2004).

Dans le plus ancien des articles de Barker que nous avons cités, l'auteur notait que « certaines hautes vallées isolées » pouvaient avoir constitué une exception dans ce paysage mélanésien largement imprégné de culture chrétienne (1992 : 147). La vallée de la Suowi est l'un de ces rares endroits isolés. Bien que les Ankave aient été régulièrement visités par des évangélisateurs de l'Église luthérienne, appelés localement « missin » ou « pastor »[3], depuis une trentaine d'années, les Ankave n'ont jamais vraiment adhéré au message délivré par ces hommes d'Église. Le présent article se propose d'éclairer les raisons de ce désintérêt pour la religion chrétienne, partagé à des degrés divers par tous les habitants de la vallée, et qui s'est concrètement manifesté par le renvoi de ces personnages au bout de quelques semaines ou de plusieurs années, selon les cas.

Les Ankave de la vallée de la Suowi vivent dans une région montagneuse entièrement couverte de forêt située à l'intersection de trois provinces : le Gulf, le Morobe et les Eastern Highlands. Les premiers contacts datent de la fin des années 1930 (Bonnemère et Lemonnier, 2009) mais, au milieu des années 1960, leur territoire était toujours considéré comme « non pacifié » par l'administration australienne, et, aujourd'hui encore, la modernité peine à atteindre cette vallée faiblement peuplée. Parce qu'elle est située très loin de Kerema, le chef-lieu côtier de la province du Gulf dont ils dépendent officiellement, nul fonctionnaire en poste là-bas n'a les moyens financiers ou humains pour leur rendre visite (voir carte 1). C'est donc plutôt vers Menyamya, le plus proche *patrol post* pourtant situé à deux jours de marche de la vallée de la Suowi et dans la province du Morobe, avec laquelle ils n'ont a priori rien à voir, qu'ils se tournent spontanément lorsqu'ils ont besoin d'être soignés ou qu'ils doivent rapporter un incident grave survenu chez eux. C'est aussi là que l'un des leurs se rend pour participer aux *district counsels* qui distribuent les rares subsides que la région leur accorde. Ce sont également des administrateurs du Morobe qui arrivent en hélicoptère dans les villages ankave pour qu'ils élisent leurs députés régionaux et nationaux tous les cinq ans.

Les « services » dont disposent les Ankave n'en sont pas moins inexistants, ou presque. Ils n'ont toujours pas de terrain d'aviation, ni de poste de santé ni, a fortiori, d'école. Une équipe d'infirmiers des services sanitaires luthériens leur rend visite une à deux fois l'an pour procéder à la vaccination des bébés présents ce jour-là. Depuis 1993, un « radio-téléphone » leur permet de signaler aux autorités du Morobe des problèmes majeurs comme une épidémie ou un conflit qui tourne mal. Selon le cas, des infirmiers ou des policiers arrivent alors dans leur vallée pour enrayer la propagation de la maladie ou pour régler le différend et, parfois, emmener avec eux le fauteur de trouble présumé.

---

3. « Pastor » et « missin » sont deux termes de la langue véhiculaire appelée Tok Pisin. Ils sont utilisés de manière quasi interchangeable pour désigner les hommes d'Église envoyés pour évangéliser les habitants de zones reculées du pays. Localement, le terme « pastor » est employé plus volontiers pour parler de quelqu'un doté d'une formation théologique un peu poussée. Désormais, je les transcrirai sans user de guillemets.

Carte 1. Les groupes Anga en Papouasie Nouvelle-Guinée

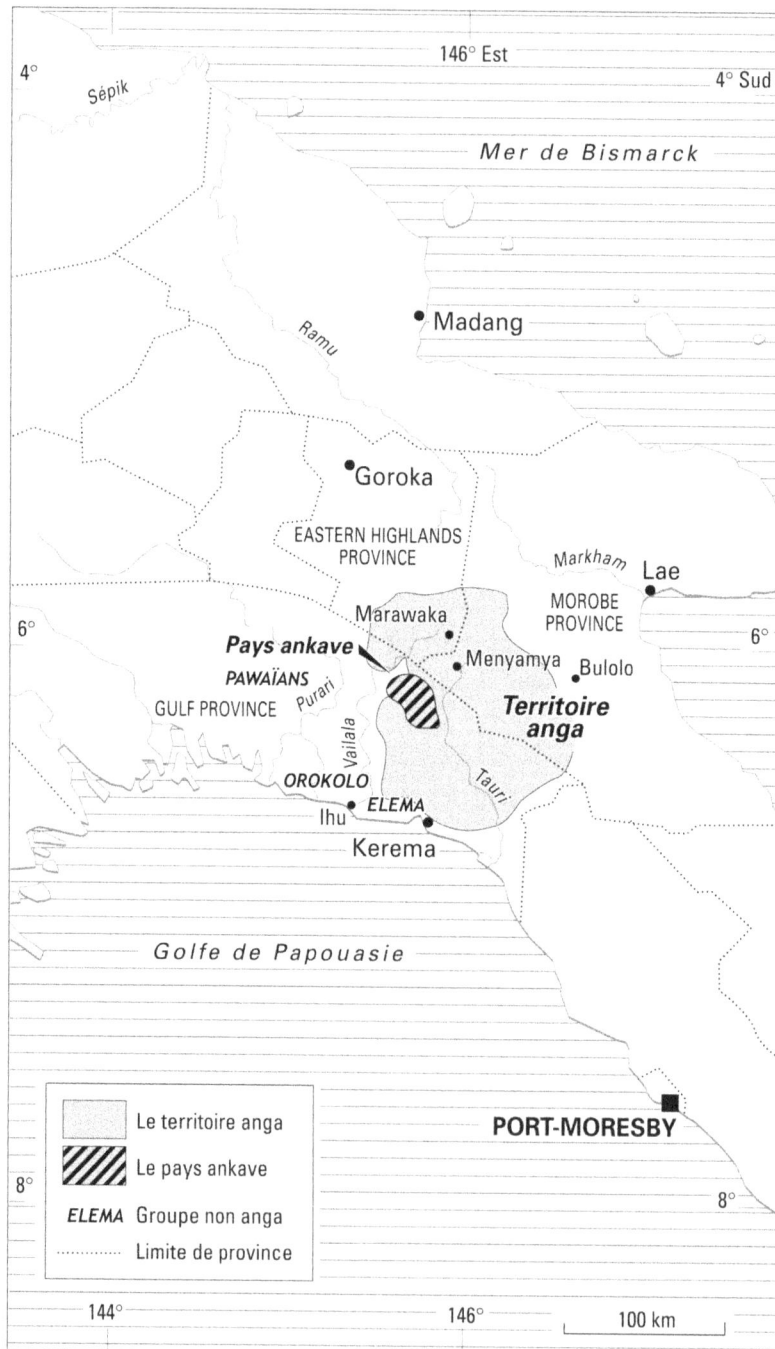

4°

Sépik

146° Est

4° Sud

Mer de Bismarck

Ramu

•Madang

•Goroka

EASTERN HIGHLANDS
PROVINCE

Markham

Lae

6°

Marawaka

MOROBE
PROVINCE

6°

Pays ankave

PAWAÏANS

Purari

Menyamya

•Bulolo

**Territoire
anga**

GULF PROVINCE

Vailala

OROKOLO

Tauri

ELEMA

Ihu

Kerema

Golfe de Papouasie

144°

146°

100 km

Le territoire anga

Le pays ankave

ELEMA Groupe non anga

Limite de province

8°

8°

PORT-MORESBY

Ainsi, en attendant la construction d'une piste d'aviation, d'un poste sanitaire qui permettrait de diminuer un taux de mortalité infantile exceptionnellement élevé (350 ‰) et celle d'une école, qui affecterait plus que tout autre chose leur mode de pensée, d'être et de vie, les habitants de la vallée de la Suowi continuent de mener une existence rythmée par de longues semaines passées à vivre dispersés en forêt et des moments, plus rares, mais socialement plus intenses, de convivialité pendant lesquels ils organisent de grands repas collectifs et participent aux rituels qu'ils jugent encore indispensables à la reproduction de leur société (initiations masculines et cérémonies de clôture de deuil essentiellement). Ce mode de vie aurait pu être malmené par la présence, parfois prolongée, d'évangélisateurs, luthériens pour la plupart, venus dans l'espoir de convertir les habitants de cette vallée au christianisme. Pourtant, hormis le cas d'initiations masculines dont l'organisation fut reportée d'un an en raison de l'hostilité ouverte d'un pastor contre ces pratiques [4], les Ankave continuent d'observer l'ensemble des rituels qui ponctuent les étapes de la vie de chacun. L'un des objectifs de cet article est d'essayer de comprendre pourquoi il en est ainsi.

L'implantation missionnaire en pays Ankave...

Bien que le pasteur luthérien allemand A.P.H. Freund, qui arriva à Menyamya en 1951, effectuât souvent des expéditions exploratoires dans des zones où les administrateurs australiens ne s'étaient pas encore aventurés, aucune d'entre elles n'atteignit l'une ou l'autre des trois vallées ankave. En septembre 1957, une mission luthérienne fut établie à Kwaplalim, une station située à quelques heures de marche de Menyamya, par le révérend Russel Weir (Wagner and Reiner, 1986 : 264 ; Fitzpatrick, 1999 : 191) et en 1990, un homme d'une cinquantaine d'années, Abraham [5], se souvenait claire-ment, en effet, qu'un certain « Rasol Wia » était venu cette année-là dans la vallée voisine de Lagai (en territoire iqwaye), mais toujours pas jusque chez les Ankave. D'après les habitants de la vallée de la Suowi, qui ne disposent pas d'une mémoire écrite des événements, l'ordre relatif des visites d'évangélisateurs, tous de nationalité papoue, est le suivant : les deux premiers sont des Luthériens originaires de Lagai qui s'installèrent là où « les Ankave d'altitude » [6] habitaient à l'époque (au début des

---

4. Comme on le verra plus loin, le pastor Martin, installé à Ikundi entre mars 1992 et juillet 1993, empê-cha les Ankave d'effectuer leurs initiations masculines. Elles eurent finalement lieu à l'automne 1994.

5. Abraham était un réfugié iqwaye qui vécut dans la haute vallée de la Suowi jusqu'à ce que des patrouilles organisées au début des années 1950 en pays Iqwaye permissent aux membres de sa famille de retourner dans leur vallée de Lagai.

6. Des Idzadze vivant entre 1 200 et 1 400 mètres d'altitude, dont les rapports avec les Iqwaye étaient et sont encore les plus étroits.

années 1970 ?) c'est-à-dire dans la partie orientale de la vallée, non loin de Pudzipukwo. Le premier avait bâti une église, et un homme dont le père était du clan Iqwaye Maadze et la mère une Ankave lui servait de traducteur. Mais le missionnaire harcela sexuellement deux femmes locales, et le mari de l'une d'elles, secondé par des villageois, le frappa si fort qu'il quitta les lieux. L'autre resta si peu de temps qu'il ne laissa guère de souvenir précis.

Des missionnaires papous adventistes du Septième Jour (SDA), basés à Menyamya, se trouvaient déjà à Bu'u, dans la vallée ankave de l'Angabe en 1966 (Whitehead, 1966-1967), alors que les *patrol officers* australiens prétendaient y « contacter » la population. Ils furent en tout cas les premiers évangélisateurs à fouler le sol de la portion la plus habitée du territoire parcouru par la rivière Suowi, avant que, disent-ils « nous nous installions tous, ou presque, dans les deux gros villages de Ikundi et de Ayakupna'wa (respectivement 100 et 80 personnes) ». Ce fut en l'occurrence à Subu, un village ancien situé sur le territoire du clan Iwadze que le premier pasteur SDA élut domicile[7]. Mais il dut partir suite à l'arrivée de Den, un missin envoyé par l'Église luthérienne, et du pasteur Muyu. À ce moment-là, commentent les Ankave, les deux Églises bataillaient pour exercer chacune son influence sur la vallée[8] et les deux hommes tirèrent au sort celui qui allait pouvoir rester. Den l'emporta ; quand le pasteur SDA s'en alla, il construisit sa maison à Ayakupne'wa, au centre du territoire de la Suowi, et le pasteur qui l'accompagnait entreprit de baptiser la population. Les habitants âgés de 50 ans aujourd'hui le furent à ce moment-là. Mais la lutte d'influence entre les deux Églises continua[9] puisque, une fois Den renvoyé chez lui après qu'il eut séduit plusieurs femmes, dont l'épouse d'un homme local influent, deux évangélisateurs SDA tentèrent à nouveau leur chance à Subu, comme leur prédécesseur dans la vallée. Tous deux étaient originaires de Kainantu, une ville moyenne de la province des Eastern Highlands. Le premier partit de lui-même, voyant que les interdits sur le tabac, le porc et la chique de bétel que son Église imposait n'étaient pas acceptés par les Ankave. Le second ne supporta la vie dans ce village isolé qu'une quinzaine de jours. Mais il est bien évident que ces restrictions sur la consommation

---

7. Ce village n'est pas indiqué sur la carte 2 mais il était situé au sommet d'une montagne dominant au sud les hameaux de Piabae et Olale.

8. Le cas n'est pas rare en Nouvelle-Guinée : LiPuma rapporte qu'au milieu des années 1950, les Églises anglicane, luthérienne et catholique cherchaient chacune à s'implanter la première sur le territoire des Maring (LiPuma, 1998 : 622).

9. Barker soulignait récemment que « l'hostilité et les rapports conflictuels entre différents corps religieux mutuellement exclusifs » (2001 : 106) avaient souvent été surestimés dans l'analyse la plus courante des nouveaux mouvements religieux.

Carte 2. Le pays Ankave

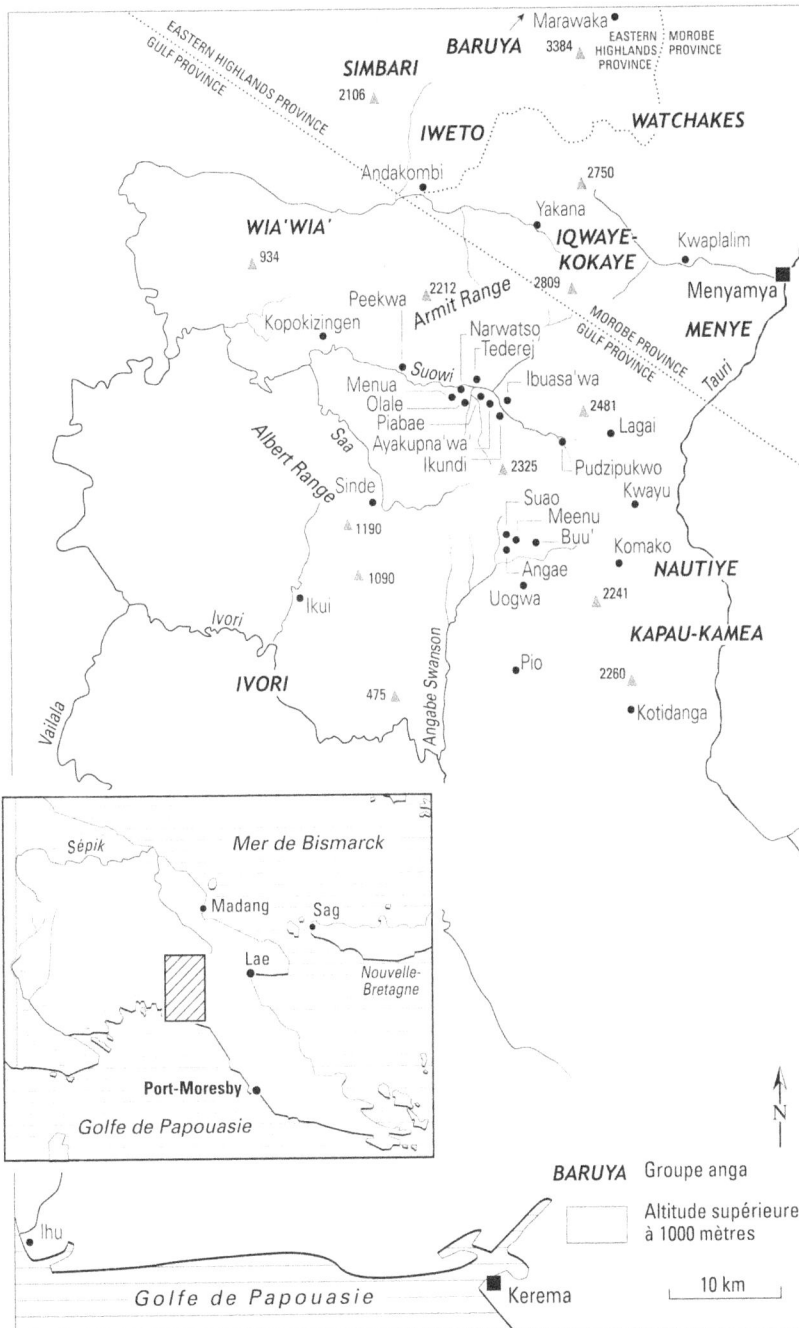

Marawaka
BARUYA
3384
EASTERN HIGHLANDS PROVINCE
MOROBE PROVINCE
SIMBARI
2106
IWETO
WATCHAKES
EASTERN HIGHLANDS GULF PROVINCE
Andakombi
2750
Yakana
WIA'WIA'
IQWAYE-
KOKAYE
Kwaplalim
934
Menyamya
Peekwa
2212
2809
Armit Range
MENYE
Kopokizingen
MOROBE PROVINCE
GULF PROVINCE
Narwatso
Tederej
Tauri
Suowi
Ibuasa'wa
Menua
2481
Olale
Lagai
Piabae
Ayakupna'wa
Ikundi
2325
Pudzipukwo
Albert Range
Kwayu
Saa
Sinde
Suao
Meenu
Buu'
1190
Komako
NAUTIYE
1090
Angae
Ikui
Ivori
2241
Uogwa
Angabe Swanson
KAPAU-KAMEA
Pio
2260
IVORI
475
Kotidanga
Vailala

Sépik
Mer de Bismarck
Madang
Sag
Lae
Nouvelle-
Bretagne
Port-Moresby
Golfe de Papouasie

BARUYA Groupe anga
        Altitude supérieure
        à 1000 mètres

N

Ihu
Golfe de Papouasie
Kerema
10 km

119

comptèrent beaucoup dans le peu de succès des SDA dans la région, et rendent plus compréhensible la présence plus marquée des membres de l'Église luthérienne qui n'impose rien de tel.

Ce sont d'ailleurs des Luthériens qui furent ensuite envoyés dans la région afin de convertir pour de bon les habitants au christianisme et, parfois, de leur apprendre à lire et à écrire le Tok Pisin de façon à ce qu'un jour, ils puissent avoir un accès direct aux enseignements du Nouveau Testament dont les missionnaires apportent quelques exemplaires avec eux. En 1972 déjà, la vallée de la Suowi avait été brièvement visitée par l'un de ces pastors. En 1974, un missin s'installa à Ikundi pour deux ans, un laps de temps jugé minimal par les services luthériens de Kwaplalim pour assurer la conversion des habitants. Depuis lors, suite au départ des SDA dans les années 1980, trois autres évangélisateurs luthériens ont vécu dans l'un ou l'autre des villages de la Suowi durant 18 à 24 mois, mais tous durent finalement fuir sous la pression des villageois. À l'exception d'un pastor originaire de la vallée de la Markham, située en dehors du territoire des groupes anga (voir carte 1), ils étaient tous membres de l'un ou l'autre de ces groupes. Pendant leur séjour, de nombreux Ankave furent baptisés, certains à deux reprises, par des hommes d'Église plus expérimentés venus de Menyamya ou de Kwaplalim pour l'occasion [10].

En mars 1992, le pastor venu de la Markham arriva à Ikundi où il résida pendant plus de 18 mois, non sans conséquences, cette fois, sur la vie des habitants. En effet, alors que les divers missins qui y avaient séjourné auparavant se contentaient de célébrer l'office le dimanche et essayaient de convaincre les villageois du bien-fondé des préceptes chrétiens tout en restant respectueux des croyances et des pratiques locales, ce personnage réussit à obtenir d'eux une pierre sacrée utilisée lors des initiations, qu'il fit ensuite jeter dans les latrines après le service. Si l'on voulait essayer de comprendre comment des personnages affiliés à une même Église [11] pouvaient adopter des attitudes aussi différentes envers les croyances et pratiques des Ankave, il faudrait probablement se tourner vers leur biographie et connaître leur lieu d'origine. Les évangélisateurs qui précédèrent Martin à Ikundi appartenaient tous à l'un des douze groupes linguistiques de l'ensemble Anga. Or, les 80 000 Anga ont une origine commune et parlent des langues apparentées. Sur le plan culturel, leurs organisations sociales,

---

10. Par exemple, le 16 juillet 1976, des Ankave furent baptisés par le pasteur Maliaki, qui était accompagné de Russel Weir, et le furent de nouveau en 1985.

11. Notons au passage qu'en Océanie, les Protestants sont réputés bien plus intolérants envers les systèmes de croyance non chrétiens auxquels ils ont affaire que les Catholiques, qui les respecteraient plus et les dénigreraient moins (Swain and Trompf, 1995 : 1997). La situation ankave ne peut rien dire sur le sujet puisqu'aucun prêtre catholique ne s'est jamais installé dans la région.

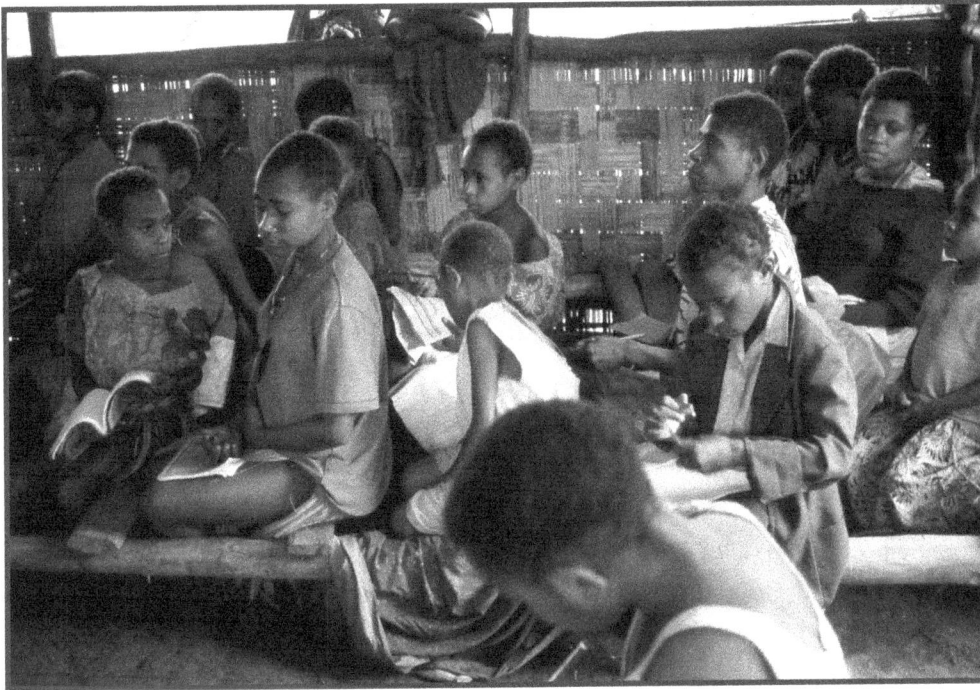

Entre juin 1992 et décembre 1993, de nombreux Ankave fréquentèrent l'église-école ouverte à Ikundi par le pastor Martin. (Ikundi, avril 1993). © Pierre Lemonnier.

leurs représentations mentales et leurs pratiques rituelles ont un air de famille marqué. Elles sont plus similaires entre elles que ne le sont n'importe lesquelles de celles des groupes non Anga qui les entourent. La tolérance des évangélisateurs anga pour les rituels ankave vient probablement de ce sentiment de partage d'une identité culturelle.

L'objectif initial de Martin était de rester sur place quatre ans ; il fit donc construire à Ikundi, le plus gros hameau de la vallée, une grande maison pour sa famille, ainsi qu'une église-école où une quarantaine d'enfants et d'adultes se rendirent cinq fois par semaine pendant un an (photo). Quand nous arrivâmes en mars 1993 pour séjourner trois mois chez nos hôtes, sans rien savoir de la présence d'un évangélisateur dans le village voisin, les habitants de la vallée avaient été divisés en deux groupes : ceux qu'il appelait « les bonnes gens » et ceux qu'il qualifiait de « gens de Satan ». Les premiers revêtaient des habits à l'européenne et se rendaient régulièrement à l'office dominical. Ils avaient accepté de résider en permanence dans les villages et avaient le droit d'aller à l'école. Les autres avaient conservé leurs vêtements en écorce battue ; ils ne s'intéressaient guère à ce qui se passait à l'église, continuaient à vivre une grande partie de leur temps dispersés dans la forêt et se voyaient interdire l'accès à l'école. Quand la rumeur se répandit qu'une cérémonie d'initiation allait être bientôt organisée, le pastor menaça de partir, de fermer l'école et d'appeler la police, au prétexte – fallacieux [12] – que suivre les « manières de Satan » était contraire à la loi du pays. L'expert rituel responsable des cérémonies d'initiation résista pendant plusieurs semaines mais finalement en abandonna l'idée et retourna lui aussi sur les bancs de l'école en novembre 1993 (voir note 4).

Pourtant, un an plus tard, en décembre 1994, tous les jeunes garçons de la vallée avaient été initiés, et les principaux protégés de l'homme d'Église s'étaient trouvés au nombre des plus zélés des hommes adultes participant au rituel. Tel fut notamment le cas de celui qu'il avait pris pour traducteur, qui s'était emparé d'un des objets sacrés conservés par le maître des initiations et les lui avait remis : il prépara notamment le repas de jus de pandanus rouge qui permet de lever les interdits alimentaires et clôt la période des rituels.

Résumons. Entre juin 1992 et décembre 1993, une bonne moitié des Ankave de la Suowi assistaient à l'office du dimanche et apprenaient à lire et écrire avec enthousiasme : ils étaient ceux qui, selon le pastor, « écoutaient la parole de Dieu ». Pour la première fois, un évangélisateur avait exprimé un profond mépris pour leurs pratiques rituelles et leur système de croyances (Douaire-Marsaudon, 2001 : 146). Il avait insulté leurs ancêtres en les rangeant du côté de Satan et était même allé jusqu'à convaincre les nouveaux chrétiens que, maintenant qu'ils étaient baptisés, ils pouvaient être qualifiés de vrais êtres humains [13]. Parce qu'il impliquait un déni flagrant de l'humanité de leurs parents et grands-parents, ce message avait vraiment du mal à passer. Notons que même au plus fort de l'activité de l'évangélisateur venu de la Markham pour réduire le bastion de « païens » que représentait la vallée de la Suowi, un malaise avait persisté, la plupart des villageois n'ayant guère compris le point de vue du missionnaire, autrement dit l'utilité ou l'intérêt de se débarrasser des objets sacrés manipulés lors des initiations ou celui d'écrire les formules accompagnant les magies de chasse sur un morceau de papier avant de les jeter dans le feu. L'expert rituel attribua même les maladies de peau dont un nombre important d'habitants fut soudainement affecté à la destruction de la pierre sacrée, révélant à tous le danger potentiel que leur faisait courir un tel geste.

---

12. Ce prétexte était fallacieux puisque le respect de toutes les religions est inscrit dans la Constitution du pays : la Papouasie Nouvelle-Guinée est une nation chrétienne, mais toutes les autres religions y ont également le droit de pratiquer leur culte et de se développer (Somare, 1994 : 62).

13. En Tok Pisin : « Mipela drink wara tambu pinis, na mipela kamap man ». Notons qu'en Papouasie occidentale, les Indonésiens ont tendance à ne conférer la qualité d'être humain qu'aux habitants convertis au christianisme, les autres étant rangés du côté des « hommes de la forêt », assimilables aux animaux (Hontheim, 2003 : 411).

L'homme d'Église avait exprimé avec violence sa condamnation des rituels envisagés, mais les dernières cérémonies d'initiation ayant eu lieu en 1986, les garçons prenaient de l'âge. L'expert rituel commençait d'envisager l'organisation de nouvelles initiations, afin que ceux-ci deviennent des jeunes hommes suffisamment forts sur le plan physique et mental pour pouvoir affronter d'éventuels ennemis, et pour qu'ils apprennent certains des secrets masculins dont la transmission demeurait nécessaire aux yeux du plus grand nombre. Dès le départ du pastor de la Markham, les habitants de la vallée se rassemblèrent donc pour organiser de nouveaux rituels masculins. C'est ainsi qu'à l'automne 1994, tous, sans exception, participaient à l'initiation de 26 garçons âgés de 10 à 15 ans.

Bien que Martin ait quitté Ikundi de son plein gré, il avait certainement ressenti l'hostilité grandissante des villageois à son égard. Outre l'absolu manque de respect dont il avait fait preuve vis-à-vis des croyances et des pratiques locales, il les avait obligés à travailler dur à la construction, non seulement de l'église-école, mais aussi de sa propre maison. En décembre 1993, juste avant son départ, il proposa à une quarantaine d'Ankave de venir avec lui dans la vallée de la Markham dont il était originaire, mais leur demanda 10 kinas en échange.

Bien des années plus tard, des Ankave me racontèrent qu'ils furent pris en pitié par leurs hôtes des deux missions luthériennes qu'ils visitèrent, près de la ville de Lae, chef-lieu de la province de Morobe (voir carte 1). Ceux-ci versèrent à l'évangélisateur une grosse somme d'argent – du moins aux yeux des Ankave – ainsi que quelques vêtements afin d'aider tous ces villageois dans le besoin. Mais la redistribution n'eut jamais lieu et Martin finit par comprendre qu'il n'était plus le bienvenu dans la vallée de la Suowi. De fait, il n'y retourna jamais.

Commentant les relations qu'ils avaient entretenues avec les évangélisateurs ayant longuement séjourné dans leur vallée, les Ankave de la Suowi nous racontèrent que, s'ils avaient fini par tous les chasser, c'était au bout du compte en raison de comportements aussi répréhensibles que celui-ci, mais plus souvent associés à des liaisons sexuelles que les hommes d'Église eurent avec certaines femmes du village qu'ils avaient séduites ou tenté de séduire. Dans le cas du pastor de la Markham, ses diverses attitudes irrespectueuses (dénigrer les pratiques rituelles de leurs ancêtres, jeter des objets sacrés dans les latrines, ne pas redistribuer l'argent donné pour eux par leurs hôtes de Lae, et leur demander de l'argent pour leur voyage) finirent par être ressenties comme inacceptables, et cela en dépit des leçons de lecture et d'écriture qu'il leur dispensait et que tous appréciaient. Ces comportements, qui sont non seulement considérés comme condamnables localement mais aussi en désaccord avec les préceptes chrétiens, ont contribué pour une large part à ce que les Ankave jugent indésirable l'installation d'un nouveau pastor dans leur vallée.

C'est ainsi qu'au début de l'année 1994, peu après leur retour de la ville, un autre homme d'Église luthérien, plus éduqué que les précédents ne serait-ce que parce qu'il parlait anglais, subit en quelque sorte les conséquences du comportement brutal et malhonnête de son prédécesseur. Jamis, un Ankave, avait entre-temps décidé de se former au métier de missin à Menyamya. Avec le consentement de la population, il empêcha le nouveau pastor de s'installer durablement, et au bout de deux mois, celui-ci dut faire ses valises. Jamis était revenu dans son village avec l'idée que sa position d'homme né sur place et de missin dissuaderait tout autre évangélisateur de s'installer et de lui faire concurrence. Il avait raison. Mais il ne réussit pas pour autant à rassembler ses co-villageois aux offices du dimanche, peut-être parce que lui-même ne renonça jamais totalement à participer aux cérémonies traditionnelles. Un jour, il nous fit remarquer qu'il danserait et chanterait pour chasser l'esprit de son épouse défunte comme ses ancêtres l'avaient toujours fait, car, même si sa tombe était marquée d'une croix, elle aurait été ravie qu'une cérémonie de clôture de deuil soit organisée pour elle. Jusqu'à nouvel ordre, il est également l'un des premiers hommes adultes présents sur les lieux des cérémonies *Sewange'* organisées chaque fois qu'un homme est père pour la première fois. Les spécialistes de la christianisation en Océanie ont mis l'accent sur le malaise ressenti par les pasteurs officiant dans leur propre communauté et constaté que les plus efficaces des hommes d'Église étaient ceux qui ne connaissaient rien de la culture des gens chez lesquels ils s'installaient (Swain and Trompf, 1995 : 198-199).

Et en effet, par la fermeté et la violence avec lesquelles il affirmait la supériorité des croyances chrétiennes sur celles des ancêtres des Ankave, le pastor venu de la vallée de la Markam aurait pu avoir raison des pratiques rituelles ankave, d'autant plus que tous appréciaient de pouvoir bénéficier de son enseignement de la lecture et de l'écriture. Mais ce ne fut pas le cas, et la révolte devant un tel mépris des éléments les plus constitutifs de leur culture l'emporta finalement.

... pour quel résultat ?

Jusqu'en 1999, l'office du dimanche célébré par Jamis, l'évangélisateur ankave, n'était fréquenté que par une petite minorité d'hommes et de femmes ; et en 2002, il avait été totalement abandonné. À l'automne 2006, c'était toujours le cas. Mais Jamis en voulait davantage à l'Église luthérienne de Menyamya qui ne l'avait jamais payé pour son travail de missin qu'à ses parents, voisins et amis qui délaissaient ses services. Avant d'apprendre le métier d'homme d'Église, il avait tenté de devenir infirmier, mais les services de santé lui avaient refusé l'accès à cette formation, car il ne savait pas lire. Il essaya également d'ouvrir un petit magasin de brousse, mais personne ne venait lui acheter les quelques produits (riz, boîtes de conserve de poisson, allumettes, savon, etc.) qu'il avait posés sur l'unique étagère de la petite cabane construite près de sa propre maison. Finalement, même sa tentative de gagner un peu d'argent en tant que missionnaire local échoua.

Ainsi, à rebours de ce qui s'observe habituellement en Papouasie Nouvelle-Guinée, la vallée de la Suowi fut, au fil des années, de moins en moins marquée par la présence et le discours missionnaires.

De nombreuses questions se posent alors : cette présence sporadique d'évangélisateurs, et le manque de pression qu'elle a exercé, constituerait-elle la raison principale du peu d'attractivité que le message chrétien revêt aux yeux des Ankave ? Sans doute, de même qu'a joué un rôle dans leur décision de ne plus accueillir d'hommes d'Église chez eux l'attitude irrespectueuse de la plupart de ceux qu'ils ont connus. Entre des missins anga trop à l'écoute de la cosmologie locale [14] pour qu'un nouveau système religieux puisse s'imposer et un pastor trop radical dans sa volonté de détruire les objets manipulés lors des rituels initiatiques, il y avait peu de place pour que des croyances nouvelles s'installent durablement.

Sans minimiser l'impact qu'a eu l'attitude profondément irrespectueuse de ce pasteur de choc sur leur décision [15] de ne plus accueillir de nouveaux hommes d'Église chez eux, je crois qu'il faut chercher ailleurs les raisons du manque d'intérêt des Ankave pour le message chrétien. Ailleurs, c'est-à-dire non pas seulement du côté des gens d'église et des institutions luthériennes installées dans la région, mais aussi du côté de la société Ankave elle-même, de sa cosmologie ou de son organisation sociale. Des facteurs liés notamment à l'histoire des migrations sur quelques centaines d'années et des installations et déplacements successifs à travers certaines portions méridionales du territoire anga pourraient également avoir joué un rôle.

Il y a plusieurs centaines ou milliers d'années [16], les Ankave faisaient partie d'une seule entité regroupant les ancêtres des membres de la plupart des groupes Anga et vivaient non loin de l'actuel Menyamya. Suite à des conflits internes, ils furent repoussés progressivement vers le sud-ouest, dans une région de basses terres,

---

14. Comme on l'a vu, le fait que ces missins étaient originaires de groupes Anga voisins a probablement joué un rôle dans la bienveillance dont ils ont fait preuve à l'égard de pratiques rituelles proches de celles que leurs parents avaient connues dans le passé.

15. Le terme de décision n'est peut-être pas le meilleur dans la mesure où aucun Conseil des anciens ou autre instance décisionnelle n'existe dans cette société. Disons alors plutôt que *de facto*, aucun homme d'Église venu de l'extérieur ne fut accueilli favorablement par les Ankave de la vallée de la Suowi après 1994.

16. On ne peut malheureusement pas être plus précis, mais des études de biologie moléculaire ont montré que certains groupes Anga actuels avaient cessé de pratiquer des intermariages il y a plus de mille ans (Bonnemère, 1996 : 138).

après avoir séjourné au cours des siècles dans les nombreuses vallées intermédiaires. Aujourd'hui, les propos des Ankave sont marqués par cette période appartenant à un passé ancien, au cours de laquelle, vaincus, ils durent quitter leurs villages et leurs terres d'origine. C'est sans doute à cet épisode ancien qu'il faut rapporter l'inquiétude latente transparaissant dans les propos et les pratiques rituelles des Ankave. La majorité des formules qu'ils prononcent et des gestes qu'ils effectuent pendant la petite enfance de leur progéniture renvoient en effet à l'état démographique de leurs voisins Iqwaye, qui sont plus nombreux qu'eux et qu'ils perçoivent comme en meilleure santé. Bien qu'ils se soient intermariés avec eux au cours du XIXᵉ siècle et qu'ils continuent parfois de le faire, les Ankave ne peuvent oublier les rapports tendus qu'ils entretenaient dans le passé et leur position de faiblesse vis-à-vis d'eux.

C'est ainsi qu'en dépit de l'arrêt des combats intertribaux il y a une quarantaine d'années, la peur d'être envahis par ces voisins Iqwaye émerge facilement dans les esprits des Ankave de la vallée de la Suowi, comme un incident dont j'ai été témoin en 1990 l'atteste. Lors d'une nuit de juillet, une femme, appelons-la Idzi beri, raconta qu'elle fumait devant l'entrée de sa maison lorsqu'elle aperçut plusieurs hommes longeant la rivière. Elle en conclut immédiatement que des ennemis tentaient d'attaquer le hameau [17]. Mais ce qui est le plus surprenant dans cette histoire, c'est que ses voisins considérèrent l'interprétation qu'elle fit de ce qu'elle avait vu – ou cru voir – comme plausible. Ils sortirent tous de chez eux munis de leur arc et de leurs flèches et se postèrent au point culminant du village d'Ayakupne'wa. Le chemin pour l'atteindre passait devant notre maison et je fus donc réveillée par le bruit de leurs déplacements et leurs chuchotements. Après deux heures passées à commenter l'alerte donnée par Idzi beri, les hommes décidèrent finalement que la fumée dégagée par sa pipe de bambou avait obscurci sa vision et retournèrent se coucher.

Cet incident est révélateur de la vulnérabilité que les Ankave ressentent encore vis-à-vis de leurs voisins, longtemps après que la région a été pacifiée par les Australiens. Ils ne sont pas assurés que leur présence dans ce territoire forestier fertile soit un acquis définitif, mais la considèrent comme une situation qu'ils doivent défendre face à des attaques extérieures toujours possibles. Lorsque débute le rituel *Sewange'*, autrement dit le troisième et dernier stade des initiations masculines, le jeune homme dont le premier enfant vient de naître est d'ailleurs toujours accueilli par des phrases faisant directement allusion à un assaut ennemi.

Notons que, pendant la sécheresse qui frappa la région en 1997, des Iqwaye quittèrent leur vallée majoritairement couverte de savane anthropique pour trouver

---

17. Les attaques ennemies se passaient en effet le plus souvent de nuit.

refuge et nourriture de l'autre côté de la montagne qui sépare leur territoire de celui de leurs affins de la vallée de la Suowi, où ils séjournèrent plusieurs semaines. Les Ankave finirent par ressentir que leur propre santé était menacée par l'arrivée de ces nouvelles bouches à nourrir en ces temps difficiles et incertains.

Il est évident que notre arrivée en mars 1993 ne contribua pas à calmer les interrogations de nombreux Ankave qui réalisèrent, un dimanche de la fin 1992, que les jugements énoncés par leur évangélisateur chevronné et sûr de son fait le conduisaient finalement à des actes destructeurs d'objets qu'ils considéraient, eux, comme indispensables à la reproduction de leur société. Bien que la pierre sacrée ne constituât pas un objet de première importance pour la tenue des initiations, puisqu'on pouvait s'en procurer une autre en l'achetant dans une vallée voisine, la volonté du pastor Martin d'empêcher les Ankave d'organiser des rituels initiatiques était bien réelle. Pendant notre séjour, la césure entre deux groupes de villageois qu'il qualifiait d'opposés fut amplifiée par les propos sans nuances de cet homme d'Église : « les gens doivent faire un choix, dit-il, car il n'est pas possible d'être un bon chrétien et de continuer à agir comme le faisaient leurs ancêtres ». Le simple fait de mentionner Dieu et des pratiques rituelles ou des croyances ancestrales dans une même phrase le mettait hors de lui. Cette attitude extrême, mal vécue par des gens qui n'avaient pas réclamé la présence d'un nouvel évangélisateur dans leur vallée, se mêla au sentiment que leurs pratiques avaient peut-être malgré tout quelque valeur. Un couple d'anthropologues avait en effet passé de longs mois à observer leurs rituels, à participer à leur vie quotidienne, à recueillir des mythes et des généalogies, à poser toutes sortes de questions sur la façon dont ils concevaient et ordonnaient les éléments composant le monde qui les entourait.

Dans un contexte de rivalité intertribale latente et d'estime d'eux-mêmes revigorée sans doute par l'arrivée et le séjour de « leurs » ethnologues, les initiations masculines continuèrent d'être considérées comme une institution essentielle de la vie contemporaine. Les Ankave ne sont toujours pas prêts aujourd'hui à les abandonner trop rapidement[18], car, comme ils l'expriment souvent, « l'église est une bonne chose pour renforcer l'esprit, mais seuls les rituels masculins sont capables de fortifier les corps de nos garçons, qui ont besoin d'être courageux et solides pour défendre la communauté tout entière ». Cela reste vrai aujourd'hui, malgré l'absence de réelle menace de la part des groupes voisins, leurs ennemis d'hier.

---

18. Alors qu'ailleurs dans le Pacifique où le christianisme est depuis longtemps implanté, les principaux rituels continuent d'être pratiqués, en Papouasie Nouvelle-Guinée, la christianisation rime le plus souvent avec l'abandon des rituels, en tout cas initiatiques. Dans le cas ankave, il était impensable pour le pastor de la Markham de concilier les deux formes de pensée et d'action religieuses.

La façon dont les Ankave se perçoivent eux-mêmes, comme un groupe ayant besoin, comme par le passé, de se protéger contre des attaques potentielles, pourrait donc bien être une des principales raisons qui les pousse à continuer d'organiser leurs rituels masculins. Après les années 1992-1993 pendant lesquelles ils souffrirent d'irrespect, et connurent l'insulte et la violence, ils refusèrent qu'un nouvel évangélisateur venu de l'extérieur s'installe dans leur vallée. Depuis, c'est donc Jamis, cet Ankave de la Suowi revenu au village après avoir été formé au métier de missin près de Menyamya, qui est censé leur apporter la parole chrétienne, avec le peu de succès que l'on sait. Ce n'est pas lui, en tout cas, qui risquerait de mettre en péril le système de pensée et les pratiques rituelles locales. Parce que sa formation d'évangélisateur ne l'a aucunement conduit à rejeter les fondements de sa culture d'origine, et parce que les rapports entretenus entre les Ankave et les hommes d'Église venus de l'extérieur du territoire anga ont été le plus souvent difficiles, il n'est pas impensable que cette situation perdure et que, à la différence de tant de populations de Papouasie Nouvelle-Guinée, le message chrétien ne parvienne pas à faire son chemin dans les esprits des femmes, des hommes et des enfants qui habitent la région. En 2003, 40 garçons furent initiés dans la vallée de la Suowi et aucun évangélisateur ne s'était toujours aventuré chez eux en 2009.

Ainsi, la persistance des fondements de la cosmologie locale, l'histoire des migrations forcées associée à la crainte d'un retour à une situation antérieure malheureuse, et une situation démographique pour eux préoccupante car aussitôt comparée à celle de voisins apparemment plus fortunés et prolifiques, créent un contexte qui a pu favoriser la résistance aux leçons des évangélisateurs luthériens et adventistes du Septième Jour. Ces leçons n'ayant pas toujours été appliquées à la lettre par ceux-là mêmes qui les prononcent, c'est sans l'ombre d'un malaise, remords ou sentiment de culpabilité que les Ankave chassèrent le dernier homme d'Église qui s'est présenté dans leur vallée, en 1994. Avec désormais leur propre pasteur comme alibi, ils refusent d'en accueillir de nouveaux et continuent régulièrement à repousser les esprits de leurs morts aux frontières de l'espace habité, à fêter la naissance d'un premier enfant d'un couple et à procéder à l'initiation de leurs garçons.

Nul ne sait combien de temps cette situation durera, d'autant qu'en 2006, deux familles de la vallée de la Suowi avaient rejoint la « Revival Church of Papua New Guinea » [19]. Cette année-là, elles n'avaient pas réussi à convaincre d'autres villageois

---

19. Les deux hommes adultes de ces familles avaient découvert cette Église lors d'un séjour en ville et d'un emploi saisonnier. De retour au village, chacun réussit à convaincre son épouse de suivre le même chemin.

de se joindre à eux, notamment parce que bien peu d'Ankave sont prêts à cesser de fumer et de chiquer le bétel comme cette Église l'exige. Certains mettaient en avant le fait que leur pays était une *free country* et que personne ne pouvait les empêcher de vivre comme ils l'entendaient. Cette situation, où les interdits imposés par une Église en constituent en quelque sorte sa marque distinctive, est fréquente en Nouvelle-Guinée. Comme le montre M. Jeudy-Ballini, ce sont d'ailleurs les interdits plutôt qu'un système particulier de croyances religieuses qui, chez les Sulka, caractérisent les Adventistes du Septième jour (SDA) par opposition aux catholiques « qui n'ont rien changé de leur mode de vie » (2002 : 66, 72). Il est aujourd'hui impossible de savoir ce qu'il adviendra chez les Ankave, mais il est probable qu'une Église qui n'impose pas à ses membres de renoncer à certains des plaisirs de la vie d'antan a plus de chances de s'implanter durablement qu'une autre qui bannit le tabac et la chique de bétel, quand ce n'est pas la viande de porc. L'histoire l'a d'ailleurs montré puisque l'Église adventiste du Septième jour ne s'est jamais installée durablement, alors que les Luthériens, qui ne requièrent le respect d'aucun interdit alimentaire, sont restés plus longtemps.

Bibliographie

Barker, John
1990   "Introduction: Ethnographic Perspectives on Christianity in Oceanic Societies". In John Barker (ed.), *Christianity in Oceania : Ethnographic Perspectives*. Lanham : University Press of America ("ASAO Monograph Series" 12), pp. 1-24.
1992   "Christianity in Western Melanesian Ethnography". In James G. Carrier (ed.), *History and Tradition in Melanesian Anthropology*, Berkeley : University of California Press, pp. 144-173.
1999   "Religion". In M. Rappaport (ed.), *The Pacific Islands*. Honolulu : The Bess Press, pp. 234-245.
2001   "Afterword". In J. Robbins, P. Stewart, et A. Strathern (eds), "Charismatic and Pentecostal Christianity in Oceania", *Journal of Ritual Studies*, 15(2) [numéro spécial], pp. 105-108.

Bonnemère, Pascale
1996.   *Le pandanus rouge : corps, différence des sexes et parenté chez les Ankave-Anga*. Paris : CNRS Éditions / Éditions de la Maison des sciences de l'Homme.

Bonnemère, Pascale et Lemonnier, Pierre
2009   "A Measure of Violence: Forty Years of 'First Contact' among the Ankave-Anga (Papua New Guinea)". In M. Jolly, S. Tcherkézoff et D. Tryon (eds), *Oceanic Encounters: Exchange, Desire, Violence*. Canberra : ANU E Press, pp. 295-333.

De Hontheim, Astrid,

2003   "Évangélisation catholique des Asmat en Papouasie occidentale : une composante de 'l'humanisation' ?", *Anthropos,* 98 : 407-419.

Douaire-Marsaudon, Françoise

2001.   "Table ronde 'La christianisation'", *La pensée,* 325 : (Janvier/mars).

Fitzpatrick, P.

1999   "The A.P.H. Freund Collection of New Guinea Artefacts held by the South Australian Museum", *Records of the South Australian Museum,* 31(2), pp. 181-214.

Jeudy-Ballini, Monique

2002   "Le christianisme revisité ou : le meilleur de la tradition". In C. Hamelin et E. Witterscheim (eds), *La tradition et l'État : églises, pouvoirs et politiques culturelles dans le Pacifique.* Paris : L'Harmattan (*Cahiers du Pacifique Sud Contemporain* 2), pp. 59-81.

Lipuma, Edward

1998   "The Genesis of Maring Christianity: The First Quarter Century, 1955-1980", *Ethnohistory,* 45(4) : 621-655.

Robbins, Joel

2004   *Becoming Sinners: Christianity and Moral Torment in a Papua New Guinea Society.* Berkeley : University of California Press ("Ethnographic Studies in Subjectivity").

Robbins Joel, Stewart Pamela, et Strathern Andrew, (eds)

2001   "Charismatic and Pentecostal Christianity in Oceania", *Journal of Ritual Studies,* 15(2) [numéro spécial]. Pittsburgh : Department of Anthropologie, University of Pittsburgh.

Somare, Michael

1994   "Interaction entre le gouvernement et la religion en Papouasie-Nouvelle-Guinée", *Conscience et liberté,* 47 : 57-65.

Swain, Tony and Trompf Garry

1995   *The Religions of Oceania.* Londres et New York : Routledge.

Wagner, Herwig and Reiner Hermann, (eds)

1986   *The Lutheran Church in Papua New Guinea: The First Hundred Years (1886-1986).* Adelaide : Lutheran Publishing.

Whitehead, P. G.

1966-67 *Ihu patrol report n°3.*

Williams, Francis E.

1976   *The Vailala Madness and Other Essays* (introduction de Erik Schwimmer). Londres : C. Hurst & Company.

Source Internet

http://www.answers.com/topic/religion-in-papua-new-guinea, (page consultée le 03/05/2010).

Healing Despite Christianity; Struggles Between Missionary and Traditional Conceptions of Medicine

Astrid de Hontheim

Historical Basis of Missionary Presence among the Asmat

Both Catholic and Protestant missionaries mentioned in this article are American: the Crosier fathers and brothers and TEAM evangelicals. Crosiers, a common name to designate the Regular Canons of the Holy Cross, belong to an order founded by Theodorus de Celles and his four companions in 1210, at the time of the Third Crusade. After almost disappearing in the nineteenth century, a revitalization in the early twentieth century led to the settlement of several new communities, notably the first American community in Onamia, Minnesota in 1910. This Crosier branch had experience with missions when they were entrusted with the evangelization of the Asmat area (West Papua[1]) in 1947. The first missionary, Father G. Zegwaard MSC, arrived in 1953 and the first four Crosiers reached their mission field in 1958. Currently, 500 Crosiers are working in Indonesia, the Democratic Republic of the Congo, Europe, the United States and Brazil.

On the Protestant side, in 1890 the Swede Fredrik Franson created TEAM (The Evangelical Alliance Mission) and 13 other missionary societies in order to recruit missionaries for China. At that time, hundreds of missionary societies were concentrating on converting the Chinese, whose numbers and relatively closed society fascinated numerous missionaries and made their conversion seem to be the ultimate

---

1. Politically speaking, after having been a Dutch colony until 1961, West New Guinea (previously called "Irian Jaya") was officially annexed by Indonesia in 1969 by the "Act of Free Choice" – commonly nicknamed "Act Free of Choice" by the Papuans – parallel to the settlement of the OPM (Organisasi Papua Merdeka), the Organisation for the Independence of Papua, still active nowadays. West Papua is the largest Indonesian province (421,981 km², or 22% of the total surface of Indonesia [Cribb, 2000; 3]) for a population of around 2,500,000 inhabitants. The Asmat are themselves around 75,000 people living in a swamp of 26,700 km² in a jungle of high trees, sago palms and mangroves on the South Coast.

goal. This state of mind also seemed to motivate TEAM missionaries when they completed their first surveys in West Papua, given the fierce reputation of coastal headhunters. TEAM started its work in the Asmat territory in 1955 and later took the local name of GKI (Gereja Kristen Indonesia). Today, approximately 750 missionaries are working in 47 countries.

In the Asmat area, there are six Catholic denominations (two including sisters) and two Protestant societies, in addition to Pentecostals, who have arrived recently. However, only the Crosiers and TEAM have sent several dozen missionaries to the Asmat area and can be considered responsible for the major attempts at evangelization.

In order to implement changes within Asmat society, the Crosiers and TEAM missionaries applied diversified and progressive strategies of conversion, notably cultural preservation on the Catholic side and missionary medicine on the Protestant side. We will see that despite their declared wish to respect cultural habits – at least after the 1970s – health and medicine have always been a touchy issue. Some missionaries encouraged traditional care for its positive effect on morale, but could not stand to hear about the usual Asmat etiologies. To some extent, it may appear easy to "sort" practices and customs by keeping what is felt as being beneficial and abolishing what is seen as maleficent to the people, or contrary to missionaries' intentions in the area. However, Asmat conceptions about health could not be separated from a broader point of view involving the functioning of the human body, relationships with supernatural beings, and the place of mankind in the cosmos.

The Path to Baptism

During fifty years of missionary work among the Asmat, some changes can be expected in conversion methods. A great deal has been written about a particular Catholic missionary strategy called "Tobacco Christianity"[2]. Early missionaries awarded all adults who participated in baptism, Sunday worship or the school system with a pinch of tobacco. The Fathers of the Sacred Heart used this method in particular to baptize hundreds of individuals knowing that the Protestants would soon be arriving. In the village of Ayam, for example, five hundred people were baptized in haste as soon as Protestant plans to set up camp were learned of. The Bishop of Merauke, Father Hermann Tillemans MSC, was known for showing up in a given village, baptizing two or three people and then declaring the village Catholic. According to the Crosiers, there was nothing original about this; Protestants

---

2. The link between tobacco and Christianity in New Guinea has been studied in detail (Hays 1991: 91-113).

followed the same procedures (though they contest this). Catholics considered this practice acceptable; the first missionary to "put up the flag" would gain the village for his congregation in a historic race to see who could baptize more people. Protestant missionaries, however, used different evangelization strategies. Missionaries trained in missionary medicine used incentives more focused on medical care, while prohibiting tobacco and alcohol consumption.

At the same time as this race to baptize the Asmat during the first two decades of evangelization, the government, in a joint effort with the missions, waged a campaign against headhunting (Sowada 1968: 192). The pernicious aura of the Asmat region certainly played a role in this eagerness to stop headhunting[3]. The practices of dancing, drumming, sculpting and participating in enduring rituals, thought to be closely linked to headhunting, were banned between 1962 and 1968, and the Asmat region was closed off from the rest of the neighbouring regions. To further discourage headhunting and cannibalism, the Dutch government resorted to extreme tactics, such as arbitrary arrests, indiscriminate firing on warriors' canoes, the burning of *jeuw* (ritual houses) and confiscation of all traditional ornaments. In reaction to these measures, the Asmat had their own ways of rejecting foreigners' desire to make them change. In an interview, Alphonse Sowada OSC relates that punishment was not meted out to those who were actually guilty but to those designated by Asmat "leaders" to replace them in prison. Missionaries remain convinced today that enduring rituals were still held in the jungle, far from military settlements. Realizing the weak impact of the government's and missionaries' efforts on Asmat warrior habits, missionaries Zegwaard and Boelaars (1982: 27) deemed it more judicious to castigate not lone chiefs but entire villages. In a similar vein, the government destroyed whole villages to punish increasingly frequent headhunting raids (Frazier 1994: 51). Despite Christian and political authorities' attempts to abolish headhunting, raids occurred in the Asmat region until 1983.

In the early 1970s, the end of tobacco Christianity brought a drastic fall in the number of participants in Church activities and opened the way to change. This was, according to some, due to "Vatican II", to others to "the 1974 ban against proselytism in Indonesia", and to yet others to "Alphonse Sowada". Alphonse Sowada OSC, the first Crosier to graduate in anthropology, was appointed as the first bishop of the diocese of Agats-Asmat in 1969. As an anthropologist and a missionary, he faced a

---

3. The Crosiers' exhibition in 1963 at Fort Wayne is telling. Destined to demonstrate to the public the evolution of the mission, the show entitled *Religious Growth* displayed titles such as *The Timeless Spirit of Christ Encounters the New Guinea Demon World*.

dilemma: how to transform Asmat society without ruining it completely? The answer was obvious: agents of change (missionaries) had to preserve "culture", particularly Asmat artistic production, which was inevitably going to disappear forever. The main goal of preserving this "culture" was to avoid the dispersion of the objects thought to be of higher quality and the loss of the traditional techniques used to make them, in other words, to preserve visible elements that would stimulate the Asmats' memory.

Thus, the Crosiers started to collect objects and created two museums; at Agats, in the Asmat area, in 1973 and in Shoreview, Minnesota in 1994 (today in St Paul). Auction sales were organized to benefit both museums. In a few decades, they propelled the Asmat – or in any case, objects they made – to the forefront of a worldwide sales network of "tribal" art. According to Alphonse Sowada, the neighbouring Kamoro, Mimika, Muyu, and Awyu people, whose artistic production was comparable to that of the Asmat in the 1960s, are currently nothing but destroyed cultures, as they did not have people like the Crosiers to fight for their preservation. Today, the Crosiers describe themselves as "culture rescuers".

The Catholic interest in the concept of culture goes hand in hand with a concept that became more important after Vatican II and appeared in Catholic mission work at the end of the 1960s: inculturation. In order to "inculturate" Asmat society, the Crosiers added some elements of Asmat culture to Christian worship, with the long term intention of founding an "Asmat Church" complete with decorated churches and Christian ceremonies using adornments from Asmat everyday life.

The Protestants also developed a concept close to inculturation, called "contextualization". Like inculturation, the goal of contextualization is to encourage target populations to adopt Christianity (Zorn 2001: 171). However, TEAM missionaries criticize inculturation as being "critical contextualization" because it leads to syncretism. This criticism applies to inculturation as it is carried out by the Crosiers, which puts value on the material relics of headhunting. For the Protestants, promoting syncretism is a form of heresy because its presence in Asmat society shows that Satan is still operating within it. The Protestants also accuse the Catholics of establishing a cult of the ancestors that was not present before their arrival.

The Protestant Approach: From Theory to Practice

Protestant missionaries are somewhat skeptical of the Crosiers' "cultural crusade". They are not anthropologists – even if some of them say they are – but their knowledge of the Asmat language enabled them to determine which cultural practices would be compatible with the gospel. For example, one frequently hears headhunting songs in a Catholic church, but Protestants started translating them and decided that such songs do not belong in church. Even if Protestant ministers appreciate carvings and sometimes collect them, it is unusual to see any element, such as shields or ancestor *bisj* poles, in the church. These objects are obviously related to headhunting as they formerly reminded the Asmat to go on raids to avenge their dead (Zegwaard 1959: 1029). While Catholics are interested in culture for itself, Protestants study it in order to be able to select what is appropriate for Christianity and encourage believers to give up what does not please God.

Regarding conversion, the most efficient strategies adopted were extensively described by the founder of TEAM, Fredrik Franson. The third volume of the principal thesis on Fredrik Franson is worth considering. Chapter 39 in particular discusses "five revised methods of missionary work," revealing the intentions of evangelists in the field (Torjesen 1984: 789-800; Torjesen 1983: 89). The Indirect Philanthropical Evangelization Method is designed for societies considered resistant to Christianity, such as the Asmat, and envisions medicine as the main instrument of conversion. It encompasses four fields of activity: medicine, industrial schools and agricultural colonies, orphanages, and teachers' schools. Missionaries provide the know-how and the services needed by the society in order to solicit a positive response rather than resistance when they introduce the population to the Scriptures. Franson noted promising results in a number of societies although the physical condition of his patients was sometimes too poor for them to carry on apostolic activity.

In preparing for a mission, Protestants missionaries do not go to the Asmat area for short periods as the Catholics do, but prefer to attend courses on "missionary medicine" and to read biographies of former missionaries. Before going to university, future Protestant missionaries first reflect on which job would be useful to their vocation, and then choose to become doctors, nurses, or linguists with additional training in missionary medicine. The missionaries' wives, in accordance with TEAM regulations, are also commissioned to be missionaries. However, they are supposed to feel a calling not as a missionary, but as a missionary's wife, and they are required to gain the knowledge necessary to support their husband efficiently.

The importance of medicine is obvious in Protestant ministry in Asmat, even in first contacts. First contact between Protestants and the Asmat people occurred in the context of a vaccination campaign against measles carried out by the Dutch government, whereas for the Catholics it was with the arrival of the first missionary to come to Asmat in 1953, Father G. Zegwaard MSC. Above anything else, Protestant missionaries dedicate themselves to medicine and Catholics to censuses, baptism and schools, which the Protestants view as less significant. Thus, since the mid-1950s, Protestants have primarily been perceived as doctors and Catholics as priests. Another factor involved in this difference of perception of missionaries by the Asmat is that Protestant missionaries prefer to avoid cultural mixing, so they refuse to be adopted by Asmat families and to intervene in matters such as child delivery or sex education. Their role, being outside Asmat society, appears to be more precisely defined than that of the Catholics, which is more diffuse.

A way to Overcome Disease and the Enemy

Interviews of missionaries reveal some misunderstanding regarding disease and misfortune, even complete ignorance of practices visible on the Asmats' bodies closely related to the spiritual world. In order to understand the possible reasons for this misunderstanding, we will briefly discuss how disease and misfortune are dealt with in Asmat society.

Abraham Buipir is a traditional healer, an *eeram'ipitsj*. Initially baptized by Father Zegwaard MSC in a Catholic church in 1956, he was baptized again two years later in the river by a TEAM minister, Chuck Preston. Since then, he has been called Abraham. From 1965 to 1997, he led the local Protestant Church and then resigned in favour of his sons. Because his two wives cannot stay together without fighting, they live in separate houses. Like the other Asmat Christians, Abraham takes an active part in rituals prohibited by his Church, such as the spirit masks ritual or the ancestor *bisj* poles ritual. American ministers, the founders of the Protestant Church in Asmat, say those who behave like this have two gods. But Abraham does not care. He simply agrees that he has two gods, and so what?

Abraham is an *eeram'ipitsj*, a man who is able to do *eeram*. The *eeram* is a spell with multiple facets that can be taught during male initiation; today, it is mostly used for therapeutic purposes. Formerly *eeram* were also used to ensure victory in headhunting. Before the departure to the enemy village, the organizers of the headhunting raid asked the *eeram'ipitsj* to perform a ritual at a sacred place. There could then be no doubt concerning the raid's outcome; my Asmat informants are unanimous that thanks to the *eeram*, the attackers would win.

Eeram also ensure victory regarding health. When someone catches a disease, his double (*dambú* (*w*)), which can be found inside the human body and in the carvings done by the Asmat, escapes from the body; the healer's job is to convince this spiritual double to return to its original home. The *eeram'ipitsj* obtains the double's repatriation through a massage, done with ointments and decoctions. Some *eeram'ipitsj* can extract sharp objects from the body, such as pieces of bone, razor blades, and arrowheads. Stones put on the body inform the healer about his patient's health and about his possible recovery. During the treatment, the *eeram'ipitsj* also recites sacred sentences (performing words have been studied in detail in de Hontheim 2009).

The Asmat distinguish two kinds of deaths; the first one being a loss of consciousness (*damur*), which is death when the body is still alive, so the dead person is likely to come back to life (*bojaworsit*); and a second kind of death, the death of the body (*darminak*), which is not reversible. The Asmat people begin to cry and wail as soon as *damur* occurs, i.e. when the body is still alive, unlike their Awyu neighbours who do not mourn until physical death. Protestant missionaries tried to discourage Asmat from wailing directly after a loss of consciousness – e.g. after a snake bite or an *arow'pok* (spell of illness and death) – and encouraged them to wait until the man was "actually dead" and keep hope until the very last moment. With this terminological distinction, the Asmat people found the resurrection of Christ very common and were not surprised by this "good news" from the missionaries. Moreover, they had no interest in the creation of the world because it is not in the Asmat myths. They did not feel concerned by these two basic arguments for Christianity, which caused huge concern among the missionary community.

A second type of healer, the *damer'ipitsj* is more powerful than the *eeram'ipitsj*. The *damer'ipitsj* asks for help from the spirits to complete his work. He is able to see the recent spirits of the dead and he can also perform exorcisms. He is sometimes accused of having sexual relations with evil spirits (*dat*) in exchange for their support. Healers can be women too; these are the *eeram'tsjowotsj* and the *damer'tsjowotsj*.

Before going to see a healer, a patient will typically practice family medicine within their household. The most widespread technique used to chase disease out of the body consists in making vertical, tightly spaced cuts (*ofe*) of approximately one centimetre, arranged in lines one above the other. The skin is cut with a shell used for lime, chewed with betel nut, sprayed on carvings. The cuts are then rubbed with an ointment in order to create an infection which is believed to expel the disease. Made out of leaves, bark, wood, roots, jungle fruits or lianas, this ointment is heated before application and is replaced if the first ointment fails to work. These treatments remain visible on the neck and on the face of many villagers, whose skin is literally covered with burns and cuts, each wound having a distinct word in the Asmat language. Like scarifications done at certain moments of lengthy rituals, such as funerals or male initiation, these therapeutic cuts *ofe* are intended "to make the dirt flow out" and to lighten the body which has been weighed down by disease, killings or age. This is also the reason for rubbing the body with big nettle leaves, a remedy particularly efficient against tiredness, headache and skin diseases.

How to Teach Religion with Medicine

Most missionaries are convinced that the Asmat have no real means of fighting disease except for small cuts and some burns they make on comatose people in order to pull them out of lethargy. In other words, from the missionaries' point of view, there is no local medical specialist in Asmat. For Greg Poser OSC and many other missionaries, the Asmat people consider "sorcery" or the spirits as responsible for illness rather than malaria or other clearly identifiable diseases. This belief is perceived by the missionaries as a lack of medical knowledge. Thus this ignorance dictates wrong behaviour, some of which are incompatible with the Christian faith.

Disagreeing with the Asmat's view of causes of disease, Protestant and Catholic missionaries did everything they could to impose their own vision of medicine. According to them, Western medical explanations and theories constitute real progress brought to Asmat.

The Catholic missionaries' influence was limited by the superficiality of their medical knowledge, whereas the Protestant missionaries' attitude pleased the Asmat, notably their coming to the field with their wives and children. When these newcomers began to cure people, the Asmat were impressed by the effectiveness of the treatments and trust was generated. Dr. Ken Dresser and Bob Frazier highlight the spectacular effect of penicillin and aspirin on Asmat health. During their first years in the swamp, when they arrived by boat in a village, everybody ran to them asking for injections. From time to time, Catholic teachers sent patients to the Protestant doctor. "The clinic attracted people like flies on honey", according to Frazier (1994: 184), who counted more than one thousand patients per month in the 1970s. In villages reluctant to adopt Christianity, it was decided not to send catechists (as the Catholics would have done) but medical workers. However, success had its limits; when missionaries began to ask for money to pay for the drugs, enthusiasm among the Asmat died down.

Among Protestant helpers, a close relationship between religion and medicine is emphasized from their first steps in training: at the hospital, workers are trained in "medical evangelization" and, often, church leaders are also medical workers. This training shows how Protestants build a relationship between religion and medicine and set up a kind of "medical leadership". Again this appears to be a fundamental difference between Protestant and Catholic missionaries. For Catholics, leadership is determined by more political factors: the parish council (*dewan paroki*) is composed of the teacher, the village chief (*kepala desa* acknowledged as such by the Indonesian government), and the Christian representatives of the Asmat tradition (*wair'ipitsj*).

In parallel, the Crosiers had trouble finding helpers who were able to gain the Asmat population's trust. Catholic catechists had a tendency towards corporal punishment for late schoolchildren and tried to frighten those who wanted to go to the Protestant school. Some Catholic catechists invented stories to terrorize Asmat children. For instance, telling them that Protestant ministers were said to have a black book in which they listed the names of the Asmat destined for hell. Another mistake was to choose catechists among the Mimika people, the traditional enemies of the Asmat, and to train them quickly, in only a few weeks, before sending them to Asmat villages. In comparison, TEAM helpers, from Biak, were selected at the end of a three year-period of Bible school. Very often, catechists inspired fear and mistrust. In addition, at the beginning, some priests were thought to be responsible for epidemics that started after their departure from the village, something which does not seem to have happened to Protestant missionaries. Today, these extreme behaviours do not exist; in Asmat, the tendency is to say that "missionaries do not understand anything".

Missionaries in the face of Thanatomania

Regarding Asmat concepts of life and death, another interesting field to discuss is the reaction of missionaries with respect to a particular state of consciousness in which somebody dies "on command" (Dr. Ken Dresser calls it "death of fear", or "Thanatomania" according to another doctor, Van Amelsvoort [1976]). The scenario is always the same: a man states in public that he is going to die because of an *arow'pok* (spell of disease and death), returns home and lies down until he dies. His family immediately starts wailing and crying before he is biologically dead; to the Asmat, this man is socially dead. This particular kind of death is "death with the body still alive" (*damur*), which I have mentioned previously. The almost immediate rigidity of a body in this state is said to be spectacular but I personally had no opportunity to observe it. Dave Gallus OSC highlights the power of suggestion in Asmat: if one says to an Asmat that he is going to die, he will die.

In the Asmat area, "Thanatomania" stories are quite common, and how the missionaries reacted in such situations is interesting. Some of the Crosiers tried to persuade the Asmat to accept Western explanations, apparently more just to do something rather than intending to make them change their opinions. But once the "Thanatomania" process had started, i.e. when the person had already laid down to die, all the missionaries reacted with the same attitude: resignation. All of them, except the bishop. Unlike his colleagues, who had no idea what to do, Alphonse Sowada did his best to fight against what he called "psychological disorders" by using vigorous methods to prove that "magic does not exist".

A story is told in an article (Sowada, 1968: 201) and an interview of Sowada in 2001 in more detail. A 25 year-old man stopped working one day because he was a victim of an *arow'pok*. When his family began to wail, the bishop, called by a Catholic neighbour, ran to the bedside of the dying man. Not convinced of the strength of the spell, he slapped the man; this method had worked previously on several occasions. This time, however, it failed. The bishop then lifted the inanimate body and propped it up against one of the supporting pillars of the house. The man opened his eyes. The bishop ordered him to sit down and gave him tobacco to smoke. Afterwards, he followed him to the sawmill and told the man that his disease has been cured and that he could go to work again.

In the same situation, the Protestants react differently: they are doctors so they treat the victims of an *arow'pok* as patients. Considering fear as a disordered state of the parasympathetic system, they give them tranquillizers; others improvise a treatment and declare it more powerful than the spell of death. The trust acquired by the Protestant ministers has probably contributed to the effectiveness of this treatment.

Christian Faith to Fight Disease

With regard to health, life and death issues, it is as if the missionaries and the Asmat were living in totally different worlds. The Crosier fathers feel upset by this situation and try to accept the ways of the Asmat, for instance, by being ritually adopted by Asmat families and receiving an Asmat name, in exchange for gifts and mutual protection. Unlike their Protestant counterparts who lived with their wives and children, the isolation of Catholic missionaries was undoubtedly a motivating influence in giving themselves up for adoption. Virgil Petermeier OSC was adopted on twelve or thirteen occasions; he himself cannot recall the exact number. According to Henri Bing Miller OSC, mothers would present a breast to the travelling missionary as soon as he arrived at the dock, making clear their desire to include him in the family unit. In his memoirs, Brother Joe (1996: 17-18) tells how the people of Omandesep were so satisfied with his care that they wanted to take him away and adopt him, along with awarding him a house, a pretty wife and good food. However, despite the apparent wish of the Asmat to adopt foreigners, kinship relations are said to be "thicker" with an Asmat than with a foreigner, and therefore relationships with foreigners are considered less worthwhile.

In medicine, the Crosiers have gained a kind of therapeutic charisma which extends to the instruments of their religion and to Christian names. This charisma was thought to possibly accelerate medical treatment and to counteract curses. As for Protestant doctors, their medical capabilities do not replace those of a traditional Asmat healer but constitute a new – "foreign" – function. In Asmat conversations, missionaries' abilities regarding health are designated by the Indonesian term *dukun* (or *doktor*) and not by the Asmat terms *eeram'ipitsj* or *damer'ipitsj*. The foreign doctors' ability is secondary to local medical techniques and is requested only after the patient has seen the traditional healer. This confirms the idea that missionaries are kept in parallel yet distinct worlds.

The word *dukun* has a pejorative connotation because the *dukun* (which means "healer", but also "sorcerer") are sometimes thought by my Indonesian informants to have privileged relations with Satan. Some Protestant missionaries agree with this in part, persuaded that the "medicine men" or "witch doctors" tolerated by the Catholics and the cargo cults' members all appear to be Catholics. In other words, cargo cults, described as syncretic, are suspected of having success among Catholics, as Catholicism tolerates satanic practices in order to attract new Christians. By the same token, traditional healers are also accused of having a privileged relationship with Satan and are said to be Catholic. Protestant missionaries say that the main reason for this relationship is that Catholics do not have personal commitment towards Christ as Protestants do. This personal commitment requires the believer to examine his culture and to repent of what is thought not to please God, such as traditional therapeutic techniques. Moreover, guided by the missionary, the new believer, upset by dreams or by the feeling of a harmful presence, will spontaneously agree to destroy or burn material instruments of "magic". Conversely, for Catholics, being a Christian is not enough to protect oneself against magic and only some priests preach against practices such as *arow'pok*.

The Protestants think quite differently. According to some Asmat Protestant pastors, Christian faith is a powerful shield against magic and is strong enough to make evil spirits disappear. They also say that drugs, doctors and hospitals were given by God, in accordance with missionary words. Medicine, by extension, ensures victory against syncretism; we can see an example in Bob Frazier's book, in which "a medical pin to pierce the darkness" is "the gospel".

A Cultural Faith Basis

Whereas the Protestants always keep their conversion objective in mind, evangelization appears to have been forgotten in the cultural preservation campaign of the Catholics. "It is necessary to let the Asmat change by themselves", says Alphonse Sowada, unlike his Protestant counterparts for whom joining the Church implies not a progressive change but an irreversible and radical one. In other words a "complete turnaround" in all fields of the new convert's life. The new personal commitment to God is made public by baptism and is equivalent to a rebirth; the convert is said to be "born again". Some Protestant missionaries say that the reason for Catholic syncretism is the focus on Asmat society as a whole instead of on each individual commitment. The progressive transformation of society desired by the Catholics does not resolve the problem of conscious choice and radical personal commitment, essential in Protestant conversion.

Against all expectations, the Crosiers stick to the purpose of conversion, and it could be one of the reasons for starting their cultural crusade. According to Alphonse Sowada, without saving the culture, missionaries could not accomplish anything regarding religion. Sowada felt a "cultural faith basis" was necessary, on which missionaries could build Christianity. It was felt that the Asmat would never understand the Bible without this cultural basis. However, Bible understanding does not appear simple, as if it resulted from a formula. From the Protestant point of view, the Bible could be understandable if translated into the local language, however a short analysis in Agats and in Sjuru shows that in Asmat people prefer to use the Indonesian language version because the Asmat version – translated by missionaries – is said to be too complex.

In conclusion, this article has dealt with an exceptional situation; the contemporary evangelization of a population of headhunters by pioneer missionaries. It would be difficult to find two societies as different as those of American missionaries and the Asmat, particularly regarding health and medicine. Their unpredictable interactions were fascinating to follow. In addition to revealing profound differences between Catholics and Protestants, this article has attempted to lead its readers into deeper reflection on the methods employed by missionaries. After fifty years of christianization, several Crosiers admit that their attempts to evangelize the Asmat have led to a superficial Christianity, without real transformation of the Asmat religious world. Was this a consequence of their difficulties in transforming the Asmat understanding of disease, health hazards and misfortunes as intimately related to relationships with the supernatural? One Crosier missionary even said that there was basic opposition between Christianity and "the original beliefs of the Asmat, their practices, their ways of life, what they did". Today, no Crosier claims that the Asmat are converted. Neither do TEAM Evangelicals, though they are proud of a handful of true believers. TEAM Evangelicals are criticized less by the Asmat thanks to their medical expertise and deliberate lack of involvement in Asmat cultural life, in other words because they make less mistakes in Asmat social life. However, most of those true believers have "two gods" like Abraham Buipir, and this syncretism would have been condemned by the American ministers if they had been aware of the situation.

Bibliography

Cribb, Robert
2000   *Historical Atlas of Indonesia*. Richmond: Curzon.

DeLouw, Joe
1996   *My Field Has Been the World. The Memoirs of Brother Joseph DeLouw, OSC*.
            Onamia: Crosier Press.

de Hontheim, Astrid
2009   "Une plume sur la balance de l'oralité", *Le Figuier*, 3. [special issue in honor of Prof.
            Jacques Marx]. (Forthcoming).

Frazier, Bob and Doris
1994   *Our Passionate Journey: The Exciting Chronicles of Two Ordinary People*. Toccoa Falls, GA:
            Toccoa Falls College Press

Hays, Terence E.
1991   "No Tobacco, no Hallelujah: Missions and the Early History of Tobacco in Eastern Papua",
            Pacific Studies, 14(4): 91-112.

Sowada, Alphonse
1968   "New Guinea's Fierce Asmat: A Heritage of Headhunting". In Breeden R. (ed.),
            Vanishing People of the Earth. Washington: National Geographic Society, pp. 186-203.

Taylor, Paul M.
1996   "Irian Jaya. The Land and its People". In G. and U. Konrad (eds), *Asmat. Myths and Rituals.
            The Inspiration of Art*. Venise: Pizzi Amilcare/ Erizzo Editrice, pp. 29-33.

Torjesen, Edvard Paul
1984   *A Study of Fredrik Franson. The Development and impact of his Ecclesiology, Missiology and
            Worldwide Evangelism*. Ph.D. dissertation for the degree of Doctor of Philosophy in History.
            Vol. 3 "Missionary Extension in All the World". Los Angeles: International College.
1983   *Fredrik Franson: A Model for Worldwide Evangelism*. Pasadena: William Carey Library.

Van Amelsvoort, Vincent
1976   "Thanatomania in an Asmat Community. A Report of Successful 'Western' Treatment",
          Tropical and Geographical Medicine, 28: 244-248.

Zegwaard, Gerard A.
1959   "Headhunting Practices of the Asmat of Netherlands New Guinea", *American
          Anthropologist,* 61 (6): 1020-1041.

Zegwaard, Gerard A., Jan Boelaars, F. Trenkenschuh OCS and J. Hoggerbrugge
1982   "Social Structure of the Asmat People". In F. A. Trenkenschuh OCS (ed.), *An Asmat Sketch
          Book* (1): 13-29. Agats: The Asmat Museum of Culture and Progress. [First ed.:1954]

Zorn, Jean-François
2001   "La contextualisation : un concept théologique ?", *Revue d'histoire et de philosophie
          religieuse,* 77: 171-189.

Temps prophétique et ritualisations eschatologiques à Tanna (Vanuatu)

Marc Tabani

Introduction

Les mouvements indigènes en Mélanésie ont compté, depuis le milieu du XIXe siècle, parmi les plus singulières réponses à l'expansion occidentale et à la christianisation dans le Pacifique Sud. Leurs accents prophétiques et leur organisation rituelle incitèrent les premiers observateurs européens à les assimiler à une seule et même catégorie de phénomènes. Cette intention généralisante, constamment réaffirmée par la suite, fut systématisée un siècle plus tard, avec l'invention de la notion de « cultes du Cargo » (Bird, 1946), terme sous lequel furent compilées les premières bibliographies thématiques sur ce sujet (Leeson, 1952). Durant près d'un siècle, les cas répertoriés par les administrateurs, les missionnaires et les ethnologues furent abondants. Une étude ethnohistorique de ces cultes pour la période antérieure à la Seconde Guerre mondiale pourrait ainsi se passer de mentionner les fameuses « affaires John Frum » à Tanna, une île du sud de l'archipel des Nouvelles-Hébrides (devenue République de Vanuatu à son indépendance). Étudier le culte de John Frum en esquivant les débats théoriques sur les cultes du Cargo (Lindstrom, 1993a) qui lui sont antérieurs serait plus discutable.

D'après les rapports de l'administration britannique[1], la naissance du culte de John Frum précède de quelques années la bataille de la Mer de Corail (1942), mais ses principaux développements lui sont contemporains. Parfois présenté comme atypique (Guiart, 1956), ce culte a plus généralement été dépeint comme caractéristique de l'inflexion millénariste de ces mouvements politico-religieux et de l'intense ferveur rituelle qui animait leurs participants à des échelles sociales et politiques

---

1. *Files of the John Frum movement, Tanna, 1947-1956*, SPEC MSS/N38 MSS 463/PMB 1133, (voir également Barrow, 1952).

souvent inédites (voir par exemple les références récurrentes à John Frum dans les études généralistes sur le sujet : Worsley, 1957 ; Mühlmann, 1961 ; Eliade, 1962 ; Jarvie, 1964 ; Steinbauer, 1979 ; Trompf, 1987 ; Sillitoe, 2000). Le trait de loin le plus original du culte John Frum, en comparaison avec la nature éphémère de la plupart des mouvements similaires, est, à n'en point douter, sa longévité. Loin d'avoir décliné en ces temps post-coloniaux, le mouvement de John Frum n'a jamais cessé d'encourager chez les *man Tanna* (« habitants de Tanna ») la réinterprétation de leurs croyances et de favoriser le renouvellement des symboles qui y sont attachés. Cette revitalisation, les tour-opérateurs en ont fait aujourd'hui un véritable cliché pour vanter aux touristes les mystères de cette île. Paradis perdu de la coutume (*kastom*), terre d'élection des « derniers adeptes du culte du Cargo » et seconde patrie d'un « dieu importé d'Amérique » : l'image médiatique de Tanna est désormais faite de tout cela.

D'après les *man Tanna*, dans une région délaissée du sud-ouest de cette île, vers 1939, un esprit inconnu prit pour la première fois l'apparence d'un homme, celle d'un métis vêtu à l'européenne, répondant au nom de John Frum. Il fut rapidement présenté comme un Américain qui parlait toutefois les langues locales. Il préconisait la destruction de certaines coutumes anciennes et, simultanément, le rejet de tous les biens qui provenaient des Blancs. L'objectif prioritaire des partisans de John Frum était de mettre un terme, sur l'île, à un régime missionnaire théocratique établi par l'église presbytérienne. Connu localement sous le nom de *Tanna Law*, ce régime avait tenté de supprimer la plupart des aspects de la culture traditionnelle. Les *man Tanna* étaient appelés, après leur victoire, à se tourner vers la « vraie » coutume (*kastom*), celle recommandée par John. La conséquence la plus spectaculaire de ces commandements fut, en 1941, l'abandon de l'Église presbytérienne par tous ses fidèles qui se revendiquèrent désormais du seul message de leur nouveau héros.

Démarrant par une série de prophéties millénaristes (les missionnaires et les Européens seraient chassés de l'île, le monde s'en trouverait transformé et le second avènement de John Frum instaurerait une abondance et une prospérité définitive), ce mouvement politico-religieux doit une bonne part de son succès à la vérification de l'une de ses prédictions : l'annonce de la guerre du Pacifique et de l'arrivée des Américains, plus d'une année avant le débarquement des troupes alliées aux Nouvelles-Hébrides. Cet épisode historique scella, chez nombre de Tannais, l'idée d'une alliance mythique qui les lierait à la toute puissante Amérique. Ce rapprochement était considéré comme l'étape préalable à un retour vers les sources de leur nouvelle identité. John Frum devint ainsi le symbole de cette renaissance des pouvoirs de la coutume. Ce culte est également l'un des exemples les plus édifiants d'une volonté de « retour au paganisme » : des anciens membres influents de la Mission presbytérienne devinrent les artisans de l'adaptation de leur héritage chrétien à une voie d'inspiration « néo-païenne ».

Du fait de la violente répression administrative qui s'abattit sur ce culte, sa dimension anticoloniale s'accentua après la Seconde Guerre mondiale. Son inspiration militaire, ses symboles néochrétiens, son organisation complexe et son rejet des Blancs le faisaient parfaitement cadrer avec la thèse anthropologique du protonationalisme. Avant d'être reprise par les anthropologues, l'idée d'une contestation indigène de l'ordre colonial, qui préfigurait sous une forme culturelle l'avènement d'un nationalisme, avait été suggérée par les administrateurs coloniaux et les missionnaires. Pour ces derniers, les cultes du Cargo démontraient qu'une christianisation mal assumée risquait de faire dévier ces mouvements vers des revendications ouvertement politiques. La politisation de ces cultes fut, au contraire, reprochée par les missionnaires aux administrateurs coloniaux, accusés de saper le travail de la Mission en tolérant les activités des marchands et celles des missions concurrentes. L'idée que ces germes de nationalisme étaient une menace et qu'il convenait de les réduire rapidement reflétait cependant un sentiment pleinement partagé.

L'évocation des fortes résurgences millénaristes actuelles du culte de John Frum sera l'occasion, dans cet article, d'interroger sa longévité, de relever des correspondances entre des événements récents et des épisodes plus anciens de ce mouvement. Le maintien et l'enrichissement des croyances qui lui donnent corps ont beaucoup à nous apprendre sur le poids respectif des continuités et des discontinuités culturelles dans les expériences mélanésiennes du changement social radical (Robbins & Wardlow eds., 2005). À Tanna, la volonté récurrente d'un changement absolu n'a d'égal que la continuité du processus d'élaboration de croyances inédites et des adaptations culturelles qui découlent de l'attente eschatologique des adeptes de John Frum et de la volonté de rupture complète avec le passé qui lui est sous-jacente.

Les péripéties actuelles du mouvement John Frum nous amèneront à constater l'obsolescence de certaines thèses qui lui ont été appliquées, notamment celle du protonationalisme des cultes du Cargo, assimilant ces mouvements à un cas particulier de la lutte des classes en Mélanésie, à des religions des « classes inférieures » sujettes à un processus de rationalisation progressive, les inscrivant dans le sens de l'Histoire (Kilani, 1983 : 48). À cet égard, nous insisterons sur les influences millénaristes exercées par ce culte dans le rapport des habitants de Tanna au temps et sur leurs représentations de la temporalité. Mais avant de poursuivre dans ces directions, il est nécessaire de se pencher brièvement sur le grand retour en anthropologie des thèmes du millénarisme et des cultes du Cargo (Dalton ed., 2000 ; Stewart & Strathern eds., 2000 ; Jebens ed., 2004). Les analyses post-modernes y côtoient les anciennes thèses sur la sécularisation de ces cultes ; mais les unes comme les autres tendent à minimiser la dimension millénariste des cultes du Cargo. Un résumé de la teneur de ces débats permettra de préciser nos propres positions sur la notion de *Cargo cult*, appliquée au cas du mouvement John Frum.

L'éternel retour du Cargo

Un vif regain d'intérêt des anthropologues s'est manifesté, ces dernières années, pour ce sujet on ne peut plus classique. Il s'est notamment exprimé dans le cadre d'un débat très mouvementé opposant les ethnologues entre eux. Pour certains, la notion de *Cargo cult* est l'une des plus heuristiques qu'ait soulevée l'étude du changement social dans le Pacifique (Tonkinson, 2004 ; Robbins, 2004 ; Dalton, 2004). D'autres insistent sur la nécessité de réévaluer ce thème en s'inspirant de modèles exégétiques empruntés à la critique littéraire. Ces derniers concentrent leurs critiques sur la contextualisation des cultes du Cargo, c'est-à-dire qu'ils récusent les explications qui accordent un rôle trop important au contexte social et historique de leur avènement (Lindstrom, 1993a). Plus généralement, ils s'en prennent aux « théories de rationalisation » (Dalton, 2000 ; 2004) qui, par l'application d'un prisme évolutionnaire, déconsidéreraient les cultures mélanésiennes en stigmatisant leur irrationalité. Le bien fondé de ces analyses postmodernes ne semble pas contestable lorsqu'elles imputent l'incapacité des précédentes théories sur les cultes du Cargo à fournir un schéma explicatif fiable, ou lorsqu'elles s'interrogent sur l'intention communément partagée d'ancrer ces phénomènes dans de profondes vérités phénoménologiques. En revanche, ces nouvelles approches critiques paraissent bien plus tendancieuses quand elles visent, de manière sous-jacente, à mettre en doute la réalité même des données ethnographiques anciennes ou récentes.

Ces nouveaux « critiques du Cargo » (*Cargo critics*) [2] puisent généralement leur inspiration dans les analyses de Lindstrom sur les narrations occidentales des cultes du Cargo (Lindstrom, 1993a). Les travaux de cet auteur sur les enjeux de l'auto-réflexivité pour l'analyse des influences globales sur les cultures du Pacifique, en relation avec une économie du savoir et du désir, insistent sur la construction textuelle de ces cultes par l'Occident. Toutefois, ses considérations méthodologiques ne l'ont

---

2. Ces anthropologues autoproclamés « commentateurs critiques du Cargo » identifient leur méthode à celle de la critique littéraire. En plaçant le complexe cérémoniel des « cultes du Cargo » au rang d'une simple fiction, d'une pure invention narrative occidentale, certains en viennent à mettre en doute le bien-fondé de toute ethnographie des mouvements indigènes mélanésiens pour la période coloniale.

jamais conduit à nier la réalité factuelle de ces mouvements millénaristes, ni leurs spécificités mélanésiennes. Son intention est de restituer toute sa complexité au mouvement John Frum et à d'autres cultes similaires en soulignant leurs multiples dimensions. Loin d'être une impasse logique ou une errance mystique, le culte du Cargo, d'après Lindstrom, obéirait fondamentalement à une quête de savoir : « Dans de nombreux mouvements comme celui de Tanna, le savoir est une fin autant qu'un moyen. Les membres du culte ne sont pas seulement à la recherche d'un savoir adéquat (pour obtenir des biens), mais aussi d'un savoir sur le savoir (pour accéder à la sagesse). Les cultes sont des régimes de vérité, qui prétendent offrir un accès encore plus large à de profondes vérités » (Lindstrom, 1990 : 239).

L'influence des travaux de Lindstrom sur ses épigones n'aurait pas été aussi grande sans les vastes connaissances de ce dernier sur la quête de vérités ultimes chez les adeptes de John Frum. Toutefois, ni lui ni ses prédécesseurs ayant mené des recherches de terrain à Tanna n'ont insisté sur la notion de culte du Cargo (O'Reilly, 1949 ; Guiart, 1951, 1956, 1962 ; Bonnemaison, 1996 ; Brunton, 1981, 1989 ; Bastin, 1981), quand bien même la qualité de leurs apports ethnographiques respectifs a contribué à hisser John Frum en tête du hit-parade de ces mouvements dans l'imaginaire occidental. Les adeptes de John Frum, tout comme les ethnographes, tendent à rejeter cette notion (*Kago* en bislama) qu'ils imputent sur un mode négatif à d'autres de leurs concitoyens. « *Tru kago kalja i stap long Vila, long saed long politik* » (« le vrai Cargo émane des politiciens de Port-Vila »), « *Jon hemi no Kago* » (« John n'est pas le Cargo ») sont de véritables leitmotivs dans les discours de certains dignitaires du culte. Mais en dépit de ce rejet de la notion de *Cargo cult* par des Tannais comme par des anthropologues, l'observation du culte de John Frum permet difficilement de ne pas le rapprocher des autres « cultes des marchandises » apparus dans les îles et archipels voisins. D'après les adeptes de Tanna : « John ne nous a pas dit que nous allions recevoir tous les biens des Blancs gratuitement, mais nous avons tout de même fini par les obtenir ». Ou encore, « nous ne croyons qu'en la coutume (*kastom*), mais pour recevoir des millions de dollars de la part de nos ancêtres nous devons disposer de cartes de membres en plastique attestant de notre authentique filiation coutumière ».

Au lieu de clarifier la raison pour laquelle ils rejettent la notion de « cultes du Cargo », les analystes postmodernes s'évertuent à démontrer que plus les anthropologues parlent de ces phénomènes, moins ils apportent de preuves à leur existence. D'après Jebens, pour ces contestataires (McDowell, 1988), les cultes du Cargo « n'existent même pas en tant qu'objet identifiable » (Jebens, 2004 : 2). En ce sens, il est impensable pour eux de concevoir une quelconque persistance ou continuité dans ces mouvements, et encore moins imaginable de préfigurer leur avenir. Selon leur argumentaire, les comparaisons doivent être restreintes à l'étude du « Soi occidental » : pourquoi et comment « les avons-Nous » créés ? Dans cette perspective, les cultes du Cargo et autres mouvements millénaristes sont vus comme autant de réifications scientifiques – « ni Cargo ni cultes » (Kaplan, 1995). Ils ne persisteraient qu'en tant que fantasmagories occidentales (Kaplan, 2004 : 65).

Qu'ils soient assimilés à des idéaltypes de la confusion occidentale, à des produits d'une vision petite-bourgeoise, ou qu'ils soient attribués aux délires éthyliques d'administrateurs coloniaux ou en tout cas motivés par le souci de pathologiser les cultures mélanésiennes en vue de réprimer plus sévèrement les indigènes, Jebens souligne à propos de ces phénomènes de *Cargo cult* qu'en dépit « d'une réalité ethnographique confuse et incertaine (…), on ne peut toutefois prétendre qu'ils existent exclusivement dans les esprits des observateurs occidentaux » (Jebens, 2004 : 10). Enfin, pour éviter de scier entièrement la branche sur laquelle ils sont eux-mêmes assis, ces critiques postmodernes concèdent que les cultes du Cargo demeurent bons à penser, au même titre que les OVNI ou que la relation cultuelle de l'anthropologie à l'étude de la culture (Wagner, 2000). La dissolution de cette notion au travers d'un processus de déconstruction permettrait même, selon certains auteurs, de pouvoir la ressusciter, de la réutiliser « après effacement » (Hermann, 2004 : 243) comme il aurait convenu à Derrida.

En fait, la véritable réflexivité pourrait plutôt être située dans une relation de *double-bind* qui, par l'entrelacement récursif de leurs dénégations respectives, implique aussi bien les critiques occidentaux que les adeptes mélanésiens du Cargo. Les schémas explicatifs des premiers comme les justifications des seconds font indéniablement penser à l'expérience de la croyance et au mécanisme du désaveu – « je sais bien… mais quand même » (Mannoni, 1969) : « nous n'attendons aucune cargaison, mais nous finirons quand même par l'obtenir », disent les John Frum ; et les ethnologues de répliquer : « nous ne croyons pas aux cultes du Cargo, quand bien même ils existent ». Les *Cargo critics* semblent engagés dans une sorte de rite de passage postmoderne pour spécialistes du Cargo qui manient l'autoréflexivité comme une sorte de joker épistémologique.

Ethnographie d'une prophétie

Je fus moi-même tenté par ce penchant d'autoréflexivité, lorsqu'après les fastueuses cérémonies du 15 février 2000, jour de la fête annuelle du culte de John Frum depuis 1957, j'estimais ce mouvement sévèrement menacé de folklorisation et piégé par des manipulations politiques externes. Pour reprendre les images de Lindstrom, les adeptes de John Frum semblaient eux-mêmes osciller entre les thèmes littéraires occidentaux du « Cargo carnaval » et du « Cargo épouvante » (Lindstrom, 2000). Il me fallut attendre le 2 mai 2000, lorsque les eaux du lac Siwi détruisirent le village de Sulphur Bay, à l'est de Tanna, quartier général de la principale branche du mouvement John Frum, pour réaliser mes erreurs d'appréciation. Confronté aux événements qui en découlèrent, je dus immédiatement me détourner des sempiternelles « histoires de Cargo » pour me concentrer sur l'observation ethnographique à plein-temps d'un « rêve millénariste en action » : le culte du Cargo se transforma sous mes yeux en une véritable « folie Vailala » (voir Tabani, 2005)[3].

Présenter une chronologie détaillée du mouvement John Frum nous prendrait trop de temps. L'évocation des principales phases de son développement devrait suffire à illustrer notre propos. Plus utile est de souligner certaines des principales caractéristiques de ce culte et de résumer ses thèmes de prédilection. À cette fin, il convient de distinguer deux de ses dimensions constitutives. Les croyances en John Frum sont liées à un ensemble d'événements extraordinaires rapportés dans des « histoires » (*stori* en Bislama[4]). Certains concernent le personnage de John Frum. Elles tendent à fixer le cycle de ses apparitions à la manière d'une hiérophanie. Les autres insistent, pour l'essentiel, sur le thème du sauvetage de la coutume.

Un grand nombre de récits mythiques illustrent l'incorporation de John Frum à la cosmologie tannaise. Cette figure singulière et ambiguë, tantôt étrangère et inédite, tantôt ancienne et familière, s'insère dans une temporalité spécifique. Les apparitions de ce personnage impliquent à la fois la cosmogonie et l'eschatologie : John Frum est censé exister depuis la création du monde et présidera à sa fin. À la croyance en son second avènement correspond l'idée de l'achèvement d'un cycle temporel unique. Celle-ci a permis d'ancrer ce culte dans un élan millénariste et de dynamiser le jeu de réinterprétation des anciennes croyances et représentations. John Frum est simultanément vu comme un homme, différent toutefois du commun des mortels, et comme un esprit, mais distinct des autres catégories d'esprits connus dans la tradition et leur étant supérieur. John Frum tint à ses débuts des propos plutôt insignifiants, qui attirèrent néanmoins des curieux en provenance de toutes les régions de l'île.

---

3. Je renvoie le lecteur aux scènes de transes collectives que j'ai pu filmer (Tabani, 2005). *Vailala madness* était le terme utilisé antérieurement à celui de *Cargo cult*, pour décrire les mêmes phénomènes. Il doit son nom à la rivière Vailala dans le golfe de Papouasie qui fut le théâtre, à la fin des années 1920, d'un mouvement millénariste impliquant massivement les populations Elema. La destruction systématique de tous les éléments matériels des anciennes cérémonies et l'engouement contagieux pour de furieuses transes collectives, sont les deux traits qui incitèrent les observateurs de ce culte à le qualifier de pathologique et à décrire sa diffusion en terme d'épidémie (voir Williams, 1923).

4. « Récits » serait une traduction plus juste du mot *stori*.

En 1940, avec l'amorce d'une période de répression des participants à son culte, qui se prolongea pendant dix-sept années, les messages de John se firent plus radicaux, plus extraordinaires aussi, donnant cours à de fabuleuses prédictions. Si les administrateurs et les missionnaires n'étaient pas loin, au début du XXᵉ siècle, de réussir à éradiquer les coutumes précoloniales, c'était désormais la fin de leur propre domination qu'annonçait John. Ce déclin de l'ordre colonial s'accentuerait jusqu'à ce que le retour de John Frum en précipite l'effondrement. Cet événement coïnciderait avec la transformation radicale et définitive du monde existant : les gens cesseraient de mourir, n'auraient plus à travailler et tous les biens qui leur avaient été volés dans une lointaine époque mythique par des ancêtres communs aux Blancs et aux Mélanésiens leur seraient rendus. Mêmes les antagonismes entre Blancs et Noirs disparaîtraient le jour de cette Parousie, de la deuxième venue de John Frum à la fin des temps.

Un autre ensemble de récits s'articulent autour du thème de ce que j'appelle le « sauvetage de la coutume » (*Jon i savem kastom*). Coincée entre le marteau de la Mission et l'enclume de l'administration coloniale, la coutume (*kastom*) a été considérée comme totalement mourante, à la fois par les *man Tanna* et par les premiers ethnologues (voir Speiser, 1923 ; Humphreys, 1926). Toutefois, la mobilisation de tous les *man Tanna* aura conduit au sauvetage de cette tradition, même si ce fut au prix d'un abandon de nombre de ses éléments précoloniaux. Ce thème du sauvetage de la coutume n'est pas moins millénariste que celui du second avènement de John Frum. En fait, les deux ensembles de récits mythiques convergent, dans la mesure où John est considéré comme le principal sauveur de la coutume. Il apparaît également comme le garant de son futur, l'adaptation de la coutume à un nouvel horizon étant une condition préalable au retour de son héraut. Cet événement ultime serait le signe d'une transformation définitive du monde, et s'accompagnerait d'une transfiguration radicale de la coutume elle-même. John et la *kastom* font ainsi figure d'alpha et d'oméga dans le processus local d'adaptation à la modernité.

Autour de cette mythologie spécifique s'articule une dimension sociopolitique essentielle. Les premières apparitions de John Frum ont donné lieu à l'élaboration de formes complexes d'organisation rituelle connues sous le nom de « *Jonfrum muvmen* ». Plus impressionnantes aux yeux des *man Tanna* que les incroyables messages de John étaient, en fait, les grandes réunions organisées en son honneur. Initiées dans le sud-ouest de l'île, à Green Point, elles permirent de rassembler la plupart des *big-men* (dignitaires et hommes influents) de Tanna, puis furent interdites et réprimées par les autorités coloniales, dès que celles-ci en eurent connaissance. En ces occasions, des groupes chrétiens et païens, traditionnellement rivaux, premiers adeptes de John Frum ou futurs détracteurs, se retrouvaient pour danser avec ferveur et consommer fraternellement la boisson cérémonielle du kava. Par leur présence à ces fêtes, les dignitaires convoqués manifestèrent explicitement ou implicitement leur opposition et leur désobéissance à l'administration coloniale, qui interdisait les danses païennes, et aux missionnaires, qui proscrivaient l'usage du kava. Dans le contexte sociologique de ces événements majeurs, les *man Tanna* partagèrent le sentiment d'une unité nouvelle, exprimée par ce biais rituel, sur un mode performatif. Une telle vision de l'unité n'avait existé qu'aux temps cosmogoniques de la *nepro*, lorsque les ancêtres-pierres (*kapiel*) donnèrent naissance à la présente humanité. Lorsque ce temps des origines prit fin, les groupes se retrouvèrent divisés et se combattirent les uns les autres suivant des justifications traditionnelles, jusqu'à ce que la colonisation vienne redessiner la carte des lignes de conflits internes. Dans un article de 1949, l'anthropologue Jean Poirier qualifiait les cultes du Cargo de « mouvements de libération mythique ». Il faudrait toutefois ajouter, que dans le cas de John Frum, cette libération mythique n'était pas seulement dirigée contre l'exploitation coloniale, mais également contre les divisions précoloniales internes à l'île et contre les mythes traditionnels qui justifiaient de perpétuels antagonismes.

Cette unité spontanée de tous les *man Tanna* fut de courte durée. Elle se manifesta une dernière fois en mai 1941, lorsque tous les groupes de l'île quittèrent les églises le même jour et comme un seul homme. Depuis les débuts de la guerre du Pacifique, le mouvement John Frum a impulsé de sérieuses transformations dans sa doctrine et son organisation. Sa dynamique se déplaça depuis les villages du sud-ouest de l'île vers ceux de la côte est. Le village de Sulphur Bay en devint le principal centre rituel. Jusqu'à cette époque, les villages de cette région étaient l'objet de fortes influences chrétiennes. Ils étaient devenus des places fortes de la *Tanna Law*, placés à l'avant-garde de la dictature missionnaire presbytérienne. Mais une nouvelle devise se fit alors entendre : John Frum était l'ami de *Rusefèl* (Roosevelt) et l'armée américaine venait aux Nouvelles-Hébrides pour sauver les gens de Tanna et leurs traditions contre le détestable régime missionnaire qui leur avait été imposé.

De retour des bases militaires américaines de l'île d'Éfaté, les chefs christianisés de la côte est se mirent à réintroduire nombre d'éléments traditionnels qui avaient été oubliés. Ce faisant, ils réinventèrent la coutume (*kastom*) dans un sens chrétien et la doublèrent d'une symbolique philo-américaine, pour compenser l'éradication de leurs savoirs traditionnels entreprise par les missionnaires. Après son départ de Tanna, John Frum laissa derrière lui des enfants. Ces esprits, habillés à la manière des US *Marines* sont appelés « cow-boys » (*kaoboe*) : Jack Navy (ou Tom Navy à l'est), le marin « iconisé » sur les paquets de cigarettes John Players était l'un d'entre eux ; un autre était Captain World. Chaque village reçut ainsi son *pikinini blong Jon* (fils de John Frum) : Masta Wil, Kaoboe Tiwi, Switfi et Feroni… Des croix rouges furent érigées en leur honneur sur certains autels consacrés, d'où l'on pouvait communiquer avec eux au moyen de radios aux antennes en bambou et de téléphones avec des fleurs en guise d'écouteurs. Des bateaux, des avions et, pendant la guerre froide, des sous-marins étaient activement attendus ; des pistes d'atterrissage furent construites. Les leaders cultuels (*ropes*, les « cordes » de John Frum), ses *kapten* (capitaines) et leurs *gad* (gardes) portent toujours de vieux uniformes américains en certaines occasions rituelles.

La plus spectaculaire des pratiques illustrant les liens symboliques des fidèles de John Frum avec les Américains demeure, plus de cinquante ans après l'invention de son culte, le défilé de la *Tanna Army*. Présentée comme une branche locale de l'*US. Army*, la centaine d'hommes de cet escadron parade, torses nus, avec les lettres USA peintes en rouge sur leur poitrine, tous les 15 février à Sulphur Bay. Armés de bambous effilés en guise de « fusils », cette troupe manœuvre sur un pas cadencé et rend les honneurs devant la bannière étoilée qui flotte au bout d'un mât dressé sur la place cérémonielle. Cette armée préfigure celle formée de l'ensemble des ancêtres des Tannais qui, au jour dernier, sortira du cratère du volcan Yasur pour sonner l'heure du retour imminent de John Frum.

La branche de Sulphur Bay du mouvement John Frum a connu un plus large succès que celle de la zone moins christianisée du sud-ouest (Green Point). La plupart des groupes païens du centre et du nord de l'île ont été touchés par les influences de ces groupes néopaïens et par la diffusion de leurs croyances et de leurs prophéties. Seuls les groupes fondateurs du mouvement John Frum au sud-ouest de l'île n'ont jamais accepté de rejoindre la mouvance de Sulphur Bay. Ils refusèrent d'intégrer à leurs propres pratiques rituelles les nouvelles danses inspirées par des films de série B, tout comme les groupes de musique (*tim*) jouant de la guitare et de l'ukulélé en réinventant les hymnes chrétiens. La mouvance de Sulphur Bay développa son organisation et approfondit sa doctrine. Lors de ses grands rassemblements cérémoniels, elle réussit ainsi à mobiliser jusqu'à deux tiers de la population de l'île.

Mais lorsque cette mouvance se pérennisa et devint hégémonique à l'échelle de l'île, elle se mit dans le même temps à générer un processus de division interne. En son sein, pour des raisons doctrinales autant que par le simple jeu des rapports de force entre groupes, les partisans de la « croix noire », symbole de la coutume, se distinguèrent des adeptes de la « croix rouge », symbole du sang de John Frum et signe de leur ancienne appartenance à l'Église. Dans le nord, se distingua le groupe des *Kastom John*, entièrement tourné vers la coutume, tandis que le groupe des *Monday Monday*, désigné ainsi en fonction de son nouveau jour de culte, souhaitait revenir au plus proche du message originel de John Frum. Au sud-ouest, le mouve-ment *Prince Philip*, considéra que tous les autres groupes de l'île avaient tort, en ce qu'ils ne reconnaissaient pas la véritable identité de John Frum, qui ne serait autre que le Duc d'Edinburgh, mari de la reine d'Angleterre (Bonnemaison, 1996).

Traditionalisme millénariste

Les prolongements les plus politiques du mouvement John Frum se manifestèrent au cours du processus d'indépendance, enclenché dans les années 1970. Dans la décennie qui précéda l'indépendance de Vanuatu en 1980, une volonté d'unité col-lective destinée à fédérer l'ensemble des adeptes du mouvement John Frum de l'île de Tanna se manifesta de nouveau. Ce nouveau mouvement, dénommé FORCONA (les « quatre coins »), tenta de rassembler tous les groupes autour d'un parti nommé UTA (Union des Travailleurs Autochtones) et de proclamer par ce biais l'indépendance d'une « nation de Tanna »[5]. La cause de l'échec de ce mouvement est à imputer à l'inadéquation entre ses pratiques rituelles et les profondes manipulations colonialistes profrançaises qui lui donnèrent son impulsion initiale. Les fidèles de John Frum, associés à des groupes plus strictement « coutumiers », s'investirent dans une tentative de sécession de Tanna à l'égard du futur État souverain soupçonné de vouloir mettre un terme au règne de la coutume et de la Loi de John Frum sur l'île en vue de réins-taurer l'ancienne dictature presbytérienne de la *Tanna Law*. Réciproquement, les « néopaïens » et autres « coutumiers » de Tanna furent assimilés par les nouveaux dirigeants du pays à une secte d'illuminés, fuyant les réalités du monde moderne, du fait de leurs prétendues difficultés à s'y adapter (Lini, 1980 : 46). Mû par une volonté indigène de dépassement des divisions traditionnelles, le mouvement John Frum en vint paradoxalement à s'ériger en gardien de la coutume (*kastom*). En accusant les élites anglophones d'avoir totalement abandonné la spiritualité tannaise associée à

5. C'est à un Corse, Antoine Fornelli, que l'on doit d'avoir créé ce parti et son acronyme, avant que les gens de Tanna se l'approprient : le sigle UTA fut réinterprété pour signifier « Union Tanna-Amerika » (Guiart, 1975 : 109). Ce baroudeur énigmatique, ancien militaire français ayant servi en Indochine, s'installa aux Nouvelles-Hébrides au début des années 1970. Le nom FORCONA fut emprunté à une marque de boîtes de corned beef. Autoproclamé Roi de Tanna, Fornelli tenta de favoriser une atmo-sphère insurrectionnelle à Tanna afin d'offrir un soutien aux positions coloniales françaises. Après l'échec de la tentative de sécession qu'il fomenta à Tanna, il reconnut lui-même avoir agi sur invitation expresse de M. Pouillet, le Délégué français de Tanna. Selon Bonnemaison (1996 : 444) « ses intentions étaient bien dès le départ politiques. Son but était de contrer l'action du Vanuaaku Pati nationaliste en lui opposant un 'parti de la coutume' ». Guiart se montre plus direct sur ce point : « L'idée maîtresse [de ceux qui ont envoyé Fornelli] consistait à transformer les gens de Tanna en 'harkis', en les armant pour la défense de la population blanche... » (Guiart, 1983 : 163 ; voir également Calvert, 1978).

la notion de *kastom*, les adeptes du culte de John Frum firent de leur coutume le symbole d'une identité spécifique, non partageable avec les Mélanésiens des autres îles de l'archipel.

Toutefois, même à l'occasion d'une seconde tentative avortée de sécession en 1980 (date à laquelle fut acquise l'indépendance du pays), le mouvement John Frum ne put être considéré par les ethnologues comme nationaliste. Ses modes d'actions ne sont pas fondés sur une idéologie moderne importée. Contrairement aux analyses théoriques prospectives de Guiart (1956), on ne peut, soixante-dix ans après la naissance du culte de John Frum, parler d'un phénomène de sécularisation de ce mouvement, d'un abandon de ses déterminations rituelles et théologiques. C'est davantage de la naissance et du développement d'une religion syncrétique ou d'une tradition mélanésienne néochrétienne qu'il conviendrait de parler. Le mouvement John Frum relève d'une pratique sociale qui implique l'ensemble des *man Tanna* et non exclusivement les croyants les plus fervents. En dépit du fait que les leaders John Frum ont essayé à plusieurs reprises d'adjoindre à leur mouvement un parti politique, ce mouvement n'a jamais donné lieu à l'élaboration d'une idéologie de type anticolonialiste. Le slogan « *Tanna for the Tannese* » (Adams, 1984), qui fut entendu pour la première fois à la fin du XIXe siècle dans la bouche des travailleurs tannais de retour des plantations du Queensland, doit être compris comme une affirmation cosmologique sous-jacente à l'appréhension d'une nouvelle image du monde. Les échecs répétés du mouvement au gré de ses tentatives de transformation politique n'ont d'ailleurs jamais diminué la ferveur des adeptes de John Frum.

Dans les années 1980, le mouvement John Frum revint à l'un de ses objectifs initiaux, être le gardien de la coutume. Mais de nouveau, sa situation s'avérait périlleuse, à l'instar de celle qu'il avait connue pendant la période coloniale. Le mouvement John Frum se retrouva contesté par les nouvelles élites nationalistes et le clergé des principales Églises. Il lui fut reproché d'encourager une « fausse coutume » manipulée par des colonialistes et s'opposant à la seule « vraie coutume », la « coutume de Dieu ». Le gouvernement central les pénalisa en matière de développement économique et social, souhaitant que les *man Tanna* cessent d'attendre la gratuité de toutes choses et d'être influencés par des légendes et des rêves pour l'expression de leur vote (Naunun & Sel & Nakat, 1995 : 396).

À partir de 1991, la situation évolua à Tanna, avec la victoire électorale de l'Union des Partis Modérés (UPM) à la tête d'une alliance profrancophone. Après la nomination, pour la première fois, en 1998, d'un ministre élu sous l'étiquette John Frum dans un gouvernement national, ce mouvement politico-religieux semblait pour la première fois véritablement changer de teneur. Du fait de cette situation entièrement nouvelle, qui lui donnait une place importante et un pouvoir réel à l'échelle nationale, il paraissait emprunter la voie d'une institutionnalisation. Sa charge contestatrice semblait progressivement s'amenuiser au profit d'une folklorisation rampante. Il était même question de décréter dans tout le pays un jour férié en l'honneur de ses fondateurs, en reconnaissance de leur lutte passée pour la défense des coutumes ancestrales. Ce tournant traditionaliste, dont j'ai été, sur le terrain, un témoin privilégié, et sur lequel je me suis exprimé dans mes travaux récents (Tabani, 1999 ; 2002), m'a pourtant fait sous-estimer la charge millénariste dont ce culte est encore porteur.

La pirogue de l'an 2000

Après les fastes des cérémonies du 15 février 2000 auxquelles assistèrent Barak Sope, Premier ministre de Vanuatu et grand artisan nationaliste de l'indépendance du pays, rien ne laissait présager de ce qui allait se jouer dans les mois suivants. Le 2 mai 2000, se produisit un événement d'ordre cataclysmique. Les eaux du lac Siwi, au pied du volcan Yasur, avaient atteint un tel niveau qu'une digue naturelle lâcha en pleine nuit. Le lac se vida en quelques heures en direction du village de Sulphur Bay, quartier général du culte, qui fut submergé par les flots. Les répercussions de cette catastrophe à l'échelle de l'île furent sans équivalent depuis la première apparition du mouvement John Frum à la fin des années 1930. Des centaines et des centaines de gens venus de tout Tanna et d'autres îles encore se mirent en route, dans les jours qui suivirent, pour voir le village détruit.

Un nouveau « prophète », du nom de Fred Nasse (se prononce « nassé ») avait déjà fait parler de lui au sein du mouvement John Frum, avant que ne survienne le désastre. Mais au lendemain de ce funeste jour, son audience s'accrut considérablement. Il somma les gens de toutes provenances et de toutes confessions de rester rassemblés et unis sur les lieux du sinistre, car avec le passage à l'an 2000, la fin des temps était proche. Tous devaient participer à la fondation sur la montagne de Yënekahi, derrière le volcan Yasur, d'une « arche de Noé », d'un nouveau village auquel il fut donné le nom de Nouvelle Jérusalem. Seuls ceux qui s'y réfugieraient échapperaient aux châtiments divins réservés à tous les hommes enfermés dans le péché. Ce jugement dernier allait se traduire par une explosion imminente du volcan et entraînerait une destruction totale de l'île (le volcan Yasur se trouvait soumis à cette période à un très fort degré d'activité). Les guérisons miraculeuses promises par Fred attirèrent des dizaines d'impotents : aveugles, lépreux, estropiés à divers degrés. Pour ces derniers, le quotidien n'est aujourd'hui fait que d'attente extatique. La vie est rythmée par les discours de Fred. À l'ensemble des villageois réunis, celui-ci et ses assistants délivrent le contenu des visions qu'il a reçues de l'esprit (*nanumun*) de « John-Jésus » durant la nuit. Quel que soit le contenu de ses messages, ceux-ci font l'objet d'une adhésion unanime et ses injonctions sont appliquées sur le champ.

Depuis l'an 2000, Fred a diffusé cinq prophéties (*profeti*) considérées comme majeures et comme s'étant réalisées : la disparition du Siwi, l'exode vers la montagne, l'arrêt des émissions volcaniques qui détruisent les jardins de la région, l'absence de cyclones pendant cinq ans, la fin du salut au drapeau américain (suite à l'invasion américaine de l'Irak). Quotidiennement, il annonce des miracles (*merikel*) et des signes (*saen*), qui sont donnés à découvrir, puis confirmés après coup : des guérisons, un adolescent circoncis sans intervention humaine, une éclipse partielle... Les injonctions rituelles les plus impératives de Fred concernent la suppression des pierres de magie, comme aux premiers temps de la christianisation. Leur usage est globalement assimilé à la sorcellerie qui, sous ses formes anciennes ou récentes, doit être pareillement combattue. Ainsi, pour prouver leur volonté unanime de chasser l'esprit mauvais auquel est associée la persistance de l'usage des pierres (que cet esprit soit d'origine tannaise comme Tangalua, ou d'inspiration biblique comme Tiapolo), les partisans de Fred sacrifièrent ainsi en une seule journée, du début de l'année 2002, une quantité invraisemblable de volailles et deux cents cochons qu'ils jetèrent dans un petit étang de Port-Resolution, connu comme l'un des refuges de cette entité maléfique.

Les discours et messages transmis par Fred s'intéressent spécifiquement à la coutume, à l'Église et à John Frum. Ils les revisitent partiellement tous les trois. Progressivement, jour après jour, l'activité de Fred bouleverse sérieusement les pratiques cultuelles existantes et se double d'une réorganisation sociale, politique et religieuse de son mouvement. Encourager une préparation corporelle et spirituelle intense sont les deux directions dans lesquelles le mouvement de Fred a sans doute le plus innové. L'esprit a d'abord appelé le village Sinaï, car c'est en ce lieu que sont délivrés les commandements de John-Jésus, puis Niu Jirusalem car le village lui-même est vu comme l'arche qui doit mener au paradis (*sip blong Noa i go long paradaes*). Mais plus le temps passa sans que l'apocalypse attendue se produise, plus s'est affirmée une nouvelle organisation sociale. L'insistance portée sur l'arche destinée à rejoindre le paradis s'estompa progressivement, pour se voir remplacée par l'image d'une « pirogue de l'an 2000 » (*iea 2000 niko*) et de celle d'un « navire de l'Unité » (*sip blong uniti*). Derrière cette symbolique se profila une intention de remplacer l'ancienne division sociale tannaise en « pirogues » (*niko*) par l'instauration d'une pirogue unique, la pirogue de l'Unité, qui, loin d'être totalement inédite, renvoie au temps des origines (*Nepro*), à la première pirogue du héros culturel Mwatiktiki sur laquelle les pierres ancestrales débarquèrent au commencement du monde. Dans les années qui suivirent le passage à l'an 2000, les résultats de cette révolution symbolique furent particulièrement flagrants dans le domaine des répartitions socioreligieuses internes à la pirogue de l'Unité et de la complexification des cérémonies John Frum hebdomadaires du vendredi.

Le nouvel ordre social instauré à Niu Jirusalem renvoie à un nouvel ordre cosmique dont ce village est le centre symbolique. Préfiguration terrestre de la pirogue du Paradis, le mouvement de Fred ne vise pas à gommer les hiérarchies existantes (coutumières, ecclésiastiques ou propres au culte de John Frum), mais à les inféoder à la volonté unique de Dieu, avec Fred pour unique porte-parole. Ses partisans, groupes villageois ou familiaux, demeurent sous l'autorité de leurs anciens leaders (chefs coutumiers, *elders* ou pasteurs presbytériens, *kapten* ou *bos* John Frum). Quant à tous les nouveaux fidèles, ils sont directement placés sous les ordres de ses lieutenants. Le nouveau prophète a également conservé l'organisation cérémonielle du culte de John Frum avec différents *tim* (équipes), ces groupes qui accompagnent à la guitare des chœurs chantant les hymnes. Mais tous les fidèles, quel que soit leur rang, se voient répartis en diverses couleurs qui rassemblent l'ensemble de la nouvelle humanité destinée à rejoindre le Paradis. Ces couleurs sont arborées par tous, hommes, femmes, enfants, au moyen d'un bracelet ou d'un brassard en tissu (*kaliko*), qu'aucun des adeptes ne doit jamais quitter.

Sur les recommandations de l'esprit, Fred a créé une « police » qui surveille le respect des couleurs autorisées (vert, rouge, jaune, noir, blanc) et leur attribution à chaque adepte ou groupe d'adeptes. Le rouge est la couleur réservée à ses gardes (*polis*). Ces gardiens de la foi (*sekuriti man blong ol kala*) sont mobilisés en permanence (*oli duti ol taem*) pour contrôler les routes (*blong jekem ol rod*). Leur champ de compétence comprend aussi bien les problèmes matériels quotidiens (respect des interdits et sécurité des membres du mouvement) que les questions d'ordre spirituel (*oli sekuriti fisikali mo spirituali*). Les *polis* déjouent des sortilèges (magies maléfiques, plantes vénéneuses) et vérifient que des groupes ennemis ne font pas obstacle aux groupes de Fred. Ils doivent également veiller au respect des jours fériés et maintenir l'ordre au cours des cérémonies effectuées en ces occasions. Ces hommes de main sont nommés par les chefs ou leaders des groupes villageois ou familiaux acquis au mouvement de Fred, une règle directement empruntée au mouvement John Frum.

Le noir est la couleur de la *kastom*, des fidèles qui sont symboliquement associés à la culture des principales nourritures traditionnelles (igname, taro, manioc). Par leur présence et leurs prières, ils assurent une action propitiatoire de l'esprit sur les jardins des membres du mouvement. Ces hommes de la coutume incarnent directement le pouvoir que nécessitait autrefois l'usage des pierres de magie. Le vert est la couleur de tous ceux qui se rattachent à l'œuvre de John Frum, à tous les mythes et rites qui émanent de lui. Fred attribue une valeur symbolique particulière au vert, qu'il présente comme la couleur de Tanna, et comme le symbole de la croissance. Les prières et rituels des hommes portant du vert permettent d'obtenir de l'esprit qu'il provoque la pluie ou fasse briller le soleil.

Le blanc est dédié à l'esprit lui-même. Symbole également de la lumière et de l'Église, cette couleur renvoie au pouvoir de détenir les secrets que transmet l'esprit aux fidèles qui ont droit de la porter. Les « hommes du blanc » sont appelés « lumières » (*nissia*) ou « policiers de la lumière » (*polis blong nissia*), car ils ont pour fonction spécifique de trouver les pierres de puissance considérées par Fred comme maléfiques, afin que leurs propriétaires se confessent (*oli konfes*). Une fois que la pierre est restituée, les *polis* disposent des moyens rituels (prières) pour en neutraliser le pouvoir. Le jaune est, d'après les détracteurs de Fred, l'attribut de l'esprit maléfique Tangalua. Mais pour lui, il est la couleur dominante de l'arc-en-ciel de l'Unité. Le jaune est de ce fait, tout comme le blanc, symbole de l'Église et de la lumière. Ses porteurs ont des pouvoirs curatifs (*oli usum ielo taem we yumi prea blong wan siknes*).

Les allusions à la Bible pour souligner la dimension œcuménique de ce symbolisme des couleurs sont fréquentes. Cette répartition des 4 666 élus (pour une population de 20 000 habitants à Tanna) embarqués sur l'arche de Noa (le Noé tannais) n'est pas conçue à la manière d'une division, mais comme un ensemble harmonieux formant « l'arc-en-ciel de l'Unité ». Ce chiffre a été établi par Fred d'après le nombre de présents supposés lors du sermon au cours duquel il leur a annoncé l'ascension vers Yënekahi. Cette réunion des fidèles de Fred préfigure celle de toute l'humanité, sans considération des couleurs de peau des divers peuples qui la constituent. Fred lui-même participe à la symbolique des couleurs, avec toutefois une spécificité de taille : il est seul habilité à porter deux couleurs, le vert et le blanc, couleurs de Tanna, de John Frum, de la vie dans l'après-fin du monde et de la lumière de l'esprit.

La multiplication des jours fériés est également au programme. Le mercredi a été décrété « jour de l'Unité » (*de blong uniti*) pour célébrer conjointement l'Église, John Frum et la coutume. Le vendredi est exclusivement consacré à John Frum. Les chants et les danses, habituellement organisés la nuit, s'y déroulent en journée, de 10 heures à 15 heures précises selon les volontés de l'esprit. Le dimanche est le jour de l'Église et les cérémonies se déroulent au village abandonné d'Ipëkël. Elles commencent par les chants et prières des porteurs de bracelets verts (John Frum) dans l'ancienne église John Frum, une des rares cases à avoir été entretenues. Tous les adeptes de l'unité se rendent ensuite à 10 heures à la messe dans la chapelle presbytérienne à l'orée du village d'Ipëkël.

Le fait que les festivités John Frum du vendredi doivent se dérouler le jour et non plus la nuit est une décision qui pourrait apparaître secondaire, si elle ne s'accompagnait pas d'un enrichissement cérémoniel considérable et d'une dimension rituelle plus marquée. En fait, cette décision est même vécue comme un signe de rupture majeure avec les anciennes règles du culte. Danser le jour et non plus la nuit obéit à la symbolique manichéenne des « lumières » chrétiennes versus les « ténèbres » païennes, à ceci près qu'elle constitue une reconnaissance explicite par l'Église de l'héritage des pratiques John Frum, et inversement un gage donné par les John Frum d'une adéquation de leurs pratiques avec la morale chrétienne.

Une des caractéristiques de ce mouvement cultuel est d'encourager des transes collectives dans divers contextes cérémoniels : lors des danses John Frum du vendredi, des danses coutumières du mercredi ou lors de la messe dominicale. Ces transes affectent exclusivement les femmes. Dans cet état, elles sont qualifiées de « *glas* », « transparentes » comme le verre, laissant apparaître aux yeux de tous, leur condition de pécheresse. L'esprit se saisit d'elles (*spirit i kasem woman*) pour qu'elles puissent expier leur faute (*blong woman i wasem sin*). Des hommes, chargés de reconnaître le mal qui ronge ces femmes, ont été désignés par Fred. Les *glas* viennent se confesser auprès d'eux (*ol glas oli konfes*). Ces apôtres des nouvelles croyances ont pour fonction précise d'interroger les *glas* pour détecter quel type de faute morale a été commis (vol, propos diffamatoires, relations sexuelles illégitimes, mais aussi rupture des interdits propres au mouvement de Fred, jeûne, interdits alimentaires, etc.), après quoi l'esprit abandonne les femmes possédées, parfois après plus de trois heures de transes particulièrement éprouvantes.

Cette pratique de la possession semble inconnue dans la culture précoloniale de Tanna. Seuls quelques cas récents ont été relevés chez les *Kastom John* du nord de l'île. Ce sont les femmes de cette région de l'île qui sont le plus sujettes à ces crises collectives. Tout porte à croire que, chez ces dernières, il s'agit initialement d'un *devil*, l'esprit d'un mort qui vient se saisir d'une femme. S'agissant de démontrer le pouvoir surnaturel que détiennent les leaders du mouvement de Fred, le but premier de ces cas de « *glas* » est clairement de faire peur, d'impressionner les témoins pour affirmer leurs croyances et subjuguer les convertis. D'après les presbytériens, le but premier de ces possessions est de se laver des péchés. L'esprit possesseur est vu comme « l'Esprit-Saint » (*holi spirit*) lui-même. En faisant apparaître les péchés à la lumière du jour, il rend possible leur confession. Cette pratique spectaculaire est couramment employée pour faire du prosélytisme dans les nombreux villages de l'île.

En moins d'une année, Fred et ses acolytes ont réussi à fédérer près du quart de la population de l'île. Une des conséquences de leur action est d'avoir stimulé le développement de mouvements rivaux. Après le pic de mobilisation obtenu par Fred, des mouvements cultuels concurrents se sont efforcés d'agir dans le sens opposé, tentant de briser l'unité de la « pirogue de l'an 2000 » en revendiquant pour eux-mêmes la seule capacité à unifier tous les groupes, branches et mouvances du mouvement John Frum. Ces événements ont abouti à de profondes scissions au sein du mouvement John Frum. Le gouvernement s'est longtemps gardé d'intervenir dans cette affaire, pour la bonne raison que le mouvement du nouveau prophète est encouragé par des pasteurs presbytériens qui, en ayant voulu mettre un terme à un « culte du Cargo qui n'a que trop duré », ont relancé malgré eux les attentes millénaristes de la population à un niveau insoupçonné. Mais devant la gravité de la montée des tensions dans l'île, les autorités ont commandé à l'armée, en avril 2003, d'intervenir. Le village du prophète Fred fut détruit et brûlé, tous les leaders de son mouvement furent arrêtés et ses nombreux partisans furent sommés de retourner dans leurs villages d'origine. Tous ces événements (une des plus vastes opérations militaires qu'ait connue la République de Vanuatu depuis son indépendance) se sont déroulés sans grande publicité, ne recueillant dans la presse ou les médias du pays guère plus de quelques lignes sous la rubrique des faits divers. Depuis, les tensions n'ont fait que croître.

John Frum et la théorie du protonationalisme

Qu'elle ait été blâmée moralement, présentée comme sujette à toutes les manipulations, jugée propice à l'endoctrinement d'insulaires crédules, ou au contraire analysée comme quasi-progressiste ou célébrée en tant que résistance culturelle, l'affiliation cultuelle des adeptes du mouvement John Frum continue de régir massivement leur attitude à l'égard du système politique moderne. Du fait de son inflexion millénariste, ce mouvement s'est retrouvé opposé dans les années 1970 à l'idéologie nationaliste des futures élites dirigeantes. Les prolongements les plus politiques du mouvement John Frum se manifestèrent au cours du processus d'indépendance. Les fidèles de John Frum, associés à des groupes dits « coutumiers », s'investirent dans une tentative de sécession de Tanna à l'égard du futur État souverain (indépendant depuis 1980) soupçonné de vouloir mettre un terme au règne de la coutume et de la loi de John Frum sur l'île. Réciproquement, les « néopaïens » de Tanna furent assimilés par les nouveaux dirigeants du pays à une secte d'illuminés, fuyant les réalités du monde moderne, du fait de leurs difficultés à s'y adapter.

Ainsi, même dans la période postcoloniale, il paraît bien difficile de déceler une quelconque affinité d'intérêts entre une organisation rituelle officiellement assimilée par l'État à un *Cargo cult* et cette même idéologie d'État. Que ce soient les vieux briscards de l'échiquier politique national, ou les jeunes valeurs montantes des partis, les représentants de l'État tendent pour la plupart à se méfier du mouvement John Frum qu'ils considèrent soit comme une forme rituelle aberrante soit comme un mouvement strictement politique qui se dissimulerait derrière les apparences d'un culte du Cargo. Ces deux attitudes ne sont d'ailleurs pas exclusives, y compris lorsqu'elles apparaissent dans le discours des nouveaux cadres politiques originaires de Tanna, à l'intention de leurs interlocuteurs étrangers à l'île.

Pour nombre d'anthropologues des années 1950 et 1960, les inventions de mythes millénaristes en Mélanésie correspondaient principalement à une nécessité d'expérimenter de nouvelles formes d'identification collective.

> L'action principale du culte millénariste [dans des sociétés si segmentées qu'elles se sont trouvées dans l'incapacité de résister à l'arrivée des Européens] est de dominer ces divisions et d'unir des groupes antérieurement séparés et hostiles dans une nouvelle unité [...] De nouveaux intérêts politiques communs, [découlant de la soumission de ces divers groupes à l'autorité commune des Européens, imposait] de créer de nouvelles formes d'organisation politique pour que s'exprime l'unité récemment inventée. (Worsley, 1977 : 240-241).

Mais de leur point de vue, les moyens rituels mis en œuvre pour affirmer localement une identité élargie, semblaient condamnés à être dépassés par des modalités d'organisation plus pragmatiques et rationnelles, portant sur une plus grande échelle. L'irrédentisme des adeptes de mouvements religieux « prérationnels » allait se dissoudre dans le processus politique de décolonisation et d'édification nationale. Worsley, qui fut l'un des principaux propagateurs de cette argumentation, ajoute à sa thèse du protonationalisme des cultes du Cargo en Mélanésie, c'est-à-dire à leur qualité de précurseurs d'organisations politiques rationnelles, que ces phénomènes peuvent se résumer au principe intégrateur ou centralisateur qui les anime. La raison d'être de John Frum, tout comme celle d'autres cultes similaires, tiendrait à leur devenir, à leur transformation en des organisations de type bureaucratique. Cette sécularisation inéluctable qui, de religion de classes dominées, conduirait à l'anti-colonialisme, puis aux édifications nationales, servirait à fédérer une identité partagée sur la base d'une plus vaste communauté de cultures.

> [La tendance en Mélanésie pour ces cultes est de se développer] en dehors du mysticisme apocalyptique et de se tourner vers l'organisation profane ; c'est l'abandon du culte religieux pour le parti politique et la coopérative [...] Quand l'organisation politique profane a remplacé le millénarisme, les cultes persistants à cette époque perdent presque toujours leur énergie. On a drainé leur énergie révolutionnaire ; ils deviennent passifs. Le Jour du Millenium est remis à un futur très éloigné [...] (*ibid*.: 243)

Le cas John Frum présente certes des spécificités par rapport aux autres cultes du Cargo, mais il ne saurait constituer une exception. L'exemple tannais permet clairement d'observer sur la durée une situation parfaitement inverse à celle prédite par Worsley. Cette thèse protonationaliste est directement contredite par les faits, concernant la manière dont les groupes John Frum et leurs alliés se sont jetés dans leur bataille pour la coutume. Leur refus des positions nationalistes, leur réticence à la centralisation du pouvoir et à l'intégration nationale apparaît toujours intact. La puissante relance millénariste qui traverse depuis l'an 2000 tous les groupes et communautés de l'île inflige à cette thèse un désaveu supplémentaire. L'orchestration rituelle d'une proximité avec le second avènement de John Frum n'a jamais vraiment faibli à Tanna, comme en attestent les vagues de ferveur cultuelle qui balaient régulièrement cette île.

L'évolution du mouvement John Frum, telle qu'elle a été rapportée par tous les observateurs, part d'une réaction politique spontanée (désobéissance à la domination de l'administration et de la Mission) pour tendre vers une autonomie religieuse toujours plus complexe. De même, à l'élan fédérateur et au processus centrifuge qui anime le mouvement John Frum à ses débuts, succède progressivement le jeu des scissions selon un processus centripète. Ce procès d'agrégation puis de désagrégation va demeurer une constante. Depuis l'indépendance, l'innovation politique est généralement censée, pour beaucoup d'habitants de Vanuatu comme de Tanna, produire un effet socialement désintégrateur, tandis que l'innovation religieuse est vue comme un facteur intégrateur. Pourtant, dans les faits, même sur un plan strictement religieux, la quête d'unité régulièrement exprimée par le mouvement John Frum s'est systématiquement disloquée dans le jeu des antagonismes doctrinaux et de la diversification cérémonielle.

Il serait toujours possible de déceler des similarités entre certains aspects des cultes du Cargo et diverses expressions des nationalismes d'État. C'est l'analyse que formule notamment Lindstrom (1993a). Cet auteur s'est lui aussi attaché à déconstruire la thèse protonationaliste dans le discours anthropologique, considérée sous l'angle d'une rivalité idéologique entre missionnaires, administration et ethnologues. Toutefois, il en arrive à discerner une continuité qui reposerait sur une même source d'inspiration symbolique, une inclinaison commune à la ritualisation du politique.

> Tout comme les cultes [du Cargo], les nouveaux États organisent et s'efforcent de réguler l'expérience corporelle au moyen de défilés militaires, d'hygiène publique, de campagnes antisida et de compétitions sportives nationales. Comme les cultes, le nouvel État instaure de nouvelles régularités dans l'espace et dans le temps sous la forme de capitales, de quartiers généraux, de bâtiments parlementaires ou autres centres rituels recouverts de drapeaux, par l'octroi de jours fériés. Et comme les cultes, les États revendiquent une harmonie et une autonomie nationale. (Lindstrom, 1993b : 507).

Ces similarités ou analogies ne peuvent toutefois donner lieu à de strictes équivalences ni être placées dans un lien de filiation. Il n'y pas d'amalgame à faire entre cultes du Cargo, tradition d'État et culture nationale. Si les hommes politiques modernes promeuvent parfois l'État d'une manière cultuelle en recourant à des néoritualisations et en se référant à des symboles néotraditionnels, la légitimité de leur leadership est socialement bien différente des adeptes de cultes du Cargo. Le miracle ou le Salut s'apparentent à une motivation spirituelle classique pour le prophète millénariste. Mais pour des politiciens modernes, revendiquer une *kastom* nationale en recourant à la symbolique du Cargo peut-être considéré comme un déficit démocratique, voire comme une mystification.

De la part des ethnologues, apporter un démenti à la thèse protonationaliste en s'appuyant sur une base factuelle nous rappelle les avantages incomparables de l'observation sur le terrain. Dissoudre le phénomène des cultes du Cargo par les moyens de la critique littéraire, en vue de contester des perspectives socioévolutionnistes pour lesquels ces mouvements seraient révélateurs d'une infériorité des cultures mélanésiennes, correspond à une vue distante. La pratique ethnographique y apparaît secondaire, voire encombrante. Le mouvement John Frum a sans doute évolué, mais dans une direction toujours plus millénariste.

Le rôle de la coutume dans l'accomplissement des prophéties de John Frum correspond à une tentative d'intériorisation de la rupture avec le passé, pour mieux l'adapter à un nouvel horizon temporel. Contrairement aux croyances et pratiques religieuses tannaises précoloniales, reposant sur un principe métaphysique de « croissance » et exprimant l'idéal d'une perpétuelle reproduction cyclique, le mouvement John Frum comporte, pour sa part, un début et tend vers une fin précise et définitive. L'invention du mythe millénariste, autrement dit le succès de sa formalisation, de sa systématisation sous la forme d'une nouvelle tradition, lorsque le mouvement John Frum eut réussi à s'implanter très largement, vient confirmer l'expérimentation de nouvelles représentations de la temporalité. L'écoulement du temps y est présenté comme porteur d'espoir : il ne marque plus l'éloignement de la coutume mais un rapprochement du second avènement de John Frum. Esprit jusqu'alors inconnu, il est supposé exister depuis la nuit des temps, depuis que les héros culturels Kalpapen et Wuhngen formèrent la terre. John Frum lui-même est immortel et éternel. Il vient médiatiser l'entrée dans une nouvelle ère, celle des Lumières, débarrassées des forces ténébreuses anticoutumières à l'œuvre dans les Églises chrétiennes. La coutume n'est plus perçue sous l'angle d'une commémoration ou d'un deuil, mais comme le mode d'emploi d'une domination traditionaliste dans le présent et un programme d'action anticipant sur l'avenir. Par son usage programmatique, la coutume est hissée au rang de théorie de l'action. Les vestiges du passé sont mis au service de l'accomplissement prophétique de la tradition dans l'avenir.

Tout mythe et toute représentation religieuse, comme le faisaient observer Hubert et Mauss (1905), sont ancrés dans un temps suspendu, semblent hors du temps, bien que le temps en soit une condition nécessaire et concerne la totalité d'une période ou d'un cycle, d'une séquence chronologique. Contrairement au rite pour qui cette détermination est centrale, la localisation temporelle du mythe est minimale, placée au début (mythe cosmogonique) ou plus rarement à la fin des temps (mythe eschatologique). Les mythes pourraient ainsi être considérés comme une expression parmi d'autres d'une conception spirituelle de l'éternité, s'ils n'étaient pas sujets à un processus singulier : leur rajeunissement.

> Les mythes se rajeunissent dans l'histoire. Ils y puisent des éléments de réalité, qui consolident la croyance dont ils sont l'objet en tant que mythes. Mais ce n'est pas parce que la vérité mythique se distingue mal pour les croyants de la vérité historique que les mythes s'éphémérisent ; c'est parce qu'ils demandent à être situés dans le temps avec une précision qui doit croître avec la précision croissante de la représentation des choses dans le temps. Le rajeunissement des mythes n'est pas un phénomène différent du phénomène général de leur localisation dans le passé, mais une forme particulière du même phénomène (Hubert et Mauss, 1905 : 192).

Un dernier exemple illustrera parfaitement ce point. Au moment de la scission au sein de la principale branche du mouvement John Frum, Fred Nasse décida de conserver la bannière étoilée comme emblème tout en rejetant toutes les autres références mythiques à l'Amérique, qui avaient contribué à la gloire du culte dans son ancienne version. L'enjeu pour Fred était de se démarquer de la mauvaise image des États-Unis à Tanna, depuis l'aventure impérialiste en Irak et par là même de l'orthodoxie américanophile de l'ancien leadership du mouvement John Frum. Car pour la grande majorité des Tannais, les Irakiens ne font que défendre leur *kastom* tout comme eux-mêmes. Ce contentieux entre ancien et nouveau prophète conduisit immédiatement l'ancien leader cultuel de Sulphur Bay, le chef Isak Wan, demeuré à la tête d'une petite frange d'adeptes fidèles à l'ancienne orthodoxie du culte, à réagir à ce discours. Il tenta de démontrer que ses propres pouvoirs étaient intacts et que son autorité était la seule légitime. Le chef Isak diffusa un nouveau complément au mythe de John Frum : Tanna reste l'ami de l'Amérique ; mais le gouvernement *Joj Bus* (Georges Bush) est sous l'emprise d'un mauvais esprit, celui de Tiapolo (Satan), l'ennemi héréditaire de John Frum, qui cherche à brouiller notre compréhension de la situation. L'objectif de John est de libérer ses alliés américains de l'emprise du Diable. C'est dans ce but qu'il donna des pierres magiques tannaises à Ben Laden, qui est en fait un véritable ami de l'Amérique et donc également de John Frum. Ce dernier défend la coutume de Tanna, tout comme Ben Laden le fait pour la coutume des « *man muslam* » (musulmans). Leur pouvoir proviendrait d'ailleurs de la même source, puisque seule une pierre tannaise serait capable de conférer le pouvoir de combattre la première puissance au monde à un homme seul.

Conclusion : le temps prophétique à Tanna

Les appels à l'unité qui ont régulièrement été lancés par le mouvement John Frum depuis son émergence méritent que l'on paie davantage d'attention à la question des représentations de la temporalité. Ainsi, l'approche marxiste d'un Worsley, fondée sur l'universalisme du millénarisme, montre paradoxalement ses limites sur ce point, dans la mesure où elle peut elle-même être considérée comme un héritage sécularisé des aspects millénaristes de la tradition judéo-chrétienne. En tant que « cultes des marchandises » en revanche, c'est-à-dire de processus de ritualisation de l'altérité destinés à s'accaparer les biens matériels des Blancs, les cultes du Cargo n'ont guère été analysés du point de vue de leur dimension la plus fétichiste, précisément celle d'une volonté de regagner un contrôle sur le temps en adaptant les processus de l'échange au contexte colonial.

Sous les aspects plus spécifiques des cultures locales qui les expriment, les millénarismes mélanésiens renvoient simultanément à une christianisation du culte des ancêtres et à l'indigénisation de l'eschatologie chrétienne. Ils manifestent, en un sens, le rejet de la dimension linéaire d'une temporalité historiciste, de ce temps « homogène et vide » tel que le définissait le philosophe Walter Benjamin (1991). Ils mettent en œuvre l'adaptation de moyens traditionnels pour tenter de contrer une situation inédite, celle d'une « terreur de l'Histoire » pour reprendre la formule de Mircea Eliade (1969). En réévaluant la portée et le sens donnés à des notions comme celles d'« unité », d'« appartenance », d'« abondance » de « *kastom* » afin de leur conférer une dimension eschatologique inédite, les Mélanésiens en viennent à dénier tout aspect de nouveauté à ces idées.

Dans la conjoncture exceptionnelle qui s'impose à ces mouvements, le cours du temps n'est plus expérimenté comme un deuil, comme une dissociation avec le passé des ancêtres, mais plutôt comme une quête d'identité qui doit rapidement mener vers le Salut. Si ces cultes peuvent apparaître comme des rites de passage collectifs, au cours desquels la révélation de secrets atteint une dimension de masse, leur persistance semble en revanche étroitement associée aux dispositifs d'une ritualisation généralisée destinés à s'approprier des représentations eschatologiques étrangères. L'idée d'une unité au travers de l'identification d'un peuple et d'un lieu, associée à un réajustement de la temporalité dans sa totalité, apparaît comme une tentative de transcender les incompatibilités entre les représentations indigènes et chrétiennes relatives à la question du temps. Replacée dans son contexte social, cette volonté porte en elle une sorte de réminiscence holistique, dans la mesure où l'appel récurrent à l'unité porte en lui des affinités intuitives avec les idées de totalité, d'infini et d'immortalité.

La question de la temporalité dans laquelle s'inscrivent ces réinterprétations mélanésiennes du millénarisme ne va pas sans influencer l'organisation sociale et le procès de légitimation de l'autorité. Si le charisme est une forme extraordinaire et révolutionnaire des temps liés à la tradition (Weber, 1956), et s'il est également au centre des relations de pouvoir dans les cultures mélanésiennes, une attention toute particulière devrait être accordée à la dimension prophétique de ce pouvoir, incarné lors de certaines situations de crise par la figure du leader de mouvement Cargo (Cochrane, 1970).

Le cas de Tanna et du mouvement John Frum offre à la fois une bonne illustration de la continuité des cultes du Cargo et de la persistance des prophètes qu'ils mettent en avant. Le prophète entend contrôler le temps cérémoniel, mais sa sphère d'influence s'étend à une échelle inédite en considération de l'échiquier politique local. Ses modalités d'action ne reposent pas sur un savoir traditionnel. Elles visent à subvertir des influences extérieures et à explorer à son profit la dimension eschatologique du règne occidental des marchandises. Toutefois, le pouvoir du prophète est limité dans le temps. Il gagne son pouvoir *in statu nascendi*, avant que son influence ne s'affaiblisse. Aux phases intégratives de ritualisation du changement succèdent des phases désintégratives. La dimension prophétique du temps dans une culture comme celle de Tanna est révélatrice d'une *kastom* qui, derrière ses apparences de continuité, assume de profondes ruptures. Mais après chaque rupture, elle tend à réaffirmer ses prérogatives : reformuler ses propres divisions sociales, rituelles et mythiques. Le temps prophétique à Tanna renforce l'idée que la tradition peut être assimilée, dans un contexte historique, à un *discontinuum* (voir Benjamin, 1991), dans lequel la continuité est liée à la manifestation récurrente d'une exceptionnelle conscience de l'humiliation et de l'oppression (voir Robbins, 2005).

Bibliographie

Barker, John
1990   "Introduction : Ethnographic Perspectives on Christianity in Oceanic Societies". In John
        Barker (ed.), *Christianity in Oceania : Ethnographic Perspectives*. Lanham : University
        Press of America ("ASAO Monograph Series" 12), pp. 1-24.

Adams, Ron
1984   *In the Land of Strangers. A Century of European Contact with Tanna, 1774-1874.*
        Canberra : Australian National University.

Barrow, G. Len
1952   *The Story of John Frum.* Port-Vila : Archives nationales de Vanuatu.
        (Rapport adressé à la Commission du Pacifique Sud, non publié.)

Bastin, Ron
1981   "Economic Enterprise in a Tannese Village". In Allen, Michael R. (eds),
        Vanuatu – Politics, Economics and Ritual in Island Melanesia.
        Sydney : Academic Press, pp. 337-356.

Benjamin, Walter
1991   "Sur le concept d'histoire". In Walter Benjamin (ed.), *Écrits français.*
        Paris : Gallimard, pp. 333-356.

Bird, Norris Mervyn
1946   "The Cargo-Cult". *Pacific Islands Monthly* 16(12) : 45.

Bonnemaison, Joël
1996   *Les fondements géographiques d'une identité. L'archipel de Vanuatu, essai
        de géographie culturelle : gens de la pirogue et gens de la terre.* Paris : ORSTOM.

Brunton, Ron
1989   *The Abandoned Narcotic: Kava and the Cultural Instability in Melanesia.*
        Cambridge : University Press.

Calvert, Ken
1978   "Cargo Cult Mentality and the Development in the New Hebrides Today".
        In Mamak A. & G. McCall (eds), *Paradise Postponed : Essays on Research and
        Development in the South Pacific.* Rushcutters Bay (NSW) : Maropa Bookshop,
        pp. 209-224.

Cochrane, Glynn
1970   *Big-Men and Cargo-Cults.* Oxford : University Press.

Dalton, Doug
2000   "A Critical Retrospective on 'Cargo Cults': Western/Melanesian Intersections". In Dalton
        Doug (ed.), *Oceania,* 70(4), (numéro spécial).
2004   "Cargo and Cult: The Mimetic Critique of Capitalist Culture". In Jebens H. (ed.),
        Cargo, Cult and Culture Critique. Honolulu : Hawai'i University Press, pp. 187-208.

Eliade, Mircea
1962   *Méphistophélès et l'androgyne.* Paris : Gallimard.

1969   *Le mythe de l'éternel retour*. Paris : Gallimard.

Guiart, Jean

1951   "Forrunners of Melanesian Nationalism". *Oceania*, 22(2) : 81-90.

1956   *Un siècle et demi de contacts culturels à Tanna (Nouvelles-Hébrides)*.
        Paris : Musée de l'Homme (publication de la Société des Océanistes, n°5).

1975   "Le mouvement 'Four Corner' à Tanna", *Journal de la Société des Océanistes*,
        31 : 107-111.

1983   *La terre est le sang des morts : la confrontation entre Blancs et Noirs dans le Pacifique Sud*
        français. Paris : Anthropos.

Hermann, Elfriede

2004   "Dissolving the Self-Other Dichotomy in Western 'Cargo Cult' Constructions".
        In Jebens H. (ed.), *Cargo, Cult and Culture Critique*. Honolulu : Hawai'i University Press,
        pp. 36-58.

Hubert, Henri et Marcel Mauss

1905   "Étude sommaire de la représentation du temps dans la religion et la magie".
        In Hubert, H. et M. Mauss, *Mélanges d'histoire des religion*. Paris : Librairie Félix Alcan,
        pp. 189-229.

Humphreys, Clarence Blake

1926   *The Southern New Hebrides: an Ethnological Record*. Cambridge : University Press.

Jarvie, Ian Charles

1964   *The Revolution in Anthropology*. Londres : Routledge & Keegan Paul.

Jebens, Holger (ed.)

2004   *Cargo, Cult and Culture Critique*. Honolulu : Hawai'i University Press.

2004   "Introduction". In Jebens H. (ed.), *Cargo, Cult and Culture Critique*.
        Honolulu : Hawai'i University Press, pp. 1-14.

Kaplan, Martha

1995   *Neither Cargo Nor Cult: Ritual, Politics and the Colonial Imagination in Fiji*.
        Durham (N.C.) : Duke University Press

2004   "Neither Traditional nor Foreign: Dialogics of Power and Agency in Fijian History".
        In Jebens, H. (ed.), *Cargo, Cult and Culture Critique*. Honolulu : Hawai'i University Press,
        pp. 1-14.

Kilani, Mondher

1983   *Les cultes du Cargo mélanésiens : mythe et rationalité en anthropologie*.
        Lausanne : Éditions d'en bas. (Forum anthropologique.)

Leeson, Idea

1952   *Bibliography of Cargo Cults and other Nativistic Movements in the South Pacific*.
        Nouméa : South Pacific Commission, (Social development notes, n°11).

Lindstrom, Lamont

1990   *Knowledge and Power in a South Pacific Society*. Washington et Londres :
        Smithsonian Institution Press.

1993a   *Cargo Cult. Strange Stories of Desire from Melanesia and Beyond*. Honolulu :

University of Hawai'i Press.

1993b   "Cargo Cult Culture : Toward a Genealogy of Melanesian *Kastom*",
         Anthropological Forum, 6(4) : 495-513.

2000   "Cargo Cult Horror". In Dalton D. (ed.), *A Critical Retrospective on 'Cargo Cults':*
         Western/Melanesian Intersections. Oceania, 70(4) : 294-303 (numéro spécial).

Lini, Walter Hadye

1980   *Beyond Pandomenium: From the New Hebrides to Vanuatu.*
         Suva : University of South Pacific.

Mannoni, Octave

1969   "Je sais bien mais quand même...". In Mannoni O. (ed.), *Clefs pour l'imaginaire ou l'autre*
         scène. Paris : Seuil, pp. 9-33.

McDowell, Nancy

1988   "A Note on Cargo and Cultural Constructions of Change". *Pacific Studies,* 11 : 121-134.

Mühlmann, Wilhelm E.

1961   *Chiliasmus und Nativismus*. Berlin : Dietrich Reimer.

Naunun, Iarris, Sel, Joe, and Nakat, Willie

1995   "Les circonscriptions électorales : Tanna". In Van Trease, H. (ed.),
         La politique mélanésienne: stael blong Vanuatu, Christchurch (Suva) :
         Macmillan Brown Centre for Pacific Studies and Institute of Pacific Studies,
         University of South Pacific, pp. 385-398.

O'Reilly, Patrick

1949   "Prophétisme aux Nouvelles-Hébrides : le mouvement John Frum à Tanna 1940-1947",
         Le Monde non-chétien, 10 : 129-208.

Poirier, Jean

1949   "Les mouvements de libération mythique aux Nouvelles-Hébrides",
         Journal de la Société des Océanistes, 5(5) : 97-103.

Robbins, Joel

2004   "On the Critique in Cargo and the Cargo in Critique: Toward a Comparative
         Anthropology of Critical Practice". In Jebens H. (ed.), *Cargo, Cult and Culture Critique*.
         Honolulu : Hawai'i University Press, pp. 243-260.

2005   "Introduction – Humiliation and Transformation: Marshall Sahlins and the Study of
         Cultural Change in Melanesia". In Robbins Joel & H. Wardlow (eds), *The Making*
         of Global and Local Modernities in Melanesia: Humiliation, Transformation and the
         Nature of Cultural Change. Aldershot (UK) et Williston (VT) : Ashgate Publishing,
         pp. 3-22.

Sillitoe, Paul

2000   "Cargo cults and Millennial Politics". In P. Sillitoe (ed.), *Social Change in Melanesia:*
         Development and History. Cambridge : University Press.

Speiser, Felix

1923   *Ethnographische Materielen aus den Neuen Hebriden und den Bank-Inseln.*
         Berlin : C.W.Kreidel's Verlag.

Steinbauer, Friedrich
1979   *Melanesian Cargo Cults: New Salvation Movements in the South Pacific*. St. Lucia: University of Queensland Press.

Stewart, Pamela J. et Andrew Strathern (eds)
2000   "Millennial Countdown in New Guinea", *Ethnohistory,* 47(1), (numéro spécial).

Tabani, Marc
1999   "Kastom et traditionalisme : quelles inventions pour quelles traditions à Tanna, Vanuatu". *Journal de la Société des Océanistes*, 109(2):121-132.
2002   *Les pouvoirs de la coutume à Vanuatu : traditionalisme et édification nationale.* Paris : L'Harmattan, Connaissance des Hommes.
2005   *Alors vint John Frum: une tragédie cultuelle des Mers du Sud.* Film documentaire. 70min. Marseille : Production CREDO.
2008   *Une pirogue pour le Paradis: le Culte de John Frum à Tanna (Vanuatu).* Paris : Éditions de la MSH.

Tonkinson, Robert
2004   "Encountering the Other: Millenarianism and the Permeability of Indigenous Domains in Melanesia and Australia". In Jebens H. (ed.), *Cargo, Cult and Culture Critique.* Honolulu : Hawai'i University Press, pp. 137-256.

Trompf, Garry W.
1987   *The Gospel is not Western: Black Theologies from the Southwest Pacific.* New York : Orbis Book.

Wagner, Roy
2000   "Our Very own Cargo Cult". In Dalton D. (ed.), *A Critical Retrospective on 'Cargo Cults': Western/Melanesian Intersections. Oceania,* 70(4) : 362-372. (numéro spécial).

Weber, Max
1956   *Wirtschaft und Gesellschaft, Grundriss der Verstehenden Soziologie.* Tübingen : J.C.B. Mohr.

Williams, Francis Edgar
1923   *The Vailala Madness and the Destruction of Native Ceremonies in the Gulf Division.* Port-Moresby : Edward George Baker, Territory of Papua. Anthropology Report n°4.

Worsley, Peter
1977   *Elle sonnera la trompette, le culte du Cargo en Mélanésie.* Paris : Payot.

Giving-for-Being:
The Religion of Vula'a Exchange*

Deborah Van Heekeren

The ethnographic focus of this chapter is the "combined fellowship" exchanges that are part of the United Church Women's Fellowship (UCWF) program of the Vula'a people (conventionally known as the Hula) on the south-eastern coast of Papua New Guinea. I bring the perspective of existential phenomenology to bear on a configuration of issues presently of concern to Melanesian anthropology to argue that contemporary Christian practice is grounded in a pre-Christian ontology. Following Heidegger I understand existential phenomenology to be a way of addressing the Being of entities – ontology thematically focussed on the "ontologico-ontically distinctive" entity which he identified as Dasein or there-being (Heidegger, 1962: 32-5). For Heidegger Being is always already being-in or being-with the world; this *facticity* of Being unifies essence and existence and suggests a fundamental unity between ontology and social being. Set against the socio-historical background of the region my analysis points to the conservatism inherent in women's exchange activities in the face of anthropological claims about shifting gender relations and a discourse which links Christianity to modernity. This encompasses recent attention to the increasing influence of women's groups, many of which are church-based, in Melanesia and the debate about individualism and relationalism, particularly for understanding Melanesian Christianity. The anthropology of exchange is also reconsidered here. Theoretical attention to exchange, which has traditionally been a

* My fieldwork among the Vula'a in 2001 and 2005 was supported by financial assistance from the University of Newcastle. I am grateful to the women of the Iru-ale UCWF, to the Rupa family and all those in Irupara who generously gave of their time and knowledge. I thank Terry Brown for his helpful comments on my previous articles and for sharing with me an appreciation of the writings of Maurice Leenhardt, Michael Goddard for his patient readings of earlier drafts of this paper, and the session organizers and participants of the ESfO conference in Marseilles in July, 2005. It was there that I became convinced of the need for the anthropology of Melanesian Christianity to take seriously recent debates concerning individualism and relationalism.

cornerstone of anthropology and the defining paradigm for interpreting Melanesian social relations, has waned considerably with the rise of anthropological studies of Christianity. This is partly due to Christianity's suppression of the traditional systems in which exchange is perceived to operate but also stems from a reluctance to see politics and economics, the terms in which exchange is generally constructed, as part of a religious system[1]. In some areas of Melanesia, though, Christianity has promoted new forms of exchange which are, predominantly, the province of women (see Eriksen, 2005, McDougall, 2003).

My argument is that Melanesian exchange must be understood primarily as an ontological modality – by which I mean its constitution as a fundamental ground of existence. Combined fellowship exchanges are exemplary in that they reveal multiple modes of being but most significantly they illuminate the dimension of gift exchange. I propose that Being is constituted in a range of modes or possibilities of existence (see also Van Heekeren, 2004a, 2004c). Heidegger employs the term Dasein onto-logically to designate humanity in respect of its being. He writes, "Dasein always understands itself in terms of its existence – in terms of a possibility of itself: to be itself or not itself. Dasein has either chosen these possibilities itself, or got itself into them, or grown up in them already" (1962: 33). He goes on to argue that "In every case Dasein, as essentially having a state-of-mind, has already got itself into definite possibilities" (1962: 183). Christianity, then, offers the Vula'a an existential choice insofar as it brings people to confront a certain possibility – a possibility of a mode of being. The existential possibility arises from an encounter with the message of the Bible and the stories of Christ's life. This is universally so, but in Melanesia Christian existence is underpinned by a more compelling imperative. It is that no member of these societies – if they wish to go on existing – "can decide to cease giving and re-ceiving" (Godelier, 1999: 67). Christianity must then engage those modes of existence which preserve the relationships engendered in exchange.

Through Christian fellowship, Vula'a women effect communal imperatives that have their origins in pre-Christian cosmology. In this cosmology, religiosity is not limited to a discrete realm of practice. What we have described as the "religious" or "sacred" is experienced as a lived reality rather than a separate "supernatural" domain, and human existence is not that of a subject in a world of objects. It is recognised (felt and known) through relationships – with other people, with the ancestors and with the living environment. While separate human bodies support ontic beings

---

1. I acknowledge, though, that a number of excellent studies have drawn attention to other important dimensions of exchange systems (Godelier, 1999, Weiner, 1992).

(see below), they do not entirely determine existence. Human substance is shared and transformed. For instance, as I have elaborated elsewhere, the manipulation of food as body plays an important part in the constitution of various modes of existence; living and non-living, male and female, human and non-human (see Van Heekeren, 2004b). Identity is thus located within shifting sets of relationships which are activated in a variety of ways, many of which now coincide with Christianity. Vula'a Christianity is, though, a remaking of an earlier ontology – a mode of being that manifests itself as the need to establish and maintain relationships through exchange. These are more than the social relations of economics proposed by Malinowski (see below). They are relations of existence in Heidegger's ontological sense. I want to bring ontology to bear on what is generally constructed as social relations.

Based on the idea of paramount cultural values, Louis Dumont identified two distinct types of society. Where the individual is a paramount value, he speaks of individualism and where the paramount value lies in society as a whole, he speaks of holism (1986: 25). Joel Robbins has cited Dumont's comments on Papua New Guinea to highlight its uniqueness.

> by comparison with other cases, we have not discovered *at all* – the ideological axes which would provide a relatively coherent and simple formula […]. In terms of our present interest, these differentiations would lie beyond or outside the opposition individualism/holism, with the result that they would be as badly described from one point of view as the other. (Robbins, 2004: 13 original emphasis).

Robbins's answer to Dumont is that the societies of Melanesia place primary value on the relationship and "hence might be called relationalist…" (2004: 13)[2]. This relation, though, does not exist merely at the societal level. If, as I suggest, it is also ontological, the implications for theories of exchange are profound. I want to move beyond relationalist arguments and propose that Vula'a exchange relations are better understood in terms of Maurice Leenhardt's formulation of "participation", a term which he borrows from Lévy-Bruhl but which, as I have argued elsewhere, is also interpreted according to Heideggerian philosophy[3].

When Malinowski laid the groundwork for modern economic anthropology in his ethnography of the Trobriand *kula* exchange system, he formulated the classification of "gift" and "counter-gift" (Weiner, 1992: 2). Exchange relations in non-Western societies have since been viewed by anthropologists almost exclusively in terms of

---

2. See also Robbins (1994).
3. Leenhardt reportedly had regular conversations with Henry Corbin, who was a phenomenologist, Islamic scholar and translator of Heidegger (Clifford, 1982).

the "norm of reciprocity" (*ibid*). Annette Weiner has elaborated a theory of economic behaviour which is grounded in the Western tradition of the eighteenth century and which has consistently theorised that "reciprocity was the basis for social relations in 'primitive' societies" (1992: 2). Her critique extends to Marilyn Strathern's recent arguments on Melanesian exchange. Weiner writes:

> Strathern's argument cannot account for the temporal aspects of the movements of persons and possessions and the cultural configurations that limit or expand the reproduction or dissipation of social and political relationships through time. All social values are *existential* rather than, as Strathern claims, intrinsic. Social value must be created and recreated to prevent or overcome *dissipation* and *loss*. (1992: 14-15, my emphasis).

The converse of dissipation and loss is aptly expressed in the notion of plenitude which is the outcome of participation. Strathern engages with Leenhardt's most widely known work, *Person and Myth in the Melanesian World* (1979 [1947]), in *The Gender of the Gift* but does not acknowledge the Heideggerian referents of his study. When he speaks of "person and myth" Leenhardt is not referring to distinct phenomena but, rather, to a unique conjunction, person-and-myth: a Melanesian Dasein. If Melanesian ontology is relationalist in this participatory sense, as I will argue in the following pages, then the primordial status of the norm of reciprocity (e.g. Malinowski, 1961: 166-191) is invalidated. For it is not exchange relations that create society but, rather, ontology that engenders exchange[4].

The Vula'a

The Vula'a occupy six villages on the south-eastern coast of Papua New Guinea. Hula, the largest of these, gives its name to their language and lies about 110km east of the national capital, Port Moresby. Taking into account those now living in the National Capital District, the Vula'a constitute a population of more than 5,000. They speak an Austronesian language which shares a basic vocabulary with some other Central Province coastal groups. My research was conducted mainly in Irupara, a small village to the west of Hula with a population of about 550 during 2001. The Vula'a describe Alukuni, which lies on the eastern side of Hood Bay, as an ancestral village although it is commonly thought that they arrived there from the Marshall Lagoon area, further east, around the middle of the eighteenth century. By the

---

4. For an elaboration of these arguments see Van Heekeren (forthcoming, chapter 5).

beginning of the colonial era the Vula'a were well-established in the Hood Point area, having gained a reputation as expert fishermen and skilled traders. They engaged in elaborate trade networks with the Motu and Kerema people further west as well as with neighbouring inland villages, exchanging fish for vegetables, sago and clay pots (Oram, 1968: 248). They also visited the nearby Balawaia beaches and the Mailu villages to the east.

The Vula'a first encountered Christianity during the early contact period of the London Missionary Society (LMS) in the late 1800s. They enthusiastically adopted the ways of the LMS and any distinctions between village organisation and church organisation were soon indiscernible. The principle of Christian "community" played a central role in this transformation. It underpins the organisational structure of what is today the United Church and confers a particular Christian identity on local people. Village church congregations belong to regional "circuits", larger Christian communities which together form the nationally recognised United Church of Papua New Guinea. One of the ways in which membership in the Christian community is rendered meaningful to Vula'a villagers is through "fellowship".

Fellowship and individualism

The ideal of Christian fellowship has been adopted from the Greek word, *koinonia*, which is translated as communion, fellowship or sharing. What is anthropologically interesting about *koinonia* is its position in regard to Christianity and individualism. Dumont points out that there is a dualism posited between the promise of the eternal salvation of the individual, and the life actually lived in Christian fellowship:

> It follows from Christ's and then Paul's teaching that the Christian is an "individual-in-rela-tion-to-God" […]. The individual soul receives eternal value from its filial relationship to God, in which relationship is also grounded human fellowship: Christians meet in Christ, whose members they are (1986: 30).

Much debate surrounds the question of the origins of individualism in Western society. However, Dumont proposes that "something of modern individualism is present with the first Christians and in the surrounding world, but that it is not exactly individualism as we know it" (1986: 24). He claims that, "the old form and the new are separated by a transformation so radical and so complex that it took at least seventeen centuries of Christian history to be completed, if indeed it is not still continuing in our times" (1986: 24). The transition, he argues, is across "two antithe-tical universes of thought" – from a holistic society to an individual one (1986: 25).

This argument raises important questions for the anthropology of Melanesian Christianity. With this in mind, I turn to an example of Vula'a Christian practice.

In conjunction with its weekly cycle of devotional services, the United Church of Papua New Guinea runs fellowship programs for men, women[5] and youth. All are organised along the same lines, but here I focus on the women's fellowship. The women of Iru-ale[6] take full advantage of the fellowship to achieve various goals. Membership is formalised by the wearing of a uniform and identification on an attendance roll which is called at every meeting. All groups pay a levy to the circuit (in this area the circuit included 15 village churches in 2005 which were administered from Hula village). The fellowship groups are led by elected committees, however the pastor's wife, also known as the "mother" of the church, effectively directs the women's fellowship and, to some degree, undermines its democratic principles. Wives or daughters of pastors, past and present, and deacons' wives also enjoy high status in the fellowship where age and a talent for public speaking are important ingredients for influence.

Fellowships are divided into subgroups known as the "foursquare" groups which represent the goals of Christian fellowship: Devotion, Recreation, Service ("community" service) and Education. Each week one of the foursquare groups takes a turn to lead the service and organise the activities which follow. Fellowship participation is neither exclusively social nor religious as the foursquare groupings denote and the large-scale events which are organised through the fellowships and the Church more generally have taken the place of the communal feasts which were the centre of village life in the past (see also Eriksen, 2005, Van Heekeren, 2003).

The exchanges, known as "combined fellowships", are meetings hosted by Church groups from neighbouring and sometimes quite distant villages. On these occasions one group invites another along to participate in their meeting. Special "items" (the term refers to the activities, religious or otherwise, that are selected for a particular meeting) are placed on the agenda for the visit, and there is a presentation of food made to the guest group. The presentation may include cash and other gifts. Then, in the coming months – preferably as soon as is possible – the visiting fellowship group will return the invitation, the hospitality and the gifts.

5. For a discussion of the history of the UCWF in Papua New Guinea see Dickson-Waiko (2003), Rendell (1975).
6. The name "Iru-ale" refers to the combined United Church congregation of two Vula'a villages, Irupara and Alewai.

Fellowship exchanges share similarities with a number of traditional forms of exchange in which the Vula'a engaged. For example, they acquired arm shells for trade from the Keapara and Aroma people through *wari wari* (visiting) relationships with relatives from these villages (Oram, 1968: 250). There is also evidence of exchanges with the inland villages between Gaba Gaba and Kaparoko. According to Oram, "The people of these villages invited the Hula to their feasts and the latter provided large quantities of fish. They had attended the feast and the feast-giving village helped them to carry large amounts of vegetable food to their canoes. This form of exchange was called *raiwa*" (1968: 249). Vula'a women regularly carried the fish which they had smoked inland to exchange with their neighbours and sometimes the women from the agricultural villages would bring food down to the beaches (*ibid*: 248).

At the invitation of senior fellowship members, I attended the Wednesday meetings which, as with all United Church gatherings, began with singing. The women begin to sing *peroveta* (prophet songs) as soon as there are sufficient numbers present in the church (or at any other location) to provide the necessary harmonies. Singing is always the required prelude to further activities. In these meetings it is followed by prayer, Bible readings and exegesis, and more singing which together constitute the devotional part of the program.

The business part of the meeting follows. It begins with roll-call then each woman makes a small cash contribution which is recorded by the secretary. There is a formality to the weekly meeting proceedings that overshadows the more social aspects. This formality resembles schoolroom protocol and the trappings of Western bureaucracy. The wearing of uniforms, the roll-call, the common practice of carrying exercise books and the meticulous cross-checking of financial details combine to express the importance the women place on participation in the fellowship. The meetings also provide a forum in which individual women acquire status which is subsequently recognized by the village. Although women's voices are muted by men in public life, collectively the women's fellowship is an influential force in the village. Men acknowledge the value of the women's fellowship and often comment that women are "strong in the Church"[7].

7. It is also important to note that participation in fellowship and church activities has significantly added to the burden of village women. The ambivalence of women's relationship to the church is discussed by McDougall (2003) and Douglas (2002, 2003: 4).

Combined fellowship with Hula village

When the Iru-ale women were invited to participate in combined fellowship with the Hula women, the request was received with delight as these events are an important part of their social calendar. They are very well attended, a phenomenon locally explained as "the attraction of food". Importantly, though, eating-together, or what some Melanesian ethnographers including myself have described as the feeding relationship (Strathern, 1988: 251, Bamford, 1998: 166, Van Heekeren, 2004b) is located at the core of Vula'a ontology. And, as I have shown in my earlier writing, the consubstantiation of body and food is an underlying theme in Vula'a cosmology and mythology. What is important about combined fellowship is that it incorporates multiple modes of Being: eating-together, singing-together and gift-exchange.

Shared devotion and the exchange of food and other gifts constitute the basis of a combined fellowship. It is, though, the magnitude of the gift of food that is most remembered in the recounting of past fellowship exchanges. I was told of one visit to an inland village where the women were so generous that an extra PMV (Passenger Motor Vehicle, the 15-seater mini buses commonly used for inter-village transport) had to be called for to take everything home. While this may appear to be a matter of "economics" dressed in religious and social clothing, the actual *experience* of such a fellowship gathering is quite another thing. It is the spirit in which these events take place that makes them significant in women's lives.

Concerned that discourse always contained the possibility to become "idle talk", Heidegger gave attention to emotional states and moods as he sought to communicate phenomenological concepts. One way he expressed this was with the German word *befindlichkeit* (lit. the state in which one may be found). The women's mood on the morning of the meeting I attended in May 2001 was, in contrast to the seriousness of other meetings, light and playful. Elizabeth, my companion, explained that when these kinds of events take place the women "get happy and put flowers in their hair". It was midday when we arrived at the Nixon Memorial church, a very impressive example of modern architecture, which had been officially opened about a year earlier. As is the custom, we left our footwear at the main entrance before making our way into the vast expanse of cool, dark space. In keeping with the smaller United Church buildings in the surrounding villages, the only elevated seating was located along the sidewalls. Most of the congregation enthusiastically found themselves a place on the floor, while the group leaders, who were to conduct the sing-along that occupied the next hour, assembled in front of us.

The sing-along is an important component of all United Church worship and sometimes stands on its own as a form of devotion. Singing also overflows into many other areas of social life. The full ontological power of this was made clear to me a few weeks after the combined fellowship at Hula, when I attended a funeral at Alewai village. There, one of my companions explained that "it doesn't matter what they [the mourners] sing as long as they keep singing". I was reminded of this many times. To "keep singing" is to participate in a particular mode of being that is fundamental to Vula'a Being. Although I am presently concerned with exchange, this aspect of Vula'a ontology deserves further investigation.

A series of prayers presented by a pre-organised group of women followed. Then the cash offering was made. Elizabeth advised me that 20 *toea* (about 20 cents) would be considered adequate but confided, without remorse, that she had spent hers on betel nut at the Hula market. The offering was followed by a reading from the Book of Judges after which our "mother" gave an eloquent and powerfully delivered sermon. The passage was about Deborah – she was "a mother, a planner and a judge" and the intention was to offer a role model for Christian women. We had been two and a half hours in the Nixon Memorial church when it came time to engage in the customary thank-you handshakes with the fellowship leaders that marked the end of the devotion, retrieve our footwear, and make our way to the village meeting ground for the food presentation.

Elizabeth had correctly predicted that a large number of women would attend "because there was food". Three large tables, which been arranged in banquet fashion to display the food, were soon filled with a variety of prepared dishes, young coconuts which are considered a delicacy – "their milk is sweeter than 7'up" – and cordial, all provided by the women from Hula. Iru-ale women seated themselves in groups along one side of the meeting ground and betel nut was distributed. They began to sing as they waited for the distribution to commence. The sound of *peroveta* rose from the united voices and the lightness of the mood increased.

When all the food – gifts from the Hula fellowship to the Iru-ale fellowship – had been presented on the tables, the group leaders from Iru-ale took charge of the distribution. After much swapping and redistribution of various foods, the Iru-ale women began to eat. Much of the food was consumed on the spot; some would later be carried home to share with family. Hula village women did not eat at the feast. They sang as their guests ate and some of them danced. The effect of total generosity was overwhelming in that interlude of light-hearted feasting in which one group enjoyed their favourite foods while another amplified their guests' enjoyment through singing – a pleasure of a different kind.

Speeches were made by senior women from both fellowships, the most lengthy by *wapu* (Hula: widow) Kila from the Iru-ale group who had a reputation for such orations and whose propensity for long-windedness was occasionally given as a reason for younger women's low attendance at fellowship meetings. The large gathering then moved to the local playing field where a crowd of spectators was awaiting the commencement of the women's softball game that would conclude the day's events.

In 2005 I made another visit to Irupara village. I learned that a few weeks prior to my arrival the Irupara women had attended a combined fellowship at Porebada, a western Motu village. The Porebada UCWF had visited Irupara in 2004 and this was the return visit. The combined fellowship at Porebada was reportedly a much larger event than the one I had attended at Hula in 2001, with about forty women along with some of their children and six men making the journey. The party left Irupara in two trucks on a Thursday morning, stopping at Koke market in Port Moresby for lunch then going on to Porebada where everyone was billeted with a fellowship member.

The combined fellowship was held on the Friday. The women from Irupara exchanged garden produce consisting mainly of cassava and coconuts for rice, flour and sugar. The women of Porebada generally keep pigs rather than cultivate large gardens because "pigs are money" they say. Conversely, in Irupara the women commonly say that their gardens are their "bank". Nevertheless, these are more than economic exchanges. When the Irupara group left Porebada on Saturday morning, Elizabeth was pleased to receive a wide-brimmed sun hat from her host. She wears it proudly whenever there is a suitable occasion, as a "memory" of the visit to Porebada.

More broadly, the combined fellowship marked an event of historical significance for the Irupara UCWF[8]. It was the first combined fellowship ever undertaken outside of the Hula circuit and was new insofar as the exchange was direct, rather than the delayed reciprocation that takes place locally, that is, when it is more likely that kin are involved. In this sense, it more closely resembled the pre-Christian exchanges that established vital relationships with other groups that were deeply necessary to the construction of Vula'a identity and to existence itself. To exchange among kin is to maintain relationships, but to create new ones is to increase the possibilities for plenitude, the value of which is shown through "historical return" – another concept I borrow from Heidegger.

8. Irupara and Alewai (Iru-ale) split in 2002.

Individual, communal, relational

The Vula'a originally settled in the Hood Bay area as a maritime people when the established agricultural villages granted them permission to build houses off shore. The village of Irupara initially consisted of two lines of houses built over the sea. They represented two *kepos*, the large double-hulled trading canoes from which the Vula'a today take their "clan" names. By the 1920s the village had grown to five lines and the houses, which now included those of Paugolo (inland people), had been moved closer to the shore as relations with the inland villages improved. During the intervening years the two groups had consolidated through inter-marriage, and the Vula'a gained rights to the use of garden land.

The house lines were imagined to project in the direction of an inland exchange partner creating a path known as a *kwavalu*[9], which was used exclusively by the partners. It was common practice for the inland partner to leave a gift of garden produce on the path and a story is told of an Irupara man who one day found a heap of goods which was so impressive that he was compelled to acknowledge the loss of one of his daughters. I have heard other stories of powerful men making demands for daughters. And it is largely through marriage alliances that the Vula'a have flourished. My male informants in Irupara often remind themselves of their debt to the women who married in to landholding villages. It is this imperative to create and extend relationship that underlies Vula'a existence and which finds form in gift exchange. Today Christian fellowship provides this opportunity, although it is achieved in the name of community. The very notion of "community" is, though, problematic in the Melanesian context.

When speaking of Christianity a distinction between Western individualism and Pacific communalism is often noted by anthropologists and other commentators. Dickson-Waiko highlights one of the central issues for the anthropology of Melanesian Christianity when she writes that "Christian theology encourages women to utilize their mental capacities as individuals while Christian ideals of community promote membership of fellowship groups where they can develop their emotional capacities" (2003: 112). She has observed the fundamental Christian dualism that Dumont wrote of – the tension between the goals of an individual-in-relation-to-God for all eternity and the challenges of earthly Christian unity. In itself this is unproblematic

---

9. *Kwalu*, a shortened form of *kwavalu*, is now commonly translated as "clan" around the Hood Point area. It is important to notice the original form because it suggests the value of shared residency over descent.

insofar as it is engendered in the Christian ethos. Further, though, "Indigenous Christianity still retains strong community and participatory values" (*ibid*: 105). In the context of Melanesian relationalism this raises significant questions, not the least of which is that for Melanesians the personal sacrifices (the obligation to share) and the project of communion embedded in the ideal of *koinonia* required of Christian individuals are not *goals* in the Western Christian sense. In the Melanesian lifeworld they are ontologically prior. They cannot be sought because they already are.

My fieldwork suggests that participation in Christian fellowship, while appearing to represent the promotion of Christian values (and I am not saying that it does not do this) in fact preserves a pre-Christian ontology that is participatory and which is counter to the emergence of the individual. In other words, while Christian ideals of *koinonia* share similarities with Pacific communalism, there are important differences which must be acknowledged if we are to genuinely understand Melanesian Christianity.

Attention to Melanesian women's groups has situated the notion of "Christian community" as a discursive feature of contemporary social life in Papua New Guinea. Women are often perceived as the caretakers of community in this context, as is reflected in the passage from the Book of Judges cited earlier and, more broadly, in the way in which women are held up as models of virtue and responsibility by the United Church (see Van Heekeren, 2003).

"Community" as an analytic category is, though, less favoured in its application in Melanesian anthropology than more conventional descriptive categories such as clan, village or region (Gudeman, 2001: 86). The term occurs more frequently in discourse concerned with Western social, geographical and religious groupings, all of which are sometimes collapsed to equate "community" with a rural or pre-industrial world that embodies a "community spirit". A definition of "community" proposed by Gudeman includes people's shared experiences of real on-the-ground associations and imagined solidarities (2001: 1). This accurately represents women's experiences of fellowship and their perceived relationship with the wider Church. It also accounts for the sense of obligation which the Vula'a acknowledge. It does not, though, address what I see as a central issue in the anthropology of Christianity – the distinction we must make between a Western Christian understanding of community in which people's shared experiences are those of groups of individual persons and the Melanesian sense in which Being is experienced primarily in terms of pre-existing relationships. Rather than the goal of sharing and communion, the achievement of an individual self-in-relation-to-God would, surely, be the primary theological concern of Melanesian Christianity.

In response to a growing body of ethnography which argues that Melanesians prioritise the establishment and maintenance of relationships (Waiko, 1982, Strathern, 1990, 1994, Bamford, 1998: 169, Telban, 1998, Jolly, 2003, Robbins, 2004: 187, Van Heekeren, 2004b, 2004c), some recent commentators have preferred to highlight similarities rather than differences in respect of various cultural constructions of the person. Douglas has argued for example that "with the binary logic itself historicized and dislodged, 'Western' men, like 'Western' women and 'non-Westerners' generally, can be seen as variously individual or relational according to perspective, culture, situation and strategy" (2003: 8, see also Carsten, 2004: 83-108). The fact that moments of relationality are experienced by the Western person is not at issue here. Rather, my concern is that we should not trivialise the enormous anthropological value of analysing the specific contexts of relational experiences. To do otherwise would be to miss important differences. Most notably, that relationality is an ideal state for most Melanesians and that considerable effort is invested in its continuance (see Bamford, 1998: 169, Robbins, 2004: 187). Here I want to take the argument a step further and suggest that we have been largely mistaken, not in our assumptions about Western relationality, but about Melanesian experiences of individuality.

I have argued elsewhere (Van Heekeren, 2004b) that for the Vula'a "differentiation" or "individuation" which is "achieved" and "temporary" is not the same as Western individualism (see also Bamford, 1998: 166, Eriksen, 2005, Weiner, 1992). Vula'a men who gain reputations as exceptional fishermen, fighters, or leaders are set apart by seemingly singular performances which bring fame. In some instances they are elevated to legendary status. Ultimately, though, the success of such men is a matter of *iavu* (lit. heat or power). This Hula term refers to a state of being that is synonymous with physical heat. Ordinarily *iavu* is a characteristic of the ancestors but, through ritual abstinences invoked to alter the body and separate the practitioner from the living community, proximity to the nonliving, and hence access to their influence, is established. The other ingredient for success is expert knowledge which is inherited from or, more precisely, *given* by the ancestors. So although great achievements are attributed to singular persons, they are not to be understood as the gains of *individuals*. They are negotiated as a matter of shifting relationships between the living and the nonliving world. The fruits of differentiation are not "privately" owned but belong to all.

As I am here suggesting for the Vula'a, Eriksen has argued that the Christian Church of North Ambrym has taken on the relational form of the older ceremonies: "the principles of sharing and creating social wholes lie at the bottom of every ceremony" (2005: 291). Most interestingly, these are tensioned against the fact that, in all ceremonies, one person emerges as the "big man". Eriksen's analysis of ceremonial exchange also shows that individual displays of leadership are deliberately constructed by the group. As she explains, these "as if" gestures are essential qualifications for leadership (2005: 291). This is not to say that personal characteristics are irrelevant to the establishment of reputations. Clearly certain qualities are valued over and above others in any cultural setting and these will influence matters of inheritance and leadership, for example. Nevertheless, it is evident that what must be seen as an aspect of relational existence – moments of differentiation – are not the same as the achievements of Western individualism.

Weiner's (1992: 148) exegesis of the complex of constraints which impinge on Trobriand endeavours to achieve fame through participation in *kula* – their most politically and culturally significant exchange activity – makes a similar point. Her analysis is underpinned by the concept of "cosmological authentication" in which cosmologies are more than ideologies located outside the production of material resources; they are the cultural resources that societies draw on to reproduce themselves (1992: 4). At the centre of cosmological authentication is the presence of ancestors. Vula'a ancestors continue to inhabit and to participate in the Christian lifeworld where possibilities for being are linked directly to opportunities for participation. This must be taken into account if we are to unravel the general confusion that results from the equating of the "communal" values espoused by Christianity with the relationships that are fundamental to Melanesian existence, that are, in short, ontological.

Re-viewing Vula'a Christianity

Through the process of conversion, the Christian missions sought to establish new communities of Christian individuals. Most did not recognize that these individuals were unavailable to them. Maurice Leenhardt was an exception. He wrote of the New Caledonian: "He knows himself only by the relationships he maintains with others" (1979 [1947]: 153). He used the concept of "participation" to elaborate a mode of being that defied Western rationalist constructions based on the mind/body dichotomy. By participation Leenhardt meant the ability of entities to experience a shared physical existence. It followed that to exist authentically was to achieve a plenitude of relationship through participation.

What I see as the political exigencies of a relationalist ontology are popularly and reductively glossed in Papua New Guinea as the *wantok* system, that is, a system of rights and obligations based on quasi-kinship relationships. Here, though, I want to transcend the simple notion of *wantokism* to illustrate an important Heideggerian distinction and so return to the concept of Dasein. Heidegger states that "The question of existence is one of Dasein's ontical 'affairs' "(1962 : 33), by which he means it belongs to the realm of ordinary discourse and experience. In short, we can say that "ontology" is concerned with Being, and "ontical" enquiry is about entities and the facts about them [10], or we could say questions about "Being" are ontological, and those about "beings" are ontic. Consequently, Heidegger can claim that "This does not require that the ontological structure of existence should be theoretically transparent. The question about that structure aims at the analysis of what constitutes existence" (1962: 33).

The contrast between the ontological and the ontic illuminates the distinction between relationalism, understood in Leenhardt's participatory sense, and *wantokism*. In Irupara there is much that might be construed as stemming from a sociality based on the *wantok* system. For example, despite the decline in large-scale communal activities such as fishing and net-making since the 1960s, there remains a strong sense in which one must do one's share in order to survive as a member of the village. This is sometimes a matter of family obligations, for instance, the provision of labour for the building of a house or providing food for a feast. Sometimes it is a matter of Church obligations, such as maintaining the pastor's house, grounds and church, and other community work. These are, though, ontical affairs. They are underpinned by a fundamental ontology, which engenders the modes of being that are expressed in "communal" obligations; in gift exchange, in eating together and singing together. This ontology is expressed linguistically as *awana*. There is no direct translation for this Hula word but it suggests: perfect and abundant relationship, right relationship with a total lifeworld, or, as Leenhardt would say, plenitude. Success in any domain depends on *awana*.

The importance of eating together and the role of feeding in establishing and maintaining relationship is evident across Melanesia (Strathern, 1988: 251, Jolly, 1991, Sexton, 1995, Bamford, 1998, Eves, 1998). For the Vula'a, the manipulation of food as body is instrumental in the creation of differentiated and relational states. The feasting that takes place in combined fellowship serves to reproduce relationships between UCWF members who share the food among themselves, eat together and thus reproduce their collective identity. Also evident, though, is the feeding relationship between the host church-group and the guest women and the families of both, who are unseen contributors and potential recipients. Combined fellowship with new groups such as Porebada demonstrates the paramount value (if we are to

---

10. See Heidegger (1962: 31, and fn.).

use Dumont's term) of extending relationship through participation, yet it is more than a social or moral value. This imperative is fundamental to Vula'a ontology and cosmology and as such it permeates their lifeworld and encompasses those practices which are generally described as religious.

Leenhardt argued that sensations and emotions provide the means for experiencing *le mythe vécu* or living myth (1979: 6-7, 190) and thus invite participation with a range of beings. Myth, in Leenhardt's sense, is synonymous with religious experience and consequently avoids more common anthropological constructions of religion that separate "myth" and "ritual", and "doctrine" and "practice". As experience, religion is free to inhabit the various corners of everyday existence. This is the phenomenological point. For the Vula'a, living myth encompasses the various modes of being I have identified. Mythic experiences belong to existence and constitute it (see Van Heekeren, 2004c). The presence of Christianity does not, then, infer the absence of mythic being. Nor does it replace the exigencies of gift-exchange, which are fundamental to existential plenitude.

The religiosity of eating-together and singing-together that finds expression in combined fellowship draws on the very foundation of what it is to be Vula'a – the desire to reproduce and extend relationship through exchange. While gift-exchange has often been discussed in terms of economic anthropology, some recent studies have returned to Mauss to highlight the need to see exchange not simply as a mode of economics but in much broader terms (Gudeman, 2001, Godelier, 1999, Godbout, 1998, Weiner, 1992, Strathern, 1988). Mauss suggested the existential significance of exchange when he wrote of the *kula* that it is the "gathering point of many other institutions" (1970 [1925]: 25). He claimed, for instance, that the Trobriand form of exchange known as *wasi* is a part of the *kula* system but it serves other purposes (1970 [1925]: 27). His description bears striking similarities to the Vula'a:

> This sets up regular and obligatory exchanges between partners, between agricultural tribes on the one hand and maritime tribes on the other. The agricultural partner places produce in front of the house of his fisherman associate. The latter, after a great fishing expedition, makes return with interest, giving the partner in the agricultural village the product of his catch. (Mauss, 1970 [1925]: 27)

Weiner's comments are also compelling: "Although kula is about profit and loss in an economic sense, it can also signify other more existential concerns... kula actions are associated metaphorically with seeking lovers, being married, and giving birth, kula paths die and are reproduced" (1992: 144).

Historically exchange relations have played a central part in the establishment of Vula'a identity. It makes sense that the predisposition towards the establishment of new relationships as well as the reproduction of existing ones is viewed, as Godelier has suggested (1999: 67), as an existential necessity. And further, that this is expressed through contemporary religious practices such as those which I have described for the Iru-ale women's fellowship. It is evident that Vula'a gift-exchange is ontologically fundamental. As such it extends beyond the world of humans into the domain of the gods, transcending historical transformations. For example, the sea, which is vital to Vula'a existentiality, is today seen by them as a gift from the Christian God. In the past their ancestors controlled its bounty. Vula'a mythology and cosmology like others in Melanesia reveals that the gods and the spirits of the dead "are the true owners of the things and possessions of the world" (Godelier, 1999: 80). We are reminded that nothing is produced, everything must be *given*. A productive garden, a good catch, finding a marriage partner are all dependent upon relationships which extend beyond the human world.

Conclusion

Drawing on Heideggerian existential phenomenology I have examined Vula'a women's Christian fellowship to shed light on three interrelated topics; women's groups, the individual/relational binary and exchange. Recently Margaret Jolly observed that "the configuration of women's groups in contemporary Melanesia is distinctive in that intersubjective relation is valued rather than the boundaries of individual or group" (2003: 136). I have revealed multiple aspects of relational experience – eating-together, singing-together and gift-exchange – that are indeed highly valued. We have seen that the relational is more than communal or even, as Jolly suggests, "sociocentric" (*ibid*). Vula'a women's exchange promotes a mythic, that is, pre-Christian experience of Christianity, and gift-exchange and the effort of maintaining community circumvent the individualising tendencies inherent in Christianity through the continuance of a participatory ontology which underpins "social" experience. Pointing to differences in Western Christian traditions, such as those between most protestant Christianity and the Orthodox, Roman Catholic and state-church Protestant traditions, Bishop Terry Brown correctly cautions against characterising all Christianity as "individualistic" (2005: 335). We must identify what is unique to the Melanesian experience, as Christianity continues to play a defining role in the lives of the people we study. The task for anthropology appears increasingly difficult, as we are faced with the necessity of engaging with an intellectual tradition that is perhaps more foreign than many of the cultures we have sought to explain – that of theology. In the meantime, it will serve us well to acknowledge not only the changes that Christianity has brought but to recognise the continuities it contains.

Bibliography

Bamford, Sandra
1998   "To Eat for Another: Taboo and the Elicitation of Bodily Form among the Kamea of Papua New Guinea". In M. Lambek and A. Strathern (eds), *Bodies and Persons: Comparative Perspectives from Africa and Melanesia*. Cambridge: Cambridge University Press, pp. 158-172.

Brown, Terry
2005   "Review of Robbins, J. 2004, *Becoming Sinners: Christianity and Moral Torment in a Papua New Guinea Society*", *Pacific Affairs*, 78 (2): 334-336.

Carsten, Janet
2004   *After Kinship*. Cambridge: Cambridge University Press.

Clifford, James
1982   *Person and Myth: Maurice Leenhardt in the Melanesian World*. California: University of California Press.

Dickson-Waiko, Anne
2003   "The Missing Rib: Mobilizing Church Women for Change in Papua New Guinea", *Oceania*, 74 (1&2): 98-119.

Douglas, Bronwen
2002   "Christian Citizens: Women and Negotiations of Modernity in Vanuatu", *The Contemporary Pacific*, 14 (1): 1-38.
2003   "Christianity, Tradition, and Everyday Modernity: Towards an Anatomy of Women's Groupings in Melanesia", *Oceania*, 74 (1&2): 6-23.

Dumont, Louis
1992   *Essays on Individualism: Modern Ideology in Anthropological Perspective*. Chicago: University of Chicago Press [original edition 1983].

Eriksen, Annelin
2005   "The Gender of the Church: Conflicts and social Wholes on Ambrym", *Oceania*, 75 (3): 284-300.

Eves, Richard
1998   *The Magical Body: Power, Fame and Meaning in a Melanesian Society*. Amsterdam: Harwood Academic Publishers.

Godbout, Jacques
1998   *The World of the Gift*. Montreal & Kingston: McGill-Queen's University Press.

Godelier, Maurice
1999   *The Enigma of the Gift*. Nora Scott (trans.), Cambridge: Polity Press
        [original edition 1996].

Gudeman, Stephen
2001   *The Anthropology of Economy: Community, Market, and Culture*. USA: Blackwell.

Heidegger, Martin
1962   *Being and Time*. J. Macquarrie and E. Robinson (trans.),Great Britain: Blackwell.

Jolly, Margaret
1991   "Gifts, Commodities and Corporeality: Food and gender in South Pentecost, Vanuatu",
        Canberra Anthropology, 14(1): 45-56.
2003   "Epilogue", *Oceania*, 74 (1&2): 134-147.

Leenhardt, Maurice
1979   *Do Kamo: Person and Myth in the Melanesian World*. Basia Miller Gulati (trans.),
        Chicago: Chicago University Press [original edition 1947].

McDougall, Debra
2003   "Fellowship and Citizenship as Models of National Community: United Church Women's
        Fellowship in Ranongga, Solomon Islands", *Oceania* 74 (1&2): 61-80.

Malinowski, Bronislaw
1961   *Argonauts of the Western Pacific*. New York: E. P. Dutton & Co. Inc.

Mauss, Marcel
1970   *The Gift: Forms and Functions of Exchange in Archaic Societies*. I. Cunnison (trans.),
        Great Britain: Routledge & Kegan Paul [original edition 1925].

Oram, Nigel
1968   "Culture Change, Economic Development and Migration among the Hula",
        Oceania, 38(4): 243-275.

Randell, Shirley
1975   "United for Action; women's fellowships: an agent of change in Papua New Guinea". In
        New Horizons for Melanesian Women, Point 2. Goroka, PNG: Melanesian Institute for
        Pastoral and Socio-Economic Service, pp. 118-131.

Robbins, Joel
1994   "Equality as a Value: Ideology in Dumont, Melanesia and the West",
        Social Analysis, 36: 21-70.
2004   *Becoming Sinners: Christianity and Moral Torment in a Papua New Guinea Society*.
        California: University of California Press.

Sexton, Lorraine
1995   "Marriage as the Model for a New Initiation Ritual". In N. C. Lutkehaus and P. B. Roscoe
        (eds), *Gender Rituals: Female Initiation in Melanesia*. New York: Routledge, pp. 205-216.

Strathern, Marilyn
1990   *The Gender of the Gift: Problems with Women and Problems with Society in Melanesia*.
        USA: University of California Press.

1994   "Parts and Wholes: Refiguring Relationships". In R. Borofsky (ed.), *Assessing Cultural Anthropology*. New York: McGraw-Hill Inc.

Telban, Borut
1998   "Body, Being and Identity in Ambonwari, Papua New Guinea". In V. Keck (ed), *Common Worlds and Single Lives: Constituting Knowledge in Pacific Societies*. Oxford and New York: Berg, pp. 55-70.

Van Heekeren, Deborah
2003   "Celebrating Mother's Day in a Melanesian Village Church", *Pacific Studies,* 26 (3&4): 33-54.
2004a   *Being Hula: The appropriation of Christianity in Irupara village, Papua New Guinea*. PhD thesis, University of Newcastle. Newcastle.
2004b   "Feeding Relationship: uncovering cosmology in Christian Women's Fellowship in Papua New Guinea", *Oceania*, 75 (2):89-108.
2004c   "'Don't Tell the Crocodile': An Existentialist View of Melanesian Myth", *Critique of Anthropology*, 24 (4): 433-457.
forth.   *The Shark Warrior of Alewai: a Phenomenology of Melanesian Identity*. UK: Sean Kingston Publishing.

Waiko, John
1982   "Binandere Values: a Personal Reflection". In R. J. May and Hank Nelson (eds), *Melanesia: Beyond Diversity*. Canberra: Research School of Pacific Studies, Australian National University, pp. 91-105.

Weiner, Annette
1992   *Inalienable Possessions: The Paradox of Keeping-While-Giving*. California: University of California Press.

De la valeur de l'Église : dynamique sexuée d'une hiérarchie inversée au Nord Ambrym, Vanuatu [1]

Annelin Eriksen

« Nous ne sommes pas des femmes »

Dans cet article, je cherche à analyser la socialité du christianisme au centre-nord de l'île d'Ambrym. Je fais l'hypothèse que l'on peut mieux comprendre la dynamique sociale du christianisme en la reliant à une forme de socialité contradictoire basée sur une hiérarchie masculine, et qu'il est possible de comparer les deux formes sociales en tant que systèmes de valeurs concurrents, lesquels sont exprimés en terme de genre.

C'est un épisode qui s'est déroulé dans le village de Ranon, au nord de l'île d'Ambrym, en 1999, qui a rendu tout à fait explicites les valeurs de genre que je cherche à analyser ici. Les gens du village avaient été perturbés par une recrudescence de sorcellerie et un tribunal de village a été organisé pour y mettre de l'ordre. Lorsque le village entier fut rassemblé, avec en outre des personnes venant de villages avoisinants, et après que le chef eût fini son discours d'ouverture, l'un des hommes, un membre d'une Église relativement récente, « *The Holiness* », a demandé à tous de

1. Cet article a été publié précédemment en anglais sous une forme légèrement différente :
Eriksen, A. 2006. "On the Value of the Church : the Gendered Dynamics of an Inverted Hierarchy on North Ambrym, Vanuatu." *Paideuma (Wiesbaden)* 52 : 91-106.

L'article est basé sur un travail de terrain mené au Nord Ambrym, en octobre 1995 - mai 1996, avril - août 1999, et avril - septembre 2000. L'article se fonde également sur les théories et l'analyse développées dans ma thèse de doctorat *Silent Movement. Transformation of Gendered Social Structures on North Ambrym, Vanuatu* qui concernait principalement le changement social analysé en terme de genre. Je remercie le Centre de recherche norvégien pour son financement.

J'aimerais remercier Joel Robbins pour les commentaires qu'il a bien voulu faire sur cet article et également les organisatrices Gabriele Weichart et Françoise Douaire-Marsaudon, du groupe de travail ESfO « Dynamics of Pacific Religiosity : Processes of Christianization, Changing Forms, New Figures of Spirituality », pour leurs remarques utiles.

jurer sur la Bible qu'ils ne diraient que la vérité. Pendant ce procès, un certain nombre de plaintes avaient été déposées contre des hommes soupçonnés d'avoir eu recours à la sorcellerie pour manipuler d'autres personnes. De graves accusations de meurtres allaient être faites. Avant de procéder aux accusations et aux témoignages proprement dits, les règles de base devaient être établies et j'ai interprété la déclaration du membre de l'Église « *Holiness* » à propos de la Bible comme une tentative pour faire en sorte que l'Église soit le cadre référant de cet événement. Pourtant ce n'était pas clairement dit. Un homme plutôt versé dans le droit coutumier (« *kastom* ») s'est levé et a répondu de façon agressive : « Nous ne sommes pas des femmes. Nous n'avons que faire de la Bible ici ».

Pour les questions qui relèvent de la sorcellerie et, plus généralement, pour toutes celles qui relèvent de l'autorité, les hommes considèrent tout particulièrement que l'Église ne représente pas une instance appropriée. L'hypothèse que je propose à ce sujet est qu'il existe à Ambrym deux formes principales de création de relations sociales et que ces formes sont sexuées. L'Église [2] privilégie une forme sociale de genre féminin. Cette forme établit des relations latérales et égalitaires qui sont en opposition avec les hiérarchies masculines traditionnelles. Il s'agit d'un mode de socialité qui ne laisse de place à personne pour se faire un nom ou une réputation importante. Afin de comprendre la dynamique sociale de l'Église sur l'île d'Ambrym, il est nécessaire de considérer cette opposition sexuée entre une forme (de relation) hiérarchique masculine et une forme (de relation) égalitaire féminine. J'entends par là qu'à Ambrym, se déplacer, établir des contacts dans de nouveaux lieux et représenter des « voies » alternatives est l'apanage des femmes ; tandis que s'enraciner, défendre le territoire, rechercher des représentations de soi et concourir pour ces représentations dans une hiérarchie ritualisée est celui des hommes. On peut constater qu'à bien des égards cette opposition sexuée a joué un rôle important dans l'île d'Ambrym et qu'il est nécessaire d'en tenir compte dans le cadre d'une analyse des événements historiques.

Je vais essayer de montrer qu'aujourd'hui l'Église, plutôt que de fabriquer de grands hommes, crée des « ensembles sociaux », et que la dynamique de ce processus est liée aux « femmes tisseuses de liens » et à l'effort de créer un mouvement alternatif à la hiérarchie rituelle masculine. De plus, la forme sociale défendue par l'Église, en tant qu'alternative à la hiérarchie masculine établie, a eu des effets sur la capacité à mettre en pratique l'autorité, comme l'a révélé le compte rendu du procès cité plus haut.

---

2. Dans la région où j'ai travaillé au Nord Ambrym, appelée la région Lolihor, il y a trois Églises ; l'Église presbytérienne, l'Église Holiness (également appelée la NTM), et l'Église SDA (Adventistes du Septième Jour). J'ai plus particulièrement travaillé avec l'Église presbytérienne et l'Église Holiness.

Dans cet article, je cherche à comprendre la relation entre l'Église, les cultes traditionnels masculins et les formes sociales sexuées. L'analyse suivra les étapes suivantes : en premier lieu, je présenterai la dynamique de l'organisation sociale du Nord Ambrym basée sur des structures de parenté. Le système de parenté comporte à la fois un principe patrilinéaire et un principe latéral, le dernier contrebalançant le premier. Ces principes sont sexués et reflètent les différentes façons dont disposent les hommes et les femmes pour établir des relations. Bien que la forme masculine soit compétitive et stratifiée et la forme féminine latérale et égalitaire, elles peuvent quand même être vues comme des variations sur un même thème, à savoir la valeur de la relation. Suivant la description théorique des relations en Mélanésie de M. Strathern (1988), je soutiens que la forme hiérarchique masculine se traduit par des échanges de dons créant ce que Strathern appelle des « personnifications ». Par opposition à ceci, il existe ce que j'appelle la forme sociale féminine de création de relations. Il s'agit dans ce cas d'une modalité de la valeur relationnelle sans personnification ni hiérarchie. Je vais montrer que la forme féminine de mise en place des relations implique la nécessité de se concentrer sur le produit ou le résultat de la relation, et non sur les personnes concernées. La forme sociale féminine crée des connexions et des communautés plus que des personnifications et des hiérarchies. D'après moi, lorsque l'Église a été établie à Ambrym au XXe siècle, l'esprit égalitaire du christianisme a rendu difficile un développement de la forme hiérarchique masculine dans le cadre chrétien. L'esprit chrétien a eu davantage de résonance avec la forme sociale féminine, de sorte que les femmes sont devenues des actrices centrales au sein de l'Église. Au fur et à mesure que l'Église, en tant qu'institution sociale, gagnait de l'importance au détriment des cultes masculins, le mode féminin de créer des liens a pris à son tour le dessus sur les modes masculins de la socialité.

Dans la dernière partie de cet article, l'analyse est comparée aux travaux de Robbins (2002, 2005) à propos du christianisme Urapmin en Nouvelle-Guinée. Alors que ce dernier implique le changement d'une valeur culturelle relationnelle à une valeur culturelle individuelle, le cas du Nord Ambrym reflète un changement à un autre niveau. La valeur dominante de la relation persiste mais elle est re-sexuée. La hiérarchie s'inverse à mesure que l'Église devient l'arène des relations.

Liens latéraux féminins

Pour justifier l'argument selon lequel l'Église aurait adopté la forme sociale latérale, je vais résumer quelques-uns des principes de base de l'organisation sociale à Ambrym. Les travaux sur le système de parenté décrivent un système à six classes (Deacon,

1927, Patterson, 1976, Rio, 2002, Eriksen, 2004), dont la compréhension est facilitée lorsqu'il est considéré fonctionner sur deux niveaux simultanément. Au premier niveau, le système de parenté peut être analysé en tant que structure divisant les groupements patrilinéaires en trois groupes principaux, appelés *buluim*.

Ces groupes sont organisés selon un principe de descendance patrilinéaire et de résidence virilocale. Chacun est divisé en deux moitiés générationnelles suivant le principe de l'alternance de sorte à ce qu'un homme et le père de son père ainsi que le fils de son fils sont des « frères » et appartiennent à la même moitié, alors que le père et le fils de cet homme appartiennent à la moitié opposée. Ces moitiés sont importantes lorsqu'il est question de mariage, puisqu'un homme épouse une femme du même groupe que le père de son père, appelé également « frère ». En d'autres termes, lorsqu'un homme veut trouver une épouse, il doit chercher une sœur de père de père, qui se trouve être également une sœur de son frère, puisque le père de son père se situe dans la même moitié que son propre frère.

Lorsque chacun des trois *buluim* est divisé en deux groupes (générationnels), il en résulte un système basé sur six groupes, et donc un système à six classes. Cependant, j'ai montré ailleurs (Eriksen 2004) que pour comprendre le fonctionnement de ce système il fallait compléter cette perspective structurelle par une analyse de la façon dont les personnes se marient et sont concrètement apparentées. J'ai constaté qu'à Ambrym les gens se marient généralement avec la personne de leur choix et qu'ils disposent d'une grande liberté en ce qui concerne le lieu de résidence. Ce qui au premier abord semble être une opposition entre le discours et les pratiques peut être considéré comme une relation entre une parenté réelle et une parenté idéale. Il est possible de considérer le système à six sections comme étant une règle avec de nombreuses variantes « sur le terrain ». Le système à six sections définit les principes de base qui peuvent conduire au développement de plusieurs relations différentes. Les relations réalisées ne sont, en outre, pas les seules possibles. Il est important, au Nord Ambrym, de faire correspondre la pratique effective avec les principes de base de la parenté et d'être en accord avec ces derniers. Les gens sont par conséquent créatifs et élaborent différentes façons d'établir une relation qui soit « convenable ». Ces élaborations entraînent parfois un changement de perspective dans la généalogie, de sorte que de multiples lignes relationnelles différentes sont prises en compte afin de déterminer si une femme est aussi une épouse potentielle selon le système à six sections. J'ai étudié ailleurs (Eriksen, 2004) différents cas où les mariages ne pouvaient avoir lieu que si les relations précédentes étaient « bloquées » et que de nouvelles relations soient créées pour que les mariages deviennent « acceptables ». Un homme voulant épouser une personne qui, selon le système à six classes, n'est « pas mariable », doit donc trouver une autre façon de la classer. J'ai même enregistré le cas d'un homme qui, pour épouser la fille d'un frère classificatoire, avait « bloqué » cette relation, ce qui impliquait le paiement d'une compensation au père de la fille pour changer les codes relationnels. Il avait trouvé ensuite une nouvelle « voie » généalogique à partir de laquelle il pouvait appeler la personne « beau-père », transformant ce qui aurait été une relation incestueuse en une relation affine. Ce qui est important dans mon argumentation est que lorsque des personnes essaient de se marier de façon « convenable » en suivant l'idéal du système de parenté, et qu'elles cherchent des « voies » alternatives pour fonder ces relations, ceci est souvent réalisé à travers les liens matrilatéraux. Ainsi, bien que le système patrilinéaire soit l'idéal exprimé, il existe un système alternatif matrilatéral en arrière-plan qui est déployé lorsqu'il est nécessaire de revisiter la perspective générationnelle qui explique la relation. On peut ainsi avancer que le système est bilatéral dans la pratique, même s'il est patrilinéaire dans l'idéal.

Le fait de suivre les relations de parenté à travers la mère plutôt qu'à travers le père ouvre d'autres possibilités de relations. Le lien à travers la mère permet ainsi de nouvelles voies de connexion entre les individus. Au-delà des arrangements de mariages, les connexions établies par les femmes sont importantes dans d'autres domaines de l'organisation sociale à Ambrym. Les sœurs y sont appelées *metehal*. Le terme *hal* est devenu, par élargissement du référentiel, une catégorie culturelle complexe. Au sens littéral, *hal* signifie aussi bien des chemins entre hameaux et villages que des chemins entre hameaux et jardins. Le concept *metehal* désigne les filles et les sœurs, et donne ainsi au concept de *hal* un sens métaphorique. Il signifie littéralement « la fin de la route » ou, comme un informateur me l'a expliqué : « la fin que la route fait », similaire à une pointe de flèche, qui est également appelée *mete*. Les femmes sont comparées à des chemins entre hameaux car c'est par leur intermédiaire que les liens sociaux s'établissent. Par exemple, lors d'une enquête sur les changements de résidence des villageois, j'ai observé que les mouvements entre les anciens et les nouveaux lieux de résidence se font généralement par l'intermédiaire des femmes « tisseuses de liens ». Les femmes qui, en se mariant, rejoignent un nouveau lieu de résidence, restent des points de liaison essentiels pour leurs parents qui pourraient avoir besoin d'un refuge plus tard. On peut ainsi considérer que les femmes sont, d'un point de vue général, celles par qui les liens et les insertions sociales s'établissent. Des faits similaires ont été rapportés par McDougall (2003). Elle a expliqué comment les femmes à Ranongga, dans les îles Salomon, sont responsables de la prise en charge et de l'intégration sociale des étrangers. Bolton a également expliqué, dans le cas d'Ambae au Nord Vanuatu, que les femmes déménagent lors de leur mariage et que leurs relations relèvent davantage de questions d'affiliation que de naissance. D'ailleurs, toujours selon Bolton, une femme est habituellement considérée comme quelqu'un qui doit « te précéder et te montrer le chemin » (1999 :49). En d'autres termes, le déplacement vers de nouveaux lieux de résidence est une pratique sexuée.

Relations hiérarchiques masculines

Un autre aspect important de l'organisation sociale à Ambrym est ce que j'appelle la forme sociale masculine, la hiérarchie. Cette forme sociale s'exprime dans sa version la plus pure au sein de la société à grades des hommes, appelée le *mage*. C'est une institution sociale dont la compréhension relève en grande partie de l'analyse histo-rique. Aujourd'hui, seul un très petit nombre d'hommes sont encore actifs et obtiennent des grades dans cette société rituelle. L'idéologie des grades est néanmoins encore vivante de nos jours.

La société à grades était l'institution sociale masculine la plus importante dans le domaine de la production d'hommes de grand renom, et donc respectés comme tels. En montant dans la hiérarchie du *mage*, les hommes parvenaient à acquérir une gloire personnelle. Le *mage* consistait en treize (Rio, 2002) à quinze (Patterson, 1981) grades, dont chacun avait un nom distinct. À chaque grade correspondait un paiement à un senior détenant déjà le droit au grade, sous la forme de cochons vivants et morts [3]. Pour accéder au plus haut grade, qui avait trois variantes toutes appelées *mal*, il fallait s'acquitter de plus de 40 cochons. Des effigies en fougères arborescentes étaient sculptées pour chaque grade et des plateformes étaient érigées au-dessus d'elles. Quand le candidat montait sur la plateforme, il se trouvait littéra-lement au sommet du *mage*. En agissant ainsi, le candidat confirmait son statut, se situant au-dessus de l'emblème du grade.

Patterson (2002) a fait remarquer que le *mage* est un concept rituel originaire de l'île voisine de Malekula. L'auteur estime que l'arrivée du *mage* a eu lieu aux XVIIe et XVIIIe siècles et que, même au début du XXe siècle, des hommes d'Ambrym faisaient encore le voyage à Malekula pour être initiés aux grades du *mage*. Cependant, toujours selon Patterson (1981, 2002), avant l'introduction du *mage*, il existait à Ambrym une autre variante de la société à grades. Les cérémonies qui préfiguraient l'arrivée du *mage* [4] étaient fondées de façon beaucoup plus prononcée que ce dernier sur les principes du système de parenté. En effet, c'était le paiement entre les trois groupes

---

3. Voir Rio (2002), pour un rapport détaillé sur chaque grade.

4. Ces cérémonies sont par exemple le *serebuan*, le *berangyanyan*, le *fenbi* et le *tobuan* (voir Patterson, 1981, Eriksen, 2004)

buluim de base qui était au centre des cérémonies. Selon Patterson, ces cérémonies comprenaient également des attributions de grade, des abattages de cochons et l'érection de statues en fougères arborescentes. Ce dernier aspect du complexe cérémoniel pré-*mage* fait dire à Patterson que « loin d'être séculaires, ces rites au Nord Ambrym ont été la base créative d'idées ontologiques et cosmologiques autant qu'un moyen de différentiation de statut entre les individus et le groupe » (2002 :128). L'aspect compétitif de ces cérémonies a ensuite été remplacé par le *mage*.

Il semble que peu d'éléments de ces anciennes cérémonies aient subsisté, car le *mage* n'est ni lié à la structure du système de parenté, ni centré sur les paiements entre groupes *buluim*. Le *mage* existait dans une certaine mesure en dehors de la communauté et détaché des principes sociaux du système de parenté qui déterminaient en grande partie la vie sociale ordinaire. La logique compétitive sur laquelle il était basé contrastait avec la logique de la vie sociale quotidienne qui, dans une mesure bien plus significative, était basée sur un esprit d'égalité et sur les relations de travail conjugales. Il est possible de comparer ce phénomène à ce que Harrison (1985) expliquait à propos du culte hiérarchique masculin chez les Avatip, dans l'Est Sepik de la Nouvelle-Guinée. Ce culte fonctionnait selon une logique culturelle différente de celle de la société séculaire. Harrison a affirmé l'existence de deux domaines socio-culturels différents, l'un rituel et l'autre non rituel ; l'un séculaire et l'autre quotidien. Dans le domaine de la parenté, par exemple, le contexte non rituel était dominé par une idéologie de l'égalité. Le rituel masculin, par contre, fonctionnait comme son antithèse. Mais, au lieu de parler de différents domaines, comme le domaine politique du culte masculin et le domaine domestique des relations de genre par exemple, il s'agit, selon Harrison, de différentes formes d'action sociale.

De la même façon, la forme sociale masculine à Ambrym existait en tant qu'alternative à une forme sociale plus commune et plus connue dans laquelle la compétition était sanctionnée dans une très grande mesure par la sorcellerie. Se donner trop d'importance et revendiquer une influence excessive conduisait souvent à ce que les personnes appellent *toktok* en Bislama. Cette expression signifie « trop de discours » et « bavardage », ce qui est étroitement lié à la peur de la sorcellerie. Lorsqu'il y a *toktok*, il y a aussi sorcellerie, disent les gens. Les pratiques qui marquent des distinctions entre les individus et qui font que certaines personnes se font remarquer sont sanctionnées par la magie noire. Lorsque, par exemple, le cuisinier de l'école secondaire de Ranon est tombé malade et a dû s'arrêter de travailler, un poste a soudain été libéré au village. Il s'agissait d'une ressource rare, car il n'y avait pas beaucoup d'emplois rémunérés à Ranon. À part les postes d'instituteurs à l'école primaire et de professeurs à l'école secondaire, et celui de prêtre, personne d'autre n'avait une activité rémunérée. Plusieurs personnes du village désiraient occuper ce poste, car le travail y est moins difficile que de devoir vendre ses récoltes pour payer les factures d'école, d'eau, etc. Mais le plus surprenant est que la femme qui a obtenu le travail n'est restée en poste qu'une semaine et a ensuite déménagé à Port-Vila. Elle m'a expliqué qu'il y avait eu trop de *toktok* (commérages) dans le village et que trop de personnes avaient parlé du fait que son père faisait partie du conseil d'administration de l'école secondaire, qu'il était aussi membre du Conseil pour le développement et qu'il avait essayé de l'aider. Cette femme se sentait très menacée parce que, comme elle l'a expliqué, ce genre de *toktok* conduit toujours à la *posen* (sorcellerie). La forme communautaire, dans laquelle la séparation et la personnification sont sanctionnées, est la valeur principale de l'interaction quotidienne. Le fait d'être privilégiée et d'obtenir le travail impliquait la mise en valeur de la relation entre elle et son père. Son père devenait ainsi une représentation de l'obtention du travail. Cela ne pouvait être accepté et contrariait les gens du village. Dans ce sens, les valeurs de la vie quotidienne peuvent être interprétées comme une version inverse des valeurs du *mage*. Bien que de nombreuses personnes lui aient envié ce travail, créant par conséquent une situation de compétition, celle qui a obtenu le poste et s'est différenciée des autres, a ressenti de la gêne, précisément parce qu'elle avait reçu quelque chose au détriment d'autres personnes.

Des valeurs masculines et féminines créatrices de formes sociales différentes

Deux systèmes de valeurs différemment sexués semblent opérer à Ambrym. D'après Dumont (1980), les valeurs sont toujours organisées hiérarchiquement, au sens où il y a toujours une valeur principale qui régit les autres. Dumont a affirmé qu'en Inde la notion du pur est une valeur englobante qui inclut le politique, l'économique et le juridique. La pureté est une valeur absolue. En se basant sur le modèle de Strathern (1988) et sur la tradition de Mauss (1990) il est possible d'avancer pour l'anthropologie mélanésienne que créer une relation est une valeur absolue dans le cas d'Ambrym (voir également Robbins 2002 et 2004). Les variantes féminines et masculines ne sont pas égales à cet égard car, comme je l'ai montré : les « codes » sexués qui permettent de créer des relations sont différents. On a dit que le genre était fondamental pour ce qui est des relations sociales dans cette région. Strathern (1988) a proposé que la compréhension de la dynamique de la vie sociale en Mélanésie n'est pas tant basée sur une compréhension de la relation entre un individu et la société, comme la pensée sociale occidentale l'a beaucoup dit, mais plutôt sur la façon dont les relations sont sexuées et transformées. Strathern s'appuie sur différents échanges proto-typiques : des échanges entre « mêmes sexes » par rapport à ceux entre « sexes opposés » et des échanges « avec médiation » par rapport à ceux « sans médiation ». Le meilleur exemple en est le couple Hagen [5] qui élève des cochons que le mari utilise dans un échange de type Moka. L'échange de type Moka se fait uniquement entre hommes. La relation entre sexes opposés dans ce cas est la relation entre la femme et le mari. Elle est du type « sans médiation » car elle est autonome en tant qu'unité. Strathern soutient que le produit de cette union (nourriture, cochons, et enfants) se substitue à la relation. Cette substitution est elle-même du type « état intermédiaire » entre sexes opposés, ou, en d'autres termes, elle est de composition androgyne. La relation sans médiation entre sexes opposés, c'est-à-dire entre mari et femme, conduit à une substitution ; et cette substitution est l'enfant androgyne ou le cochon androgyne. Dans la relation entre mêmes sexes, dans laquelle le mari échange le cochon avec une personne du même sexe, le cochon en vient à représenter l'union précédente entre sexes opposés qui l'a produit. Le mari, en revanche, se détache maintenant de la relation précédente entre sexes opposés dans la transaction entre mêmes sexes, et devient donc ce que Strathern appelle une « personnification » de la relation entre mêmes sexes. Comme celui qui donne le cochon, il est également celui qui « donne un visage à » la relation. L'homme devient ainsi une représentation personnelle ou, dans la terminologie de Strathern (1988), une « personnification » de la relation.

La sexuation des relations est le principe de base dans les analyses de Strathern. Tous les échanges sont modélisés, selon Strathern, sur la base de cette sexuation. Pour Strathern, l'alternance n'est pas tant entre un état masculin et un état féminin, qu'entre un état « sexes opposés » /androgyne et un état « mêmes sexes ». L'état androgyne entre sexes opposés est total et momentanément satisfait. C'est seulement par sa transformation en un état de même sexe que de nouvelles relations peuvent être instaurées, une nouvelle croissance et un développement social s'établir. Strathern (1987) soutient donc qu'un rite de puberté, par exemple, n'est pas tant une question de socialisation de l'individu dans la société, selon la conception la plus répandue en anthropologie, qu'une question de création d'un seul genre à partir de l'enfant androgyne.

Lorsque je compare le modèle de Strathern à mes propres données, je peux dire que, de la même manière que la transaction de même sexe éclipse la relation entre sexes opposés, la relation masculine à Ambrym, par exemple pendant une transaction

---

5. Strathern fait largement appel à ses propres données ethnographiques provenant de Mont Hagen dans les hautes terres de Papouasie Nouvelle-Guinée.

cérémonielle dans la hiérarchie rituelle masculine, éclipse la forme féminine égalitaire. Je pourrais bien sûr dire que les transactions entre hommes à Ambrym, qu'elles aient lieu pendant les cérémonies de changement de grades dans le *mage* ou lors d'échanges dans l'économie cérémonielle générale, sont des transactions de même sexe, et ne m'intéresser qu'aux aspects sexués de ces transactions à un niveau général. Je pense qu'il est plus pertinent, cependant, de qualifier cette forme sociale de « masculine » étant donné que, comme je l'ai démontré, ce sont généralement les hommes qui interviennent dans ces transactions de même sexe. Strathern semble vouloir éviter l'utilisation des termes « masculin » et « féminin » lorsqu'elle dit « J'ai donc proposé que la relation sexuée mélanésienne sur laquelle nous devrions nous concentrer n'est pas entre masculin et féminin mais entre relations de même sexe et de sexes opposés » (1988 :185). Selon elle (1988 :185), le genre se réfère à « la relation interne entre différentes parties de la personne, ainsi qu'à leurs externalisations en tant que relations entre personnes ». Ce « modèle à personnes multiples » est utile par bien des aspects car il évite d'essentialiser la « masculinité » et la « féminité » ; ce qui est masculin n'est masculin qu'en relation à quelque chose d'autre. Lorsqu'une chose est dite « masculine », que ce soit une personne ou une pratique, elle ne peut être appelée ainsi qu'en raison du fait qu'une distinction a été créée entre une partie et le tout. À Ambrym, pendant une transaction cérémonielle, c'est exactement ce qui se passe. L'homme qui personnifie le donateur et donne un certain nombre de cochons et d'ignames est séparé du tout. Cependant, j'affirme qu'à Ambrym cette séparation n'est pas simplement un moyen de sexuer une personne et une pratique mais que, lorsqu'elle a lieu, elle est habituellement de genre masculin. Je sais bien que dans d'autres parties de la Mélanésie, et même dans les régions avoisinantes d'Ambrym, des femmes officient dans des transactions cérémonielles de même sexe. Les femmes d'Ambae qui échangent des nattes (Bolton, 2003) et les femmes de Trobriand qui échangent des feuilles de bananiers (Weiner, 1976) sont des cas de transactions de même sexe, de genre féminin. À Ambrym, cependant, je soutiens que ces transactions cérémonielles publiques, qui ont lieu au sein de relations de même sexe, sont de genre masculin. C'est dans ces transactions que les différences entre genres sont mises en évidence à Ambrym.

En appliquant le modèle conceptuel de Strathern (1988), je voudrais montrer que rechercher des relations avec médiation, et souvent des relations de même sexe, pour parvenir à la mise en œuvre de relations en tant que personne – et créer ainsi des personnifications – est une pratique sexuée masculine. Cependant, c'est une pratique sexuée féminine que de chercher, en tant que personne, à créer cette mise en œuvre de relations. Les femmes se distinguent en tant que voies alternatives pour établir des liens et représentent « des voies relationnelles » que leurs frères et pères peuvent suivre pour extraire des ressources destinées à des prestations cérémonielles, tandis que les hommes, pendant les échanges avec médiation lors de cérémonies, cherchent à faire d'eux-mêmes des personnes de renom et éclipsent les relations dont ils dépendent, se démarquant ainsi en tant que personnifications. Les femmes représentent les relations, tandis que les hommes s'inscrivent dans une autre démarche en cherchant à se distinguer dans leurs relations en tant qu'individus singuliers.

La différence de genre à Ambrym est une différence entre l'importance accordée aux personnes et celle accordée aux relations. Comme Strathern (1988) l'a montré, la personne et la relation représentent, chacune à son tour, une variation de l'autre et sont des équivalents indispensables. La façon la plus juste, peut-être, d'exprimer la dynamique entre les deux systèmes de valeurs en concurrence à Ambrym est de dire que la forme sociale masculine exprime la valeur des échanges avec médiation qui créent des personnifications, tandis que la forme sociale féminine est basée sur des échanges sans médiation qui ne mettent pas l'accent sur les personnifications de l'échange. En suivant Gell (1992, 1999), on peut parler ici de différence entre des échanges de dons, ou entre des échanges avec médiation et des échanges de partage ou sans médiation. Ces deux formes sociales sont alors des variantes de la valeur relationnelle. L'une d'elles, cependant, est moins compatible avec la forme sociale de l'Église et la valeur du christianisme. Mon hypothèse est que, dans le cadre de l'Église, la forme sociale personnifiée s'est peu exprimée. Les personnifications, l'idée selon laquelle une personne singulière contient en elle-même la société tout entière et en est une représentation, contrastent fortement avec l'esprit égalitaire de la forme sociale chrétienne. Les cérémonies dans le *mage*, ainsi que celles basées sur la parenté, créaient autrefois, et dans une certaine mesure créent encore aujourd'hui, des hommes qui avaient ce pouvoir. Cependant, à Ambrym, la dynamique sociale de l'économie cérémonielle présente une contradiction interne inhérente, basée sur la tension entre ces deux systèmes de valeurs concurrents, le relationnel et le personnifié.

D'une part, les principes de partage sont le fondement de toutes les cérémonies. Les prestations dans toutes les cérémonies sont basées sur l'échange généralisé. D'autre part, les personnes principales de la cérémonie éclipsent cet échange généralisé. L'homme – et ce sont des hommes dans la plupart des cas – qui présente un don cérémoniel, présente le tas de nourriture qu'il a reçu de la part d'un grand nombre de parents comme s'il s'agissait d'un don de sa part à celui qui le reçoit, et produit donc l'image d'un homme travailleur. Cette illusion n'est que momentanée car après la présentation de nourriture au donataire, la prestation de retour est partagée entre les nombreux parents qui ont contribué à la prestation d'origine. Cette tension entre l'ensemble social d'une part et, d'autre part, l'unique personne qui apparaît comme le « *big man* » (Sahlins, 1963) est présente dans toutes les cérémonies d'Ambrym. Dans la langue de Dumont, on pourrait dire que les personnifications masculines, dans les cérémonies du *mage*, et jusqu'à un certain point également dans l'économie cérémonielle générale, englobent les valeurs féminines du partage. C'est cet englobement qui a été inversé lorsque l'Église est devenue la nouvelle arène de l'économie cérémonielle.

La forme sociale de l'Église

Avant de montrer comment cette inversion se produit, je vais d'abord brièvement décrire [6] la nouvelle économie cérémonielle qui s'établit dans le cadre de l'Église. La collecte de fonds est une partie essentielle de la vie d'un chrétien. De petites ventes sont parfois organisées, mais de temps en temps des activités plus importantes de collecte de fonds ont lieu. Ces ventes impliquent de nombreuses personnes et représentent un événement dans le village. Au cours de mon terrain en 1999, il y eut en particulier une collecte de fonds dont on a beaucoup parlé et qu'on a préparée longtemps à l'avance. Elle s'appelait « *mate to meat* », selon un concept australien de collecte de fonds. L'idée était la suivante : chacun devait apporter une assiette de nourriture et les organisateurs liraient ensuite à haute voix les noms des personnes qui devraient prendre leur repas ensemble. Deux familles échangeraient leurs assiettes et chaque famille paierait le plat qu'elle recevrait de l'autre, puis elles s'assiéraient ensemble et mangeraient. L'argent serait ensuite donné à l'Église. Tous les foyers de Ranon ont participé à l'événement, tout le monde assis par groupes autour d'une clairière où le chef, debout, a appelé les noms de ceux qui devaient manger ensemble.

Ces collectes de fonds ne sont, à la base, pas principalement destinées à rapporter de l'argent à l'Église. C'est plutôt l'aspect social des cérémonies qui semble important. On parle de l'événement et on le prépare plusieurs jours à l'avance. Les enfants en sont tout excités, et les femmes préparent des plats de fête, magnifiquement décorés. Le rassemblement social, les rires et les jeux, les hommes qui discutent, assis en groupes, et les femmes qui admirent les plats les unes des autres, tout en plaisantant et en bavardant, tout ceci contribue à l'inclusion sociale et à la vie collective. Je crois que le but de la cérémonie était davantage de partager la nourriture que de rapporter de l'argent à l'Église.

---

6. Pour une description plus détaillée, voir Eriksen (2005).

Donner de la nourriture et faire circuler les produits du jardin sont des actes très valorisés à Ambrym. La femme chez laquelle j'ai habité et dont j'ai partagé la cuisine parlait toujours de sa cuisine vide. « Je prépare de la nourriture, mais quelques minutes après, il n'y en a plus », disait-elle. Ou elle faisait remarquer qu'elle avait été hier dans son jardin et qu'elle avait rapporté des tas de bananes, de taros ou d'ignames et que, très vite, tout était parti. Même si elle s'exprimait en termes de plainte, il s'agissait pour elle, bien sûr, de manifester sa capacité à jouer un rôle social. Sa nourriture était en circulation. J'ai montré ailleurs (2005) que la logique sociale de partage est facilement comparable avec la logique de la collecte de fonds. L'économie cérémonielle – par exemple les cérémonies de mariage, les rites de puberté, les cérémonies mortuaires, etc., – était basée, dans une grande mesure, sur des échanges généralisés, et les cérémonies fournissaient des contextes dans lesquels les produits du jardin circulaient. Autrefois, le répertoire de cérémonies qui produisaient cet effet était plus fourni. Je n'en parlerai pas ici, mais Mary Patterson (1981) a décrit certains rites, tels que le rite *Serebuan* et la cérémonie *Tobuan*, qui étaient couramment pratiqués au Nord Ambrym avant l'arrivée de l'Église. Le *Tobuan* est toujours célébré à Ambrym, bien que plus rarement. Les collectes de fonds constituent des contextes nouveaux dans lesquels des structures importantes d'échange généralisé sont intégrées.

La « transformation féminine » de l'Église

Des changements significatifs se sont produits au fur et à mesure que les collectes de fonds sont devenues la nouvelle économie cérémonielle. Ces changements ont particulièrement affecté l'organisation des valeurs sexuées : la forme hiérarchique et personnifiée ainsi que la forme sociale latérale relationnelle. J'affirme que l'Église a, d'une part, pris une forme relationnelle ouverte qui inclut des cérémonies où le partage de nourriture est central, mais qu'elle a aussi changé des aspects importants de l'économie cérémonielle en la sexuant d'une manière nouvelle, attribuant un rôle englobant à la forme sociale féminine. Lorsque des cérémonies sont célébrées dans le cadre de l'église, il n'y a pas de place pour la glorification d'hommes particulièrement travailleurs, comme c'était le cas non seulement dans l'économie cérémonielle mais aussi, et même davantage, dans la société à grades, le *mage*. J'ai comparé ailleurs (Eriksen, 2006a) trois descriptions différentes d'une cérémonie de l'igname nouvelle : l'une, datant de 1887, faite par le premier missionnaire à Ambrym, Charles Murray, l'autre de 1947, faite par un autre missionnaire, Paton, et enfin une dernière, écrite par moi-même en 1996. J'ai constaté une évolution significative dans le déroulement de cette cérémonie. Aujourd'hui les rôles des femmes dans la cérémonie sont devenus beaucoup plus importants. Non seulement les femmes sont maintenant visibles au cours de la cérémonie, mais leurs rôles sont aussi beaucoup plus dominants que ceux joués par les hommes. Alors qu'auparavant les hommes célébraient seuls toute la cérémonie, derrière les gros murs en pierre de l'enceinte, ils ont aujourd'hui entièrement perdu leur prééminence dans cette cérémonie. Pendant cette cérémonie de 1996, qui s'est déroulée d'abord à l'intérieur de l'église, il n'y avait quasiment que des femmes présentes. Ensuite, sur le terrain cérémoniel où la redistribution elle-même se déroulait, les hommes étaient simplement assis et regardaient tout le processus. Seuls le chef et les femmes participaient à la distribution de l'igname. Le chef n'avait pas le rôle important qui était celui du chef en 1943 ou en 1887. Celui qui aidait les femmes à attribuer l'igname pendant la Nouvelle Igname en 1996 avait un rôle très discret. Il est clair, à mes yeux, qu'une autre accentuation du genre s'était développée.

L'Église a changé la forme sociale sur la base de laquelle ces cérémonies sont conduites. L'importance n'est plus donnée à un seul homme englobant l'ensemble relationnel et qui devient la personnification de la cérémonie. C'est plutôt le travail relationnel lui-même qui est devenu le point central. L'Église presbytérienne, telle qu'elle s'est développée à Ambrym, ne pouvait pas donner de place à la forme sociale masculine : la hiérarchie. C'était plutôt une autre forme sociale, qui correspondait mieux aux notions établies de l'Église, telle qu'elle a été présentée à Ambrym par le missionnaire Charles Murray en 1887, qui avait pris le dessus. L'Église fut d'abord contrôlée par les hommes de haut rang dans le *mage*. Ceux-ci achetaient des droits à l'Église et, à l'intérieur de celle-ci, semblaient utiliser la logique du *mage*. Par exemple, ils achetaient des droits et empêchaient les femmes d'accéder à l'Église. Au fur et à mesure que les hommes de haut rang ont tourné le dos à l'Église, suite à des luttes incessantes et des querelles avec les missionnaires sur la façon dont l'Église devait être organisée, celle-ci a été laissée aux femmes et aux hommes de bas rang. Elle n'a plus intéressé les hommes de haut rang lorsque les missionnaires les ont empêchés d'organiser des manifestations de grandeur et de faire de l'Église un mouvement exclusif et partial, réservé aux seuls individus de sexe masculin. L'Église s'est transformée : à partir d'un mouvement qui reposait, à l'origine, sur la logique du *mage*, selon laquelle les hommes de haut rang achètent « des droits » dans l'Église pour que celle-ci puisse représenter leurs grands noms, l'Église est devenue un mouvement inclusif et communautaire. Les *big men* de la société à grades, pendant l'époque du premier missionnaire, ne deviendraient jamais eux-mêmes chrétiens car l'Église s'était métamorphosée en un mouvement ne permettant plus la gloire personnelle. Au fur et à mesure que l'Église, au siècle dernier, s'est développée en un mouvement collectif, elle est devenue un courant silencieux en constante progression, sans grands noms. À partir des années 1920, les Églises du Nord Ambrym sont passées de petites congrégations minoritaires à une institution collective plus importante. À mesure que l'Église cessait de représenter une relation exclusive entre des *big men* en compétition pour devenir ouverte et inclusive, les gens des villages à proximité de la mission ont été recrutés et ont construit leurs propres églises. J'ai montré (Eriksen 2004, 2006a) comment cette croissance rapide peut être intimement liée aux femmes des villages de la mission, qui se sont mariées dans des villages « païens » et ont amené l'Église avec elles.

Cette insistance sur l'égalité des membres, sur l'inclusion des deux sexes et l'implantation non contrariée de l'Église dans de nouveaux territoires, était en résonance avec la forme sociale féminine : l'établissement de liens latéraux. À Ambrym, la dynamique de parenté, le mariage, les lieux et les déplacements étaient structurellement favorables aux pratiques sexuées féminines mises en œuvre au sein de l'Église. Les Églises à Ambrym aujourd'hui sont des manifestations de communautés et des « ensembles » sociaux. L'Église ne peut être la manifestation d'un seul homme. Les cérémonies ne sont pas ouvertes au type de hiérarchie compétitive sur lequel le *mage* était fondé.

Les cérémonies traditionnelles, en revanche, s'appuyaient sur ces compétitions pour le prestige personnel et les cérémonies du *mage*, en particulier, soulignaient les performances des individus masculins. Les cérémonies organisées par l'Église, comme les collectes de fonds et les distributions de l'igname nouvelle, ne laissent pas de place à ces pratiques masculines. L'Église à Ambrym fonctionne donc davantage comme un principe horizontal que vertical. L'organisation verticale presbytérienne, avec des diacres, des anciens et le rôle du prêtre, est bien sûr présente mais, à mon avis, dans l'Église de Nord Ambrym, la forme féminine de la structure sociale, avec l'importance donnée à la collectivité, à l'inclusion et à l'alliance, est un élément essentiel de la structure sociale de l'Église plus que ne l'est la relation hiérarchique entre les dirigeants. Le club des femmes et le PWMU (Union des femmes de la mission presbytérienne) sont, pour l'instant, les organisations qui remportent le plus de succès du point de vue du travail collectif. On m'a dit que le PWMU avait collecté de l'argent, il y a plusieurs années, pour acheter un camion collectif afin de faciliter le déplacement entre les églises de l'île lorsque des réunions étaient organisées.

Le mouvement qui touche l'Église a remporté plus de succès car il manifeste explicitement la forme « établissement de liens » plutôt que celle de la « personnification ». Dans la société à grades, la valeur la plus haute était la personnification. Tout s'y passait comme si l'ensemble social était éclipsé et oublié dans le seul but de permettre aux hommes de se créer de grands noms. La valeur supérieure de partage était mise de côté en tant que valeur inférieure, alors que la valeur d'échange personnifiée s'élevait en tant que valeur dominante.

Analyse du christianisme et de la transformation des valeurs

Exprimé dans le langage de Dumont, ce que j'ai observé à Ambrym constitue une inversion de la hiérarchie des valeurs. Le fait que le christianisme change fondamentalement les valeurs de l'univers social existant a été décrit ailleurs pour le Pacifique. Joel Robbins (2002, 2004) a analysé le rôle que le christianisme a joué dans le développement de la notion d'individualisme chez les Urapmin des Hautes Terres de la Papouasie Nouvelle-Guinée. Robbins montre que le christianisme a provoqué un changement culturel radical et a remplacé la valeur du relationnisme par un sens croissant de l'individualisme. Ceci est lié aux deux préoccupations centrales chez les chrétiens Urapmin : d'abord à la nature pécheresse de l'être humain, et ensuite à la nécessité d'être prêt pour le retour de Jésus. Les Urapmin ont du mal à intégrer l'idée que c'est l'individu qui est pris en compte pour le salut et non pas la relation. L'un des informateurs de Robbins, John, a exprimé sa frustration du fait que « sa femme ne peut pas détacher une partie de sa foi et me la donner » (2002 : 193). Robbins affirme :

> Pour John,... [ceci]... concerne les limites du partage et la valeur restreinte des relations fondées sur celui-ci. Ceci confirme que chaque individu est responsable de sa foi. Si un individu n'a plus la foi au moment du retour de Jésus, personne, pas même ceux qui lui sont les plus proches, ne pourra lui apporter de crédibilité morale... Voilà certainement « l'être indépendant, autonome et donc essentiellement non social » de Dumont qui, en tant qu'« individu en relation avec Dieu » est l'objet du salut chrétien (Dumont, 1986 : 27, d'après Troeltsch), (Robbins, 2002 : 194).

Dans la confession des péchés, dans les prières et dans la rhétorique chrétienne du salut, c'est la relation de l'individu à Dieu qui est soulignée tant par la forme que par le contenu. Même les péchés comme la colère, qui sont provoqués par d'autres, sont considérés comme des péchés individuels sous la responsabilité de l'individu. Le sujet Urapmin chrétien est un « individu non social mais néanmoins moral » (2002 : 196).

La description de Robbins des difficultés rencontrées par les sujets Urapmin lorsque, dans leur vision du monde, ils doivent passer d'une éthique relationnelle à une éthique individuelle, est convaincante. Mais il y a ici un contraste évident entre ma proposition selon laquelle l'Église est un « ensemble social », et l'idée selon laquelle le christianisme favorise l'individualisme. L'individualisme qui, selon Robbins, devient une valeur dominante chez les Urapmin, n'est pas un individualisme compatible avec un système de valeurs relationnel. Alors que l'importance donnée à l'individu, la personnification dont j'ai parlé comme étant une pratique masculine, peut être vue comme une modalité de la valeur relationnelle. L'individualisme est une rupture fondamentale avec celle-ci. L'individu (la personnification selon les termes de Strathern) est l'expression momentanée d'une réussite sociétale. L'effort relationnel étaye la glorification du *big man*. Ce n'est que dans certains contextes que la grandeur d'une seule personne est manifestée et, dans ces contextes, la personne ne représente que ce qu'un certain nombre de personnes/relations ont rendu possible. Les limites de cette expression individuelle sont reconnues à Ambrym, entre autres par le concept *tambufae*. Les *big men* du *mage* devaient manger seuls, séparés de leur famille et des autres membres du village, à cause de leur puissance (ici « feu tabou » ou « *tambuefae* » en Bislama). En d'autres termes, l'expression individuelle n'était pas une expression anodine. Elle était extraordinaire et dangereuse. Pour cette raison, cette expression n'a jamais pu rivaliser avec la valeur relationnelle et devenir de l'individualisme. L'individu, chez les Urapmin (tout comme l'individualisme dont parle Dumont) implique une singularité beaucoup plus fondamentale. Comme Robbins le souligne, il s'agit d'un individualisme activement recherché pour se préparer au retour de Jésus. Ce n'est pas une singularité dangereuse mais une singularité nécessaire et désirée par les Urapmin. Chez ces derniers, l'individualisme a remplacé dans une certaine mesure la valeur du relationnel, alors qu'à Ambrym le relationnel semble être la valeur dominante, mais la hiérarchisation interne entre la forme féminine et la forme masculine de création des relations a changé. Les personnifications masculines, si dominantes dans la société masculine à grades, sont devenues, au sein de l'Église, une forme sociale moins valorisée. C'est la forme sociale féminine, les relations créant des substitutions plus que des personnifications, qui y sont dominantes. L'Église est en fait la substitution ; elle représente la relation sociale entre les gens. C'est en ce sens qu'elle est un « ensemble social », un substitut aux relations sociales. Il y a donc ici une différence fondamentale entre les deux cas ; chez les Urapmin, une transformation radicale du relationnisme à l'individualisme a suivi le christianisme, mais à Ambrym, la transformation s'est effectuée à l'intérieur d'un système de valeurs relationnel.

Cependant, j'aimerais souligner quelques différences qui pourraient éclairer les contradictions apparentes dans les deux cas. En premier lieu, mon analyse de la forme sociale de l'Église et des valeurs (sexuées) selon lesquelles elle fonctionne, est fondée sur l'Église comme institution sociale et non sur une analyse du christianisme en tant que système de croyances. J'ai principalement analysé les pratiques sociales de l'Église : les cérémonies, les collectes de fonds, les relations d'échange et de travail. Je ne me suis pas penchée sur le raisonnement des gens, ni sur les prières ou les confessions. D'ailleurs – et ceci pourrait être essentiel – les travaux de Robbins ont porté sur un mouvement de renouveau de l'Église, alors que je me suis principalement concentrée sur l'Église presbytérienne (bien qu'il y ait également des Églises d'un type plus évangélique à Ambrym, comme l'Église « Holiness », mentionnée dans l'introduction). La confession est une partie vitale du christianisme évangélique et n'est pas importante chez les presbytériens. La différence entre les deux cas pourrait alors être une différence entre la rhétorique d'une part et les relations sociales de l'Église de l'autre. Alors que la première, comme le montre Robbins, est rationalisée autour d'une notion de relation individuelle à Dieu, la seconde concerne l'inclusion dans l'Église. Robbins analyse également des aspects relationnels de l'Église Urapmin, et affirme que « bien que les Urapmin aient une compréhension fine de la nature individualiste du salut chrétien, ils sont également enclins à considérer leur Église en termes relationnalistes » (2002 : 197).

Robbins analyse les possessions par les esprits que les Urapmin appellent « *spirit discos* » et remarque que pendant ces danses, les Urapmin espèrent atteindre un état dans lequel l'Esprit Saint les possédera et les libérera de leurs péchés. Cet état ne peut être atteint que si « la congrégation entière est dans un état de non-péché relatif » (2002 : 202). Selon Robbins, il est possible de voir ceci comme une forme de salut relationnel. Il est à noter que ce concept convient dans le cas de l'expérience du salut dans la pratique sociale. En d'autres termes, c'est un salut qui est lié à la socialité et non un salut concernant une relation de l'individu à Dieu. C'est peut-être là que se situe également la différence entre les deux cas, celui d'Urapmin et celui d'Ambrym. C'est dans la socialité du christianisme que la valeur du relationnel peut être observée et qu'il persiste encore. Cependant, comme j'ai voulu le montrer dans ce chapitre, la transformation qui a lieu au fur et à mesure que le système de valeurs relationnel est re-sexué et que la hiérarchie est inversée est significative. Je suggère que, dans les contextes de hiérarchie rituelle masculine, les valeurs masculines englobaient les valeurs féminines, alors que dans les contextes de l'Église, les valeurs féminines ont une action englobante.

Bibliographie

Bolton, Lissant
1999   "Women, place and practice in Vanuatu: A view from Ambae", *Oceania*, 70 : 43-55. (Numéro spécial).

Deacon, A. Bernard
1927   "The Regulation of Marriage in Ambrym", *The Journal of the Royal Anthropological Institute of Great Britain and Ireland*, 57 : 325-342.

Dumont, Louis
1981   *Homo Hierarchicus: The Caste System and its Implications*. Édition revue et corrigée. Chicago : University of Chicago Press.

Eriksen, Annelin
2004   *Silent Movements: Transformations of Gendered Social Structures on North Ambrym, Vanuatu*. Mémoire de thèse, Université de Bergen.
2005   "The Gender of the Church: Conflicts and Social Wholes on Ambrym, Vanuatu", *Oceania*, 75(3):284-300.
2006a   "Expected and Unexpected Cultural Heroes: Reflections on Gender and Agency of Conjuncture on Ambrym, Vanuatu", *Anthropological Theory*, 6(2): 227-247.
2006b   "On the Value of the Church: the Gendered Dynamics of an Inverted Hierarchy on North Ambrym, Vanuatu." *Paideuma (Wiesbaden)*, 52 : 91-106.

Gell, Alfred
1992   Gell, A. 1992. "Inter-tribal Commodity Barter and Reproductive Gift-exchange in Old Melanesia". In Caroline Humphrey et Stephen Hugh Jones (eds), *Barter, Exchange and Value: An Anthropological Approach*. Cambridge : Cambridge University Press, pp. 142-169.
1999   *The Art of Anthropology; Essays and Diagrams*. In Eric Hirsch (ed.). New Brunswick, N.J. : Athlone Press.

Harrison, Simon J.
1985   "Ritual Hierarchy and Secular Equality in a Sepik River Village", *American Ethnologist*, 12(3) : 413-426.

Mauss, Marcel
1990   *The Gift: Forms and Reason for Exchange in Archaic Societies*. Ed. W. D. Halls. Londres : Routledge. (Première édition : 1925).

McDougall, Debra
2003   "Fellowship and Citizenship as Models of National Community: United Church Women's Fellowship in Ranongga, Solomon Islands", *Oceania*, 74(1-2) : 61-81.

Murray, Charles
1887   *The diary of Rev. Charles Murray*. Unpublished manuscript. Archives de l'Église presbytérienne, Knox College, Dunedin, Nouvelle-Zélande.

Paton, W.F.
1979   *Customs of Ambrym: Texts, Songs, Games, and Drawings*. Canberra: Research School of Pacific Studies, Australian National University.

Patterson, Mary

1976   *Kinship, Marriage and Ritual in North Ambrym*. Mémoire de thèse, Université de Sydney

1981   "Slings and Arrows: Rituals of Status Acquisition in North Ambrym." In M. Allen (ed.), *Vanuatu: Politics, Economics, and Ritual in Island Melanesia*. Sydney : Academic Press, studies in anthropology, pp. 189-236.

2002   "Moving Histories: An Analysis of the Dynamics of Place in North Ambrym, Vanuatu". *The Australian Journal of Anthropology,* 13(2) : 200-218.

Rio, Knut M

2002   *The third man: manifestations of agency on Ambrym Island, Vanuatu*. Mémoire de thèse de doctorat, Université de Bergen.

Robbins, Joel

2002   "My Wife Can't Break off Part of her Belief and Give it to Me: Apocalyptic Interrogations of Christian Individualism Among the Urapmin of Papua New Guinea", *Paideuma* (*Wiesbaden*), 48 : 189-206.

2004   *Becoming Sinners: Christianity and Moral Torment in a Papua New Guinea Society*. Berkeley, CA : University of California Press.

Sahlins, Marshall. D.

1963   "Poor Man, Rich Man, Big-man, Chief: Political Types in Melanesia and Polynesia", *Comparative studies in society and history,* 5 : 285-303.

Strathern, Marilyn

1988   *The gender of the Gift*. Berkeley, CA : University of California Press.

"We are All Brothers and Sisters": Community, Competition, and the Church in Minahasa

Gabriele Weichart

Indonesia is often referred to as being "the world's largest Muslim country" or, as it should rather be read, as the country with the largest Muslim population. 80% of Indonesia's population of approximately 220 million adheres to Islam, making it the dominant religion with the greatest political and social influence throughout most regions in the archipelago. However, Indonesia is not an "Islamic country" and other religions have established themselves alongside, with Christianity being the widest spread and counting the largest number of followers, as is the case in the Minahasa region[1] in the north-east of the island of Sulawesi. There, the majority of the population officially adheres to one of the Christian denominations. Over the past 150 years, the churches, and particularly the Reformed Protestant Church, have become strong and influential institutions that have made visible and lasting contributions to the local political, social and cultural life and to development in the region. The Church's influence is not limited to the institutional level but extends into virtually all social spheres, and many people's lives are largely structured by the religious calendar and related duties. The extraordinary success of the Protestant Church in Minahasa can at least partly be connected to the particular colonial situation in nineteenth century North Sulawesi[2].

---

1. In 2003, the former regency (*kabupaten*) of Minahasa was divided into three smaller regencies, Minahasa, Minahasa Selatan and Minahasa Utara, and into two cities, Kota Bitung and Kota Tomohon. Another subdivision separated Minahasa Tenggara in 2007. Including the capital of Manado, which is located in the same area but administratively independent, the population totals approx. 1,5 million.

2. Various Christian Churches have been able to establish themselves successfully in other regions of the Indonesian archipelago too, as for example in Central Sulawesi, among the Batak in Sumatra, in the Moluccas and the Little Sunda Islands (Nusa Tenggara Timur). From Sulawesi towards the east, Christianity is in fact the dominant religion in contemporary societies, not only within the Indonesian borders but also in the Philippines and the Pacific states.

In the present paper, I am less concerned with the relations between the Church and the Dutch colonial administration, however "intimate" they may have been at the time, than interested in the Church's role within the local communities and how the organisation of the Church and Christian teaching matched the social reality in Minahasa villages and traditional Minahasa culture. By drawing on historical and ethnographic examples, I will show how the Church was able to integrate Minahasa society and become an elementary part of it. It will be argued that this process was facilitated by the fact that in some fundamental ways the Church's organisation and values corresponded to pre-Christian Minahasa social organisation, practices and values which can be subsumed under the concepts of "community" and "competition".

Other authors in this volume, notably Eriksen and Robbins, have dealt with similar questions in Melanesian societies. Robbins argues that the emphasis on individual salvation in Pentecostal Christianity among the Urapmin in Papua New Guinea has resulted in a shift in the hierarchy of values, with individualism becoming a more powerful value than relationalism within the contemporary religious domain. Eriksen draws a very different picture of Ambrym society in Vanuatu. There, after having lost its influence with the local (male) leadership, the Presbyterian Church made community work its primary goal. This focus on egalitarian social relations has attracted mainly the female members of the community because it corresponded more to the pre-Christian role of women as connecting links between people and places, whereas men's rather individualistic and hierarchical position in the ritual sphere has presented itself as an opposition to the Christian values. While Robbins makes the point that Christianity has brought a change in the value system of Urapmin society, the people in Ambrym have experienced a social transformation within the existing relational value system. In the case of Minahasa society, both community and relationalism, as well as individualism and hierarchy, have found their place, side by side, in the Protestant Church and the practice of Christianity.

The establishment of the Protestant Church in Minahasa

With the rising influence of the VOC[3] and Dutch colonial power in the region throughout the seventeenth and eighteenth centuries, the Netherlands Missionary Society (NZG[4]) saw an equally increasing need for missionary engagement and the spread of Christianity to hitherto rather neglected areas and peoples. In 1831, Johann

---

3. Dutch East India Company (*Vereenigde Oost-Indische Compagnie*)

4. Nederlandsch Zendelinggenootschap

Friedrich Riedel and Johann Gottlieb Schwarz, who would become the most "famous" NZG missionaries in the area, arrived in North Sulawesi and settled in the heartland of the Minahasa people, the fertile mountain plateau surrounding Lake Tondano. Despite initial resistance among the local population (Graafland, 1867), the numbers of churches and mission stations and, subsequently, those of baptisms gradually increased and within only a few decades, the Protestant Church was able to considerably extend its sphere of influence. In the 1860s, ten NZG mission stations were operating in Minahasa and 57% of the area's population had officially adopted the Christian religion. With the proclamation of a "total conversion" of the Minahasa people, numbering 180,000 at the time, by the turn of the century, the NZG could be more than satisfied with its "servants" and with having largely fulfilled its goal (Schouten, 1998: 107ff).

The integration of Minahasa people in clerical and administrative positions slowly led to an "indigenisation" of the Church and even greater acceptance and identification on the part of the local population. In accordance with parallel political developments and struggles for independence from the colonial ties, in 1933 the NZG withdrew from Minahasa and in the following year the Geredja Masehi Indjili di Minahasa (GMIM)[5] obtained its independence. Until the present day, GMIM has maintained its leading position in the region and currently counts approximately 730.000 members[6], although competition from evangelical Churches like Pentecostals, Seventh-day Adventists and Baptists, has been an increasingly serious "threat" over the past decades.

The history of the Protestant Church and its continuing strong position in Minahasa society is closely linked to the development of school education. Soon after his arrival, J.F. Riedel established the first school in Tondano and only a few decades later, in 1860, the number of schools in Minahasa totalled 150 of which the vast majority (108) were under NZG leadership. Although acceptance among the local population was not unanimous and, especially in the early days, the pupils' attendance rate was not always satisfactory, the project proved successful over time. This was reflected in the extraordinarily high rate of literacy in the Christian dominated regencies of Minahasa and Bolaang Mongondow in North Sulawesi[7] which, again, showed the rising influence of the Protestant Church.

---

5. Christian Evangelical Church of Minahasa

6. http://www.oikoumene.org/en/member-churches/regions/asia/indonesia/christian-evangelical-church-in-minahasa.html (accessed 01/06/2010).

7. According to the census of 1930, Minahasa and Bolaang Mongondow had a literacy rate of 39% compared to 8% in the Muslim dominated regency of Gorontalo (Jones, 1977: 67).

The covering of the whole Minahasa region with mission stations and schools not only brought Western knowledge and skills even to formerly remote areas and villages, but also had an impact on young people's aspirations in life and on their parents' expectations. The prospects of a career in the colonial or Church administration or as a teacher were major incentives for school attendance in the nineteenth century, and have maintained a certain attraction until today. The authority and relatively high status that comes with such a position seem to have compensated for the often meagre salary. Many former male ritual specialists (*walian* and *tona'as*) became local preachers and missionary assistants and, with the Church's final detachment from its colonial ties in the early twentieth century, indigenous pastors became the norm. In the beginning, the schools mainly aimed at teaching the basic skills of reading, writing and Christian religion – knowledge whose usefulness probably was not always obvious to the children and their parents at the time. Over the years, they developed into institutions which opened new ways for young people to gain higher status and prestige in indigenous, but gradually also colonial, society. Although not all jobs were equally well paid, they offered an income in a peasant society where access to money was limited[8]. Some individuals could even accumulate a little wealth and adopt a standard of living normally reserved for Europeans (Schouten, 1998).

Since the end of the nineteenth century, the government has increasingly recognised the potential of school education and invested in establishing its own institutions where the students were mainly trained for duties in the colonial administration. Throughout the twentieth century, the number of schools owned and directed by the state, first the Dutch colonial administration and later the Indonesian government, steadily grew and finally surpassed those under the direction of a religious institution (Schouten, 1998)[9]. However, the Protestant Church's early initiatives and perseverance in the advancement of school education were ground-breaking. Their lasting impact on Minahasa society also strongly influenced relations with their neighbours and the colonial power and, subsequently, the region's position within the Indonesian nation state. Thus the advent of the Protestant church has resulted in a range of economic, social and cultural changes in Minahasa society. When searching for an explanation for the apparently widespread consent among the Minahasa people to

---

8. Although various cash crops, like coffee, cocoa, nutmeg etc. were planted, it was mainly the Dutch colonialists and not the farmers who profited from the sales (Mai and Buchholt, 13ff; Schouten, 1998: 53ff).

9. Apart from Protestant schools, there are also Catholic and Muslim schools in Minahasa.

the Church's activities and the resulting transformations, we should take a closer look at the society's value system in relation to the options and alternatives proposed by the Church.

"Torang samua basudara" [10]

Based on narratives by early missionaries, administrators and travellers, Minahasa societies have been described as "egalitarian", with no institutionalised hierarchical and descent-based class or caste system. However, external potentates, with their seats in the coastal areas of Manado, Amurang and Bolaang, exercised control over wider territories with rather flexible boundaries. Although in contemporary popular local history and mythology, these "kings" (*raja* or *datu*) are still remembered as courageous fighters and astute diplomats in confrontations with neighbouring groups and the European invaders, neither in power and authority nor in splendour of representation were they comparable to the *rajas* or sultans in the stratified societies of South Sulawesi and western Indonesia (Henley, 1992: 52ff). Minahasa society was primarily a rural society with the majority of the population living in small scattered hamlets and earning their livelihood by working in their gardens and on the land. Several such hamlets together formed an endogamous and largely self-sufficient compound or *walak*. Its leader, the *kepala walak*, was the most important political, social and, often, also religious leader in that wider community. Inter-*walak* relations, however, were not always peaceful. Hostilities and even wars were frequent in pre- and early colonial times [11].

The *walak* was a territorial as well as a social unit, based upon bilateral kinship and common descent, which defined the boundaries for individual choices of marriage and residence to ensure economic and social survival (Henley, 1992: 51). It was the place where the ancestors were buried (van Wylick, 1940: 25) and to which an individual belonged. The *walak* therefore was the largest social unit of immediate relevance to the local people and in which a sense of community could be developed and experienced.

---

10. This very popular phrase in Manado Malay can be translated as, "we are all brothers and sisters".

11. Hostile *walaks* were popular targets in headhunting raids but headhunting occasionally also occurred within kindred units (Godée Molsbergen, 1928: 178). See also Supit (1986: 51ff); Henley (1992) and Kosel (1998: 103ff).

When the Dutch took over control of the area [12], they aimed at a pacification and unification of the hitherto fragmented region. The treaty of 1679 between the VOC governor of the Moluccas, Robertus Padtbrugge, and the Minahasa *kepala walak* was a successful beginning in this direction. With Dutch interests and radius of activity extending further inland and as the image of the *landstreek van Manado*, to which the name Minahasa [13] was later given, changed from that of an outpost established primarily for the provision of passing ships and the army to an important colonial territory with economic and strategic potential, a more rigid and efficient system of administration was needed. In the eighteenth century, the originally rather flexible *walak* borders increasingly turned into defined and stabilised territories and the formerly independent chiefs into Dutch administrators, serving a uniform and centrally ruled government (Henley, 1992).

Since the mid nineteenth century, the Protestant Church has made a significant contribution to these developments, which have included some radical changes for the local population and their leaders. The school system, which was initially introduced by the Protestant missions, played a crucial role in the process of creating a united Minahasa identity based on a mythical common history and culture. Selected local myths, like those of the founding ancestor couple Toar and Lumimuut and the spiritual site of *Watu Pinawetengan* [14], have been considered valuable testimonies of the original unity of the different linguistic and cultural groups within the Minahasa territory. Although Minahasa's linguistic diversity was recognised, Manado Malay became increasingly important as a teaching language and, subsequently, as a regional *lingua franca* (Henley, 1992: 103-111; Schouten, 1998: 112-121). The overarching linguistic and cultural unification, as well as a common educational basis, were important tools and strategies in the process of Minahasa identity-building, but religion was probably the most effective

12. It was the *raja* of Manado himself who, in 1643, appealed to the VOC in Ternate for help against Spanish exploitation. The Dutch military expedition which arrived in the following year not only defeated the Spaniards but marked the beginning of a three hundred year occupation by the Netherlands (Henley, 1992: 61-62).

13. The name Minahasa first appeared in Dutch records in 1789 and referred to the *landraad* or council of chiefs convened to receive Dutch instructions and resolve internal disputes (Godée Molsbergen, 1928; Henley, 1992: 69)

14. The megalithic stone *Watu Pinawetengan* is located at the foot of Mount Soputan, about 60 kilometres southwest of Manado. It is the place where, according to Minahasa mythology, the ancestors first divided up the land among three or four ethnic-linguistic groups in Minahasa (Renwarin, 2006). It can still be visited today and has become a symbol of Minahasa unity. See also Supit (1986).

agent in this undertaking. By adopting Christianity and identifying themselves as a Christian people, the Minahasa have distinguished themselves from the majority of Indonesia's population, especially from their Muslim neighbours and communities within their own borders[15]. It has also offered a basis for identification with the West, which has continued, to some extent, until the present day. Christian religions arrived in Indonesia, as well as in the Pacific[16], with Western missionaries, administrators, traders and travellers, and alongside other Western "goods". Christianity, therefore, has been linked with modernity, the market economy and Western social and political models. Minahasa's ethnic identity is the result of an ongoing process that encompasses internal homogenisation as well as selected identification with others or differentiation from them.

The continuing presence and dominance of the Churches, most of all the Protestant Church, is noticeable in all spheres and at all levels of social and political life. There clearly is no separation between politics and religion at the local level and local politicians, or those who aspire to such a political position, are advised to co-operate with the Church leaders who are influential and, thus, powerful opinion leaders. There is hardly any public event, and very few private ones, with no representative of one or more Churches in attendance. The Church's vigilance and its blessing of the event and its participants are important and necessary components of most rituals, feasts or community gatherings. While the host's social status and his/her involvement in a Church community have considerable influence on the extensity and intensity of the Church's presence and role at a particular occasion, the latter's right or even obligation to carry out this function is rarely questioned but rather taken for granted or even seen as beneficial to the whole event. The Church has become the main institution in organising and guiding community life in Minahasa. Since feasting is not only a popular pastime but involves a significant and complex chain of social activities and positioning of people, which was as relevant in pre-colonial times as it is in the present, the Church's function in these matters therefore is neither trivial nor peripheral. A common explanation given for the need and enjoyment of social gatherings, where eating and drinking often seem to be the most important elements, is the celebration and strengthening of community ties and the demonstration of Minahasa people's unity and brother/sisterhood (Weichart, 2007). However, despite

15. The number of Muslim residents in the Minahasa region, and especially in the urban areas, is constantly rising (approx. 30%, according to the census of 2007).

16. See Eves's description of Christianity and religious change among the Lelet in New Ireland (this volume).

a rhetoric in which community and equality constitute highly praised ideals, there is also another side of the coin which features a perhaps equally aspired to and valued characteristic of Minahasa culture and society.

... But some people are more equal than others

Anthropologists and historians have described traditional Minahasa society not only as egalitarian but also as very competitive. Despite its focus on harmonising strategies based on an ideal of social equality, there was ample space for individual achievement and status mobility. Personal qualities and deeds were parameters for evaluating a person's success or failure and thus for his/her status in the community. Men were advantaged, not least because virility and bravery, often expressed in successful headhunting expeditions, were elementary preconditions for an accumulation of prestige and a rise in status, but women were not generally excluded (see Schouten, 1995, 1998). In fact, Minahasa women too have been portrayed as clever, cunning and courageous people, who were neither passive observers nor victims in their own society and in interaction with neighbouring peoples and hostile encounters [17]. Oratory skills and a charismatic personality, fertility, material wealth and a large number of followers were other qualities and achievements that led to respect and admiration from other members of society and to a higher position in the social hierarchy. Although the arenas of status acquisition, performance and evaluation have changed over the last two hundred years, the basic principles are still valid today, with the exception of headhunting which is no longer practised [18].

Modern institutions offer strategies and channels that have replaced headhunting as an effective means in the pursuit of those desirable goods and qualities that guarantee economic prosperity and social prestige. Among them, the school system takes a leading position, which explains its success in Minahasa society. Within a few decades, it fostered an intellectual and a bureaucratic elite whose spheres of influence extended from the educational to the administrative and political realms. Although the highest ranks remained in the hands of Europeans until the end of the colonial period, well-educated Minahasa people gradually moved into the various spheres of influence and took over positions and responsibilities in schools, in

---

17. The myth of Pingkan and Matindas is an example of the perception of women's contribution in defending their own territory as well as in establishing Minahasa unity (Weichart, 2005).

18. The last records mentioning headhunting date back to the 1860s (de Clercq, 1870).

Churches, and in the local administration and politics. Being appointed chief of a village or political district was no longer an exclusively local affair but largely depended on a person's formal Western-style education, his social network among the local colonial and indigenous ruling classes and on his skills of self-representation and negotiation. An affluent economic background was important too because without being able to sponsor lavish feasts and followers, the desire for a prestigious position would remain a vain ambition[19]. Although in principle similar guidelines still apply today, economic criteria have become more important in the post-independence era with a new type of elite emerging whose members are neither well educated nor able to claim descent from important ancestors (Schouten, 1994). Representation is a main key for advancement in this "game" of status seeking and upward mobility. This means that those qualities, skills, possessions and relationships that can be and are presented in public and that enhance a person's affluence in material as well as immaterial terms, contribute to his/her accumulation of prestige and to being awarded an influential position in the government, schools or Churches. Such a position is endowed with some form of authority, or even power, which raises the individual above his/her kin or other people in the community and, therefore, it becomes an important asset itself when evaluating a person's economic, social and symbolic capital. The biographies of successful and famous Minahasa leaders, such as the district chiefs of Sonder, Hermanus Willem Dotulong (1795-1888) and Albertus Lasut Waworuntu (1862-1925), present a vivid picture of "rising stars" among the Minahasa elite at the time[20].

Although the above description has tended to emphasise continuity in this process of social change, discontinuities and ruptures were also part of it. Many of the traditional Minahasa chiefs and religious leaders, the *walian* and *tona'as*, tried to secure themselves an adequate place within the new system of colonialism and Christianity, but not all of them were equally successful and some also refused to collaborate with the foreign authorities and trade their old knowledge and values for a perhaps doubtful position in these changing social strata. As emphasised before, school education became increasingly decisive for a respectable social position

19. Potlatch-style feasts (*foso*) were organised in order to demonstrate ritual and economic power and potency as well as to recruit followers. Only by completing all feasts in the series, could a person accumulate enough spiritual and physical force (*keter*, in Tontembuan language) to become a ritually perfect *wa'ilan*, a title that offered numerous privileges and a post-mortem status as deified ancestor. See Supit (1986: 61ff); Schouten (1995; 1998: 22ff).

20. Mieke Schouten (1998) describes and analyses the lives and socio-cultural backgrounds of these two remarkable personalities in nineteenth century Minahasa history.

which means that previously valued ritual and practical knowledge in religion, agriculture and warfare, for example, became less important and, therefore, less appreciated. With the expansion of a more complex and diversified school system throughout Minahasa, the growing social differentiation among the population was also reflected in the different categories of school, in their rules and criteria for attendance and in the social background of their students. The *hoofdenschool*, for example, was reserved for the sons and daughters of the indigenous elite from which a new "aristocracy" emerged that concentrated much of the local power in its hands[21]. The long-term consequences of these developments are still present: many of today's influential, powerful and wealthy families trace their "aristocratic" roots back to those times.

The Protestant Church was not the only influential institution that provoked these processes or contributed to them but it certainly played a major role. The missionaries' diligence and ambition in teaching and preaching, in spreading a European-style education system and the Christian faith, in "converting" the local population to an adapted Western lifestyle and value system should not be underestimated. Non-Christian religious beliefs and rituals were largely banned from the public arena and restricted to the social "underground" (Tauchmann, 1968: 248). This is not to say that they have all disappeared and are no longer present in Minahasa society. On the contrary, even many dedicated and faithful Christians believe in the power of the ancestors or malevolent spirits. Traditional spiritual leaders and healers are still much in demand, especially in times of insecurity or transition and when Christianity does not give a satisfying answer or solution, or when a "double check" might be considered useful. Illness, rites of passage, but also moving into a new house or embarking on a long and potentially dangerous journey are common situations for asking for help or assistance from these specialists and from non-Christian spirits. However, despite a general awareness of the continuance of such knowledge and practices, the "official" attitude of the Church and its representatives is to deny or, at least, to ignore this fact. The non-Christian religious specialists and healers are therefore forced to operate "under cover" and, although they might be respected by clients and others for their knowledge and skills, such a clandestine position does not offer the same prestige, and certainly not the same status and the accompanying economic and social benefits, as a high position in the Church or government.

---

21. See Buchholt (1994a, 1994b); Kosel (1998); Schouten (1998).

Community, individualism and Christianity

I dealt above with ideas of community and their realisation in Minahasa society as well as with the development of new social inequalities and hierarchies under the influence of Christianity and the Christian Churches. I will now show how these social phenomena can be observed in everyday practice in Minahasa where community events, often under the churches' guidance, are a fundamental structural principle. The following examples are based on anthropological fieldwork carried out between 2002 and 2006 in the central and northern parts of the Minahasa region.

Life in a Minahasa village community

The fairly high number of churches and their distribution throughout the Minahasa region demonstrate the efficacy and success of proselytization and give an idea of the impact of Christian teaching and of the Churches' continuous presence in people's lives. With three Churches (Protestant, Catholic and Pentecostal) serving a population of approximately 2,000, the village of Waleo, where I was based most of the time during my different stages of field research, represented an average Minahasa settlement (*desa*) [22]. The composition of Church membership presented a fairly homogeneous and conservative picture. The Protestant Church could claim by far the largest number of members, with the other denominations (including Seventh-day Adventists) counting only a handful of followers each. The only Muslim family lived on the outskirts of the village where the husband was employed as keeper of the nearby lighthouse. Waleo people therefore commonly presented their village as a Christian, and especially Protestant, stronghold, mostly against undesirable Muslim immigrants. But the less represented Churches and their members did not have an easy position either as outsiders in a remote rural environment. Moreover, Waleo held the much-cherished image of a community where traditional customs (*adat*) had been preserved and were still part of people's everyday life and culture. The Protestant Church can look back at a long history in the area; the nearby town of Kema was one of the first places the Protestant mission successfully started. Thus Christianity and the Protestant Church have become important elements in local tradition and history and it would be hard to imagine it otherwise these days. The dominance of the Protestant Church, in membership numbers as well as in influence, is just another side of Waleo's image as

---

22. Waleo is located on the east coast and, due to irregular public transport and normally bad road conditions, in a somewhat remote area, although only approximately 20 kilometres south of the city of Bitung.

GMIM church in the village of Waleo. © Gabriele Weichart

a "traditional village" in which traditional leaders (*tona'as*) and Christian leaders live side by side, often within the same family. The GMIM church is not only the largest church building in the village, but it is also prominently and conveniently placed in the geographic centre, on the main road which runs through the village from east to west, from the seashore towards the mountainous interior. Behind the church building there are the kindergarten and one of the two elementary schools (Sekolah Dasar) in Waleo, which is run by GMIM. In its vicinity, but much further back and hidden from the eyes of passers-by, we find the village cemetery.

As the standard of formal education is fairly high even in rural areas of Minahasa, many of Waleo's inhabitants have completed high school (Sekolah Mendengah Atas) and some have even got a university degree. Although farming and horticulture are still major occupations for sustaining a livelihood, young and better-educated people increasingly seek employment in "white collar" jobs in nearby towns or even in the capital of Manado. Working for an international shipping or mining company (mostly in Singapore or New Guinea respectively) presents another attractive alternative, particularly for the younger male generation. Those who returned home to the village after 5-10 years had saved enough money to build a usually bigger and more luxurious house, pay the children's school and university fees and enjoy the comforts of an economically more secure situation[23]. Material wealth, education and profession are the main indicators of a person's status in contemporary Minahasa society and the "ideal boss"[24] combines all three of them in one person.

The Protestant Church's contribution to assisting individual people in this pursuit of wealth and status is to offer school and university education[25], employment in their educational institutions and in the Church itself. It also offers a wide range of possibilities for personal engagement, often in the form of volunteer services and/or donations, within the Church's sphere and in the community. People of high social status are expected to actively participate in one way or the other in their local Church community or even at regional and higher levels within the Church hierarchy. Holding a position in the Church is considered desirable because it either indicates a person's already existing status and authority in the wider society or, for those who are still at lower levels of the social hierarchy, it is a way to gradually "climb the ladder". It also is a sign of the person's sense of social responsibility and generosity, in terms of time and energy, towards his/her community. Members of the church council (*majelis gereja*), for instance, have the right to participate in relevant decisions concerning the Church and the whole community (e.g. regarding the allocation of money, the organisation of community projects etc.) and thus hold considerable power in the community – a status that makes them attractive for potential followers to approach. However, there is also a price to pay for such privileges, and council members are expected to invest many hours in meetings and in the preparation of

---

23. Houses are ideal objects for a conspicuous demonstration of wealth and status, and even in rather remote villages people invest large sums in their construction. The front facade and the living room where guests are received (*ruang tamu*) are generally the parts of the building which receive the greatest attention and for which the most expensive materials are chosen. See Doubrawa and Zámolyi (2007) for a comparison with other areas in Indonesia.

24. The term "boss" is commonly used for a person considered wealthy enough not to have to do hard labour him/herself but able to pay other people for their work and services (see Schouten, 1995).

25. The Universitas Kristen di Tomohon (UKIT) is one of Minahasa's leading universities.

public events, not to mention the numerous church services and other social and religious gatherings they are required to attend every week.

Apart from its regular services in the church building itself, a major activity of the Church's community work is the organisation of social circles (*kumpulan*[26]) and events whose dimensions and aims differ according to the participants, target group, occasion, location and timing, and the reasons or motivation for such undertakings. Among the various categories to be found in Waleo, the two main types of *kumpulan* connected to the Protestant Church meet on a weekly or, respectively, monthly basis in one of their members' homes following a principle of rotation: one is the Bible reading circle and the other one the money-saving circle (*arisan*). To the uninformed observer, the two gatherings may appear quite similar at first sight because, even at the *arisan*, praying, singing, and sometimes even reading passages from the Bible, form the beginning of the gathering, followed by the housewife serving tea and biscuits to her guests. A noticeable difference is that *arisan* usually last much longer (several hours), and after the official part the atmosphere becomes more relaxed and hosts and guests eat and drink together. Every household contributes with food, which is then shared with all participants. This habit corresponds to other picnic-style community events, frequently organised by the Church, but it starkly contrasts with private invitations in people's homes where the host's main responsibility is to feed the guests. The Church *arisan*'s function is basically the same as that of other *arisan*, e.g. an *arisan* within the extended family or a workplace: namely a small-scale and non-profit money-saving and credit-giving institution. Discussions about this financial business, the actual collection of money from the participants and the registration of the exact sums in a book by the appointed treasurer constitute the most important part of the official programme. The organisation of these two categories of social groups and the recruitment of participants follow similar guidelines. Both are organised according to the Church's division of the village into 14 administrative districts (*kolom*), which means that the people who gather and belong to the same money-saving group, for instance, live in the same neighbourhood. Besides spiritual and economic functions, an important goal connected with the organisation of these groups and their regular meetings is to keep alive the ethics of equality and sharing, and the sense of community and belonging, to a small locality but also to the extended Church and village community. The frequency of such gatherings and other public events (e.g. on the occasion of public and religious holidays, birthdays of local

26. For a more detailed description of *kumpulan*, see Lundström-Burghoorn (1981: 163ff), Mai (1994) and Kosel (1998: 82ff.)

Waleo: A feast organised by the Protestant Church at a neighbouring house.
© Gabriele Weichart.

Churches etc.) fills the village people's social calendar and does not leave them much time for other "adventures". I would suspect that a motivation for the Church contributing with such an intensive programme to the "excessive event culture" in Minahasa is also to exercise control over large sectors of the village population by keeping them reasonably busy with socially accepted activities. Indeed many people do complain but still attend in order to meet social expectations, others refuse to comply but hardly anyone totally "escapes" the Church's influence. Besides, even if such events might be experienced as exhausting or even boring by individual participants, they are not much different from other generally accepted and practised forms of social entertainment in Minahasa, which are characterised by a rigid structure and a high level of formality. In order to maintain a high status in society, the Church has to take over the roles as organiser and, occasionally, as generous host in the community and offer a similar kind of "guided entertainment".

The community certainly is the main focus of the Church and the idea of equality between all participants is emphasised at many events. The sharing of food and eating together is an elementary part in processes of community-building and strengthening. As at *arisan*, there are many other occasions when the church asks its members to bring a dish and share it with others. Cooking for others and eating food cooked at another hearth foster social relationships and "kin-making" between those who join in. However, events associated with the Church can also offer opportunities for social and economic distinction, for showing generosity and potency, and for accumulating prestige and social recognition, as the following example will show (see Weichart, 2007).

An excursion to Manado Tua

In July 2003, after the successful completion of a two-day conference in Manado, one of the speakers and special guests of the event, Yohan U., a Minahasa man in his late forties who had made good in Jakarta and was about to move back to Manado, invited all the conference organisers on a boat-trip the next day to the nearby small island of Manado Tua located only a few kilometres off the coast of Manado[27]. I, perhaps naively, believed that the intention was to spend a relaxing day on the sea and at the beach, as a reward for all the previous work, as I had been told by Yohan and others. However, I would soon realise that there was more to it than a mere "family excursion".

We were supposed to leave early in the morning but the boat was late as usual and when we finally got to Manado Tua at 9.30am we were already awaited by a small crowd who served us tea and sticky rice cake with ginger (*nasi jahe*) before entering the huge Protestant church. Among our party was a female pastor from Manado who conducted the service. At the end, an attractive pile of local products (bananas, coconuts, sweet potatoes, brooms made of palm fibre etc.) was offered at auction to the visitors. After two slow rounds of bidding, Pak[28] Yohan generously offered to buy the whole pile of food and other articles collected for the auction. Since he had not brought enough money with him, he promised to send it on his return to Manado. What he left for the time being were twenty Christian songbooks printed by his own company in Jakarta (eighty song books would follow soon afterwards) and

---

27. The island of Manado Tua mainly consists of a high volcano with three villages scattered at its foot on the shore which are connected by footpaths as there are no roads on the island. Its first mention in European sources dates back to the early sixteenth century (Godée Molsbergen, 1928: 8). The island was also visited by early missionaries and, later on, the Protestant (GMIM) and the Pentecostal Churches established themselves among the 3,000 residents of the island. Today, the villages on Manado Tua are administratively incorporated, as separate districts (*kelurahan*), into the city of Manado.

28. *Bapak* or *Pak*, literally meaning "father", are commonly used terms of address in the Indonesian language.

The island of Manado Tua. © Gabriele Weichart.

the sum of 500,000 Rp (approx. 50 €) as a donation for the Church. That was a lot of money for most people at Manado Tua whose monthly income would not have totalled that amount. Everybody seemed to be impressed and satisfied and Pak Yohan thoroughly enjoyed his status as "big spender". Afterwards we were all invited to a feast with local delicacies, which the women had prepared in advance: pork, chicken, fish, vegetables, sticky rice etc., decoratively placed on tables beside the church. Before our return to Manado in the afternoon, the party visited the other nearby village and its Protestant church, which was still under construction.

Looking back, we may wonder about the significance of the events and people's actions. While I started the excursion with the idea of a rather spontaneous leisure trip to a, for me, hitherto unknown island, I gradually realised that the whole event had been carefully planned and in fact staged. The arrival of a potent and generous donor and a delegation of well-educated and high-status followers, including a pastor, had been announced and the Manado Tua residents and their Church leaders quite clearly had high expectations. Pak Yohan also benefited from the trip. Such a conspicuous demonstration of generosity was much more effective at a small, fairly isolated and rather poor settlement than in the city of Manado itself. The receivers of the gifts, including the Church leaders, could be expected to be more grateful and

Pak Yohan's image as a powerful and wealthy man would remain in the collective memory of the village community. Inviting influential people from the university, the Church and the government to participate, was also part of the strategic plan. This way, Pak Yohan impressed not only the people at Manado Tua but his selected guests at the same time.

Analysing the event from the particular interest defined by the topic of this paper, we can state that both the traditional values of community and individual potency are being represented. We can also see that the Church offers a forum for both types of values and their realisation. Pak Yohan represents the mighty individual who, through his own efforts and initiative, rises above the others and, therefore, gains their admiration and can recruit followers. The value of community is also celebrated. The people at Manado Tua presented themselves as a rather homogeneous community with their own pastor being a "primer inter pares". It was their role to cook for the guests and feed them generously. By accepting the invitation and the hosts' food, a social tie expressing confidence and trust was created between hosts and guests. Despite his role as a generous donor, among the people at Manado Tua as well as among his city friends, Pak Yohan made great efforts to emphasise his own belonging to the community and participation in it. His intention obviously was not to distance himself from that somewhat imagined collectivity or to step outside it but to remain part of it – albeit by possessing a higher status than others.

Conclusion

Minahasa society has been characterised as emphasising egalitarian and communitarian values but, at the same time, as appreciating outstanding individual merits and success. Competition and rivalry were probably common in pre-colonial times, especially among political and religious leaders who aimed at the acquisition and accumulation of spiritual strength and social prestige that would have led to a high status during their lifetime and afterwards as ancestors. Despite its individualistic tendency and appearance, such a quest for difference and uniqueness was not completely unregulated and could only be achieved with the community's co-operation and consent. The latter, therefore, must also benefit from an individual person's success and status elevation. Symbolic capital is gained by giving away material resources, as the example from Manado Tua has shown, or by doing something for other people – and talking about it. People whose behaviour is "too" modest, therefore, may not receive the expected reward. The traditional *foso*, the feasts of merit, were excellent venues for status demonstration and prestige accumulation and have survived as modern secular versions in contemporary festive events. Conspicuous generosity, often in the form of lavish feasts, is still a common and popular option for demonstrating wealth and power and for rising one or more steps on society's status scale.

The Protestant Church tried to abolish the *foso*, not least because of its non-Christian religious meaning, but has actively participated in modern feasting and other signs of status differentiation. It is common practice, for example, to publicly announce the exact amount of individual families' donations during the church service and, thus, declare people's economic potential but also their level of generosity. The social circles (*kumpulan*) created and administered by the Church, however, show a strong emphasis on equality and community cohesion. The *arisan*, especially, is based on the traditional Minahasa institution of mutual assistance (*mapalus*) which, among the local population, is still a fundamental characteristic of Minahasa identity. I would agree with Lundström-Burghoorn who sees *kumpulan* as an element of order that stabilises groups, their duties and boundaries. By strongly promoting and directing a dense network and schedule of *kumpulan*, the Church exerts control and regulates social life, not only but particularly, in small village communities.

Critical voices have argued that Minahasa society has been "tamed" by colonisers and missionaries and that the people have become pawns in the hands of their oppressors. However, I doubt that the Protestant Church would have been as successful if the local population had not got anything in return or if the Church's system had worked completely against local ideas and practices. Undeniably, life in Minahasa has changed radically during the last 150 years – like everywhere else in the world – and many of the so-called "local traditions" are actually of fairly recent origin or were imported from somewhere else in the not too distant past. The Protestant Church's intrusion and its fight against non-Christian beliefs and rituals, against headhunting and big feasts, to name just a few examples, was a drastic, and sometimes also violent, form of interference. Some fundamental values, however, did not only survive those "turbulent" times but were actually promoted by the Church. The latter's basic target group was the community in which social equality had to be celebrated. However, there was room for individualism, for potential leaders who, with ambition and flexibility, mastered the school system, adapted to a changing lifestyle, reached higher social positions – and co-operated with the European authorities. Competition and community do not seem to make a perfect match, but rivalry and mutual distrust among the *walak* leaders have actually contributed to the unification of Minahasa (Henley, 1992: 68) and, over time, to a sense of ethnic and cultural unity: *Torang samua basudara!*

Bibliography

Buchholt, Helmut
1994a   "Christian Mission and Social Development in Minahasa / Indonesia". In W. Wagner (ed),
         *Kolonien und Missionen. Referate des 3. Internationalen Kolonialgeschichtlichen Symposiums
         1993 in Bremen*. Münster u. Hamburg: LIT, pp. 309-324.
1994b   "The Impact of the Christian Mission on Processes of Social Differentiation". In H. Buchholt
         and U. Mai (eds), *Continuity, Change and Aspirations: Social and Cultural Life in Minahasa,
         Indonesia*. Singapore: Institute of Southeast Asian Studies (Social Issues in Southeast Asia),
         pp. 12-26.

Doubrawa, Irene and Ferenc Zámolyi
2007   "Surveying the Past: An Architectural Attempt of Describing Transformation and Change in
         South Sulawesi Housing", *Archiv für Völkerkunde*, 57-58: 111-255 (special issue).

Henley, David
1992   *Nationalism and Regionalism in a Colonial Context: Minahasa in the Dutch East Indies*.
         PhD thesis, Australian National University, Canberra.

Jones, Gavin W.
1977   *The population of North Sulawesi*. Yogyakarta: Gadjah Mada University Press and Canberra:
         Australian National University.

Clerq F.S.A. de
1870   "Iets over het bijgeloof in de Minahasa". *Tijdschrift voor Nederlandsch-Indië*, 4(2):1-11.

Godée Molsbergen, Everhardus Cornelis
1928   *Geschiedenis van de Minahassa tot 1829*. Weltevreden: Landsdrukkerij.

Graafland, Nicolaas
1867   *De Minahassa: Haar verleden en haar tegenwoordige toestand*. Rotterdam: M. Wijt & Zonen,
         2 vols.

Kosel, Sven
1998   *"Die zu eins gemacht wurden": Gruppenidentitäten bei den Minahasa Nordsulawesis
         (Indonesien)*. MA thesis, Johann Wolfgang Goethe-Universitaet, Frankfurt am Main.

Lundström-Burghoorn, Wil
1981   *Minahasa Civilization: A Tradition of Change*. Gothenburg: Acta Universitatis Gothoburgensis
         (Gothenburg Studies in Social Anthropology).

Mai, Ulrich
1884   "The Local Association as a Modern Institution of Socialization". In H. Buchholt and U. Mai
         (eds), *Continuity, Change and Aspirations: Social and Cultural Life in Minahasa, Indonesia*.
         Singapore: Institute of Southeast Asian Studies (Social Issues in Southeast Asia), pp. 68-90.

Mai, Ulrich and Helmut Buchholt
1987   *Peasant pedlars and professional traders: Subsistence trade in rural markets of Minahasa,
         Indonesia*. Singapore: Institute of Southeast Asian Studies.

Renwarin, Paul Richard
2006   *Matuari wo tonaas Minaesa: The cultural dynamics of the Tombulu in Minahasa*. PhD thesis,
         Leiden University.

Schouten, Mieke

1994   "Old Elite and New Elite in a Village of Sonder". In H. Buchholt and U. Mai (eds), *Continuity, Change and Aspirations: Social and Cultural Life in Minahasa, Indonesia*. Singapore: Institute of Southeast Asian Studies (Social Issues in Southeast Asia), pp. 106-120.

1995   "*Wa'ilan* and *Bos*: Status Seeking in Minahasa". In R. Schefold (ed), *Minahasa Past and Present: Tradition and Transition in an Outer Island Region of Indonesia*. Leiden: Research School CNWS, pp. 7-21.

1998   *Leadership and Social Mobility in a Southeast Asian Society: Minahasa, 1677-1983*. Leiden: KITLV Press.

Supit, Bert

1986   *Minahasa: Dari Amanat Watu Pinawetengan sampai Gelora Minawanua*. Jakarta: Penerbit Sinar Harapan.

Tauchmann, Kurt

1968   *Die Religion der Minahasa-Stämme (Nordost-Celebes/Sulawesi)*. PhD thesis, University of Cologne.

Weichart, Gabriele

2005   "Minahasa: Starke Frauen und streitbare Herrscher". In *Vielfalt in Einheit: Indonesiens Ethnien im Wandel* (Dokumentationsbrief Indonesien des EMS 5), pp. 17-22.

2007   "'Makan dan minum bersama': Feasting Commensality in Minahasa, Indonesia". *Anthropology of Food* [Online], S3. URL : http://aof.revues.org/index2212.html, (accessed 30/04/2010).

Wylick, Carla van

1940   *Bestattungsbrauch und Jenseitsglaube auf Celebes*. PhD thesis, University of Basel.

Internet source

http://www.oikoumene.org/en/member-churches/regions/asia/indonesia/christian-evangelical-church-in-minahasa.html, (accessed 30/04/2010).

Conversion, hiérarchie et changement culturel : valeur et syncrétisme dans le cadre de l'expansion mondiale du christianisme pentecôtiste et charismatique

Joel Robbins

L'étude du changement culturel et en particulier de sa forme radicale a toujours été une sorte de sujet secondaire en anthropologie culturelle. Si la sociologie et l'histoire se sont très largement constituées en disciplines autour de l'intérêt qu'elles portent aux questions de discontinuité et de changement (Patterson, 2004), l'anthropologie s'est donnée pour mission d'élucider des objets supposés stables tels que traditions, cultures et systèmes de croyance. Il ne s'agit pas ici, bien entendu, de prétendre que les anthropologues n'ont jamais questionné ou analysé le changement culturel. Cependant, le fait est que le changement culturel a rarement été théorisé en termes qui lui soient propres. Aujourd'hui encore, après une décennie et demie d'intérêt pour des sujets tels que la théorie de la pratique, la mondialisation et la modernité, la discipline n'est toujours pas tombée d'accord sur les cadres d'analyse susceptibles d'appréhender le sujet. Je voudrais, pour ma part, suggérer que la notion de hiérarchie proposée par Dumont nous fournit un excellent point de départ pour l'élaboration d'une définition du changement culturel radical qui soit utile d'un point de vue analytique et qui ouvre des voies opérantes pour l'exploration de sa dynamique [1].

1. Un premier état de cette contribution a été présenté au colloque international intitulé « Pouvoir et Hiérarchie : conversions religieuses, productions rituelles et systèmes cosmologiques en Asie et dans l'Indo-Pacifique » et organisé par les professeurs Pamela J. Stewart, Andrew Stathern et Pei-Yi Guo, à l'Institute of Ethnology, Academia Sinica, de Tapei, Taiwan le 30 mai et 1er juin 2006. Je tiens à remercier les organisateurs de ce colloque et ceux qui y ont participé pour leurs observations concernant cette contribution. Elle a été publiée en 2009, en anglais, sous le titre "Conversion, Hierarchy, and Cultural Change : Value and Syncretism in the Globalization of Pentecostal and Charismatic Christianity". In K. Rio and Olaf H. Smedal, (eds), *Hierarchy : Persistence and Transformation in Social Formations*, New York : Berghahn Publishers, pp.65-88.

En introduisant dans le débat le concept de hiérarchie, je pense à l'usage qu'en fait Dumont pour évoquer la manière dont les valeurs structurent les relations entre les diverses composantes d'une culture. Les valeurs permettent de déterminer l'importance respective des composantes d'une culture (croyances, conceptions, objets, etc.) et servent toujours, en tant que telles, à créer des hiérarchies où s'intègrent des éléments plus ou moins valorisés. Les modalités qui régissent l'organisation de ces éléments dans ce type de hiérarchies seront mieux comprises si l'on rappelle la proposition de Dumont selon laquelle le terme le plus valorisé d'une paire d'éléments peut englober son contraire : dans certains contextes le terme le plus valorisé peut donc valoir à la fois pour lui-même et son contraire, comme le mot « homme », en français, peut signifier aussi bien « homme » que « femme » ou le terme « marchandise » signifier « marchandise » mais aussi « service » (Dumont, 1977, 1980).

En outre, un autre apport du travail de Dumont permet de suggérer que l'englobement n'est que l'un des mécanismes par lesquels les valeurs structurent les composantes culturelles. En termes weberiens, les composantes les plus valorisées tendent également à être les mieux élaborées, les mieux rationalisées. Elles visent aussi à contrôler la rationalisation des concepts de moindre valeur afin qu'ils ne puissent opérer que dans la mesure où ils ne contredisent pas les concepts plus valorisés[2]. Finalement, ce n'est que dans certains contextes subalternes que les concepts les moins valorisés peuvent s'exprimer au mieux. Pour illustrer ces deux derniers aspects de l'organisation culturelle rappelons la manière dont, dans le cadre des cultures caractérisées par le libéralisme occidental, le concept hautement valorisé de liberté, conçue comme droit à la différence, informe la rationalisation du concept d'égalité, de moindre valeur, si bien que la réflexion sur l'égalité des chances qui fonde l'accession à la différence individuelle est assez minutieusement élaborée tandis que la réflexion sur l'égalité des revenus, supposée promouvoir une certaine similitude, l'est moins. L'égalité des revenus n'est en fait sérieusement recherchée que dans des contextes subalternes et d'ordre privé comme la famille (où tous les enfants, même si l'on se doit d'encourager leur aptitude à se distinguer les uns des autres, devraient être aimés et traités de manière équitable)[3].

Le fait de considérer les valeurs comme des composantes internes de la culture concernée et non comme une simple question d'estimation subjective constitue l'un

---

2. Je pense que la possibilité d'un dialogue fructueux entre la pensée de Dumont et celle de Weber reste à explorer et constitue un horizon important dans l'évolution d'une approche des travaux du premier (Robbins (2004b : 11-13) ; sur la question de l'influence de Weber sur Dumont lire également Allen (1998 : 3)).

3. Cette idée est plus largement développée in Robbins 1994.

des grands apports de Dumont concernant la manière dont les valeurs articulent, de l'intérieur, l'organisation hiérarchique d'une culture. Dans un cadre dumontien, on estime les valeurs à partir de l'organisation même d'une culture en étudiant les relations d'englobement et de limitation qu'entretiennent ses différents constituants. Quand ce genre de relations existe, une valeur est clairement en jeu. Comme dans le cas du phénomène du marquage en linguistique, qui a d'ailleurs servi de modèle à Dumont pour élaborer ses concepts de hiérarchie et d'englobement, la valeur est considérée comme partie intégrante de la structure et non comme quelque chose que les individus viendraient surajouter à la structure en vertu de leurs réponses subjectives à cette structure (Batistella, 1990). Les valeurs peuvent dès lors être comprises comme constituant cette part de la culture qui organise les relations entre ses différents éléments. Je voudrais montrer ici que, étant donné cette conception du rôle central que jouent les valeurs dans la structuration des cultures, on devrait penser le changement culturel radical comme un phénomène qui ne se produit que lorsque les valeurs ont changé – soit que de nouvelles valeurs aient été introduites, soit que les relations entre les valeurs traditionnelles aient bougé [4].

J'ai voulu ouvrir cette discussion sur le changement culturel en ces termes, relativement abstraits, à cause de ce que je considère être un penchant problématique de l'approche anthropologique du changement en général et de la conversion au christianisme en particulier [5]. Engagés comme ils tendent à l'être dans la recherche de permanences culturelles, ceux qui étudient la conversion au christianisme utilisent souvent le concept de syncrétisme pour étayer l'idée selon laquelle, finalement, peu de choses ont changé. La rhétorique dans laquelle baignent les études du syncrétisme nous est assez familière : le christianisme n'est en définitive qu'un mince vernis déposé sur la culture traditionnelle, et ce qui semble être un changement n'est en fait qu'une manière de verser du vieux vin dans de nouvelles outres, en s'appropriant les éléments chrétiens les plus proches de ceux de la culture traditionnelle. Les individus miment

---

4. Cette contribution s'intéresse essentiellement aux changements survenus après l'introduction d'une nouvelle valeur. Le texte de Eriksen (2005) est très proche de cette contribution par l'esprit, mais s'intéresse plus particulièrement à la manière dont l'introduction du christianisme à North Ambrym au Vanuatu a transformé les relations entre les différentes valeurs traditionnelles et aux effets de cette transformation sur la vie rituelle des individus et plus généralement sur leur vie sociale.

5. Dans ce paragraphe et dans plusieurs qui suivront, j'opère un certain nombre de caractérisations des manières dont les anthropologues ont traité le christianisme. Puisque ces affirmations constituent le fond des arguments de ce chapitre, plutôt que sa forme, je ne cherche pas à prouver ces affirmations ici. À la place, je renvoie le lecteur à Robbins (2007) où je développe davantage ces affirmations et démontre comment elles s'appliquent même aux récents travaux sophistiqués dont beaucoup pensent avoir dépassé les tendances qu'elles décèlent. (Robbins, 2007).

la conversion pour obtenir les avantages matériels que la mission peut leur offrir, mais le plus important à leurs yeux demeure leurs croyances traditionnelles (comme l'exemple du fameux « riz chrétien » le démontrerait). Outre un souci évident de démontrer une permanence culturelle, de telles approches ont en commun d'inciter ceux qui les adoptent à se faire une image élémentaire de la question des changements culturels. En un mot, elles incitent les gens à considérer une culture comme une simple collection d'éléments disparates pour faire ensuite le compte des anciens éléments d'une part et des nouveaux de l'autre. Tant que demeure un nombre substantiel d'éléments anciens, on peut caractériser la culture en question comme restant, dans une large mesure, traditionnelle. Une approche du changement centrée sur les questions de valeur et de hiérarchie culturelle s'élève contre cette tendance en affirmant qu'on ne doit pas faire le compte des anciens et des nouveaux constituants culturels pour déterminer s'il y a eu oui ou non changement, mais qu'il faut plutôt observer si les nouvelles valeurs ou de nouvelles relations entre anciens constituants ont une quelconque influence sur les relations entre constituants (anciens et nouveaux) d'une même culture. S'il s'agit de savoir si la culture des convertis au christianisme a changé, on doit avant tout se demander si les valeurs chrétiennes et, en particulier, la valeur attribuée au salut individuel, sont devenues primordiales dans l'organisation des relations entre les éléments de cette culture. Une simple énumération des nouvelles notions que les gens ont adoptées, confrontée à l'énumération de celles qu'ils ont conservées, ne saurait suffire.

Cette approche du changement culturel est particulièrement appropriée si l'on considère l'expansion mondiale du christianisme pentecôtiste et charismatique. Pour ces formes de christianisme, tous les fidèles sont susceptibles de recevoir les dons du Saint-Esprit (même si tous les fidèles ne les reçoivent pas, on croit néanmoins que tous le peuvent). Ce sont les ramifications du christianisme qui se développent le plus rapidement à travers le monde et plus rapidement encore en Asie, en Amérique latine et en Afrique (Jenkins, 2002 ; Martin, 2002) Certains estiment qu'il y a actuellement quelque 525 millions de chrétiens pentecôtistes et charismatiques dans le monde (Barrett et Johnson, 2004 : 284), et même les estimations les plus timides parlent de 250 millions (Martin, 2002 : xvii). Du point de vue de la question du changement culturel, le plus frappant, dans l'expansion de ces formes de christianisme, c'est la difficulté qu'éprouvent les observateurs à déterminer s'il faut les considérer comme très ouvertes à l'indigénisation et donc favorables à la préservation culturelle, ou bien comme un exemple des plus réussis d'une forme de mondialisation occidentale qui impose son cadre à mesure qu'elle se propage à travers le monde et homogénéise tout ce qu'elle touche. Ces deux points de vue ont été assez âprement défendus dans les études sur le christianisme pentecôtiste et charismatique. Rares sont les travaux qui ont tenté de clarifier l'image paradoxale que ces points de vue contradictoires proposent aux lecteurs (Robbins, 2004a). Tel est justement ce que pourrait accomplir une approche du changement culturel centrée sur les valeurs et la hiérarchie capable de comprendre la dynamique culturelle de l'expansion pentecôtiste et charismatique.

Cette image paradoxale est due avant tout au fait que les courants pentecôtistes et charismatiques en voie de mondialisation représentent des formes peu classiques du christianisme dans la mesure où ils exigent que les individus intègrent de nouvelles croyances à leur univers spirituel, tout en admettant comme réelles les ontologies spirituelles de ceux qui se convertissent. Les christianismes pentecôtiste et charismatique ne rejettent pas les dieux et les esprits traditionnels mais les reconnaissent au contraire comme réels. C'est ainsi que ceux qui se convertissent aux christianismes pentecôtiste et charismatique demeurent profondément liés aux principales figures de leurs religions traditionnelles. C'est d'ailleurs pour cette raison qu'ils semblent avoir complètement « indigénisé » le christianisme et que les observateurs se persuadent aisément que les cultures traditionnelles ont survécu quasiment inchangées.

Pourtant, si l'on regarde attentivement la manière dont les figures spirituelles traditionnelles sont appréhendées dans les cultures des populations converties aux christianismes pentecôtiste et charismatique, il paraît évident que des changements majeurs sont intervenus en vertu du fait que, dans le domaine du religieux au moins, l'organisation hiérarchique des éléments culturels s'est trouvée radicalement transformée. Dans la très grande majorité des cas, les esprits traditionnels ont été diabolisés et transformés en figures maléfiques liées à Satan, que les fidèles doivent combattre avec le soutien du Dieu chrétien et du Saint-Esprit (Meyer, 1999). En conservant ces figures culturelles traditionnelles et en les transformant en êtres que les fidèles ne doivent jamais cesser de combattre, les christianismes pentecôtiste et charismatique ont installé leurs propres valeurs relatives au salut individuel au premier rang de la hiérarchie des cultures qu'ils ont ainsi créées et, en termes dumontiens classiques, ont permis à ces valeurs d'englober, tout en en limitant l'expression, les croyances indigènes persistantes. Les rituels au moyen desquels les convertis mènent leur combat contre les esprits traditionnels – les rituels de la prière, de la guérison, de l'exorcisme, etc. – sont assez semblables partout à travers le monde et concourent à donner aux christianismes pentecôtiste et charismatique leur apparence homogène. Mais, plus encore que sur cette force « homogénéisante », il faut insister sur la croyance largement partagée en la valeur du salut individuel, une valeur qui crée partout une même dynamique de conservation et de diabolisation des éléments clés de la culture traditionnelle.

Ce n'est qu'en comprenant la manière dont les christianismes pentecôtiste et charismatique enchâssent leurs propres valeurs comme autant de valeurs souveraines que nous pouvons efficacement décrire la manière dont l'ancien et le nouveau se mêlent dans les cultures de ceux qui s'y convertissent. Quand on analyse la dynamique de conservation et de diabolisation englobante que ces formes de christianisme mettent à chaque fois en œuvre, la nature de leur expansion mondiale perd de son caractère paradoxal. La tradition, avec son ontologie spirituelle, est toujours là, mais seulement à la place qui lui est réservée, une place subalterne aux capacités d'élaboration limitées[6]. Les caractéristiques « homogénéisantes » des christianismes pentecôtiste et charismatique ne sont alors plus un simple vernis ou un masque sous lequel la tradition se perpétuerait. Les situations de conversion dans lesquelles cette dynamique prend place doivent être considérées comme des situations de changement culturel véritable.

Cette présentation de la dynamique culturelle de la conversion pentecôtiste et charismatique est nécessairement schématique. Elle est censée s'appliquer assez généralement, y compris dans bien des cas en Asie et dans le Pacifique[7].

Je présenterai maintenant, dans le détail, un cas spécifique afin d'étoffer et d'illustrer plus concrètement l'approche globale du changement que je propose ici comme relevant de la question des valeurs. Il s'agit du cas des Urapmin de Papouasie Nouvelle-Guinée auprès desquels j'ai mené des recherches de terrain au début des années 1990. J'évoquerai pour commencer la façon dont les Urapmin entrent effectivement dans le cadre du modèle général de conversion pentecôtiste et charismatique, tout en montrant également que, dans leur cas, le changement peut être interprété en termes de valeurs. Je détaillerai ensuite certains aspects de leur religion traditionnelle qui demeurent relativement importants, en indiquant comment, même dans un cas aussi délicat, le modèle du changement conçu comme changement dans les valeurs peut nous aider à l'analyser sans avoir à mettre indûment l'accent sur la notion de permanence. Pour finir, je me propose d'analyser la nature de l'individualisme que le christianisme charismatique a élevé au rang de valeur religieuse centrale chez les Urapmin, et de considérer la manière dont cette valeur a englobé les valeurs religieuses traditionnelles.

---

6. En parlant d'élaboration limitée je n'entends pas dire que l'on ne prête aucune attention aux esprits traditionnels. C'est bien souvent du contraire qu'il s'agit. Cependant, j'estime que le débat et la réflexion concernant les esprits traditionnels sont traités de telle manière qu'ils ne concernent que leurs caractéristiques négatives et le mal qu'ils causent (maladie, luxure, mort). Les valeurs chrétiennes ne permettent pas d'explorer les caractéristiques ambivalentes ou positives qu'ils auraient pu posséder antérieurement.

7. Voir par exemple pour l'Asie : Martin (2002) et pour le Pacifique : Robbins, Stewart et Strathern (2001).

La dynamique culturelle de la conversion charismatique chez les Urapmin

Les Urapmin forment un groupe de 390 individus habitant dans la province de West Sepik en Papouasie Nouvelle-Guinée. Ils font partie de ce que l'on appelle les groupes Min et parlent l'une des langues de la Montagne Ok. Vivant dans une région réputée reculée même selon les critères en vigueur en Papouasie Nouvelle-Guinée, les Urapmin n'ont jamais fait directement l'objet de missions de la part des missionnaires occidentaux. Au début des années 1950, l'Australian Baptist Missionary Society installa une mission auprès du groupe Telefomin, situé à environ une demi-journée de marche des Urapmin par les difficiles gorges du Sepik. Les Urapmin envoyèrent relativement tôt certains jeunes étudier dans cette mission, d'où ils rapportèrent certaines informations sur la religion chrétienne. Au cours des années 1960 et au début des années 1970, les Urapmin ont continué à envoyer leurs jeunes dans les écoles que la mission avait fondées dans les parties de leur territoire qui pouvaient recevoir une piste d'atterrissage. Même si nombre de ces étudiants devinrent des chrétiens convaincus et se firent une place en tant qu'évangélisateurs rémunérés des autres groupes de la région de Min en proie au bouleversement consécutif aux premiers contacts, ils ne parvinrent pas à réunir un nombre significatif de convertis parmi les leurs. Si la majorité des Urapmin toléraient la conversion de certains jeunes de la communauté au christianisme, ils n'en pratiquèrent pas moins leur religion traditionnelle jusqu'au milieu des années 1970.

En 1977, un changement radical se produisit. Cette même année, la vague du Renouveau (rebaibal[8]) charismatique balaya l'ensemble de la Papouasie Nouvelle-Guinée (Flannery, 1983a, b, c, 1984). Lancée par les indigènes, cette vague introduisit néanmoins certaines formes de christianisme charismatique d'origine manifestement occidentale. Plusieurs jeunes qui avaient suivi des études dans une université biblique de la région de Min firent connaître ce mouvement de Renouveau chez les Urapmin et l'on assista, peu de temps après, à nombre de possessions par le Saint-Esprit. Les individus étaient pris de tremblements quand le Saint-Esprit les « frappait » et les observait et certains d'entre eux se firent guérisseurs ou se découvrirent le don d'identifier les péchés responsables des problèmes de la communauté. Ceux qui avaient été touchés par le Saint-Esprit, comme ceux qui s'étaient contentés de regarder les autres recevoir les dons charismatiques, se persuadèrent de l'existence de Dieu et,

---

8. On trouvera soulignés ici les termes empruntés au pidgin, langue véhiculaire la plus commune en Papouasie Nouvelle-Guinée et la plus importante pour le christianisme des Urapmin. Les mots de la langue Urap sont indiqués en italiques.

pour finir, en 1978 tous les Urapmin adultes s'étaient convertis au christianisme. Depuis lors, les Urapmin estiment qu'ils sont une communauté parfaitement chrétienne, et leur but premier est de vivre au mieux ce qu'ils appellent « vie chrétienne » (Kristin laip). But qu'ils poursuivent en assistant régulièrement aux services religieux (au moins trois fois par semaine et souvent bien plus), en se pliant à un certain nombre de prières individuelles, en étudiant assidûment la Bible et en pratiquant plusieurs rituels chrétiens destinés à délivrer l'individu du péché. En 1991, quand je rencontrai pour la première fois les Urapmin, le christianisme était à l'évidence au centre de leur culture publique et de leur vie privée.

J'ai déjà présenté ailleurs la question du pourquoi et du comment de cette conversion unanime et fervente des Urapmin au christianisme (Robbins, 2004b). Ce qui importe avant tout ici, c'est la nature de la formation culturelle qui a résulté de cette conversion. Je me propose de montrer précisément que le produit de cette conversion est exactement le genre de formation culturelle dont je viens de dire qu'elle était typique des cultures converties aux christianismes pentecôtiste et charismatique. Une culture, donc, dans laquelle les esprits traditionnels continuent de jouer un rôle important dans la vie des gens, mais où ces esprits, ainsi que les valeurs qu'ils représentent, ont été englobés par les figures spirituelles chrétiennes et les valeurs qu'elles incarnent.

Cette dynamique d'acceptation des esprits traditionnels, accompagnée de leur diabolisation et de leur rejet, est apparue chez les Urapmin dès qu'ils ont commencé à se convertir en masse, à l'époque du Renouveau. Les convertis firent le serment de ne plus entretenir de relations positives avec les esprits, de faire tout leur possible pour les chasser de la communauté et de son territoire. Ils abandonnèrent tout l'attirail qui leur avait jusque-là permis de communiquer avec leurs ancêtres pour solliciter leur aide pour la chasse, l'horticulture et l'élevage des cochons. Ils emportèrent les graines magiques, les charmes (*serap*) et les ossements (*kun*) de leurs plus proches parents par l'intermédiaire desquels ils imploraient les ancêtres pour s'en débarrasser dans la forêt, les brûlèrent ou les jetèrent dans le trou des toilettes. Plus systématiquement, les principales figures du Renouveau entreprirent d'extraire des plus célèbres maisons des hommes les ossements des lointains ancêtres (*alowal*), ceux-là mêmes qui veillaient à la prospérité des jardins de toute la communauté et de la région et qui aidaient les jeunes garçons à devenir des guerriers. À l'évidence, les Urapmin continuaient de croire en l'existence et au pouvoir des esprits auxquels ces ossements étaient attachés puisqu'après les avoir extraits des lieux de culte, ils les déposèrent dans des endroits abrités tels que grottes ou arbres creux où ils demeurèrent tandis que les gens cultivaient leurs jardins pour voir si les légumes continuaient de pousser et se demandaient si les jeunes garçons deviendraient tout de même des hommes. Comme rien ne changea, ils décrétèrent que la puissance du dieu des chrétiens l'emportait sur celle de leurs esprits, abandonnèrent les ossements là où ils les avaient déposés et cessèrent d'honorer les ancêtres. Comme ils le disent aujourd'hui, lorsque le Renouveau est arrivé nous avons « jeté » (*rausim*) les ancêtres.

Les Urapmin d'aujourd'hui parlent peu des ancêtres. Ils pensent que ces derniers continuent d'exister en tant qu'esprits mais les Urapmin disent également qu'ils ne reviendront jamais vers leur religion traditionnelle puisque de toute façon les ancêtres ne les accepteraient plus après le traitement qui leur a été réservé. S'ils se soucient quelque peu de leurs ancêtres, c'est qu'ils voient en eux des esprits maléfiques qui peuvent parfois provoquer des maladies. Aucun rituel ne leur est spécifiquement destiné et le christianisme charismatique a presque totalement éliminé l'influence des ancêtres dans la vie des Urapmin.

On ne peut pas en dire autant de l'autre grande catégorie d'esprits qui peuple l'univers des Urapmin. Pour ces derniers, ces esprits sont liés à des endroits précis qui leur appartiennent. On les appelle les *motobil* et tous les éléments significatifs de l'environnement des Urapmin (arbres, gros rochers, rivières, parcelles de terre, animaux etc.) appartiennent à l'un ou l'autre de ces esprits. En général, ces esprits autorisent les Urapmin à utiliser les ressources qui leur appartiennent. En revanche, quand les *motobil* estiment qu'ils ont été dérangés, ils provoquent des maladies. Ils agissent ainsi lorsque quelqu'un viole un tabou (*awem*) institué par les *motobil*, comme l'interdiction de manger certains animaux, de crier ou de rire en jardinant ou en chassant. La plupart des maladies relativement graves sont mises sur le compte des *motobil*, comme le sont également tous les décès d'enfants.

Le comportement des esprits *motobil* et les maux dont ils sont responsables font l'objet de discussions permanentes chez les Urapmin d'aujourd'hui. Pour eux, l'une de règles primordiales du christianisme est le rejet des tabous traditionnels. Les fidèles doivent placer leur confiance en Dieu, qui les protège des punitions que les esprits réservent à ceux qui violent les tabous. Respecter un tabou, c'est donc faire montre d'un manque de foi évident. Si les Urapmin ont peu de scrupules à ne pas respecter les tabous imposés par les ancêtres, il leur est moins facile d'enfreindre les tabous des *motobil*, car les maladies qui continuent de les frapper prouvent suffisamment la persistance de leur capacité de nuisance. Le pouvoir des *motobil* est donc une source permanente d'inquiétude et les prières en appellent bien souvent à Dieu pour lui demander d'empêcher les *motobil* de nuire.

Quand ils sont malades, les Urapmin cherchent par tous les moyens à rentrer en contact avec les *motobil*. Les parents et les amis du malade prient Dieu de le débarrasser des esprits. Les maladies les plus graves sont du ressort d'un groupe de femmes spécialisées dans la pratique des rituels que l'on appelle les Femmes Esprit (Spirit Meri) et qui sont apparues à l'époque du Renouveau. Elles sont possédées par le Saint-Esprit qui leur dit ou leur montre quel est le *motobil* responsable de la maladie en question. Elles prient ensuite au-dessus du malade en demandant à Dieu de se charger du *motobil* à l'origine de la maladie. Elles pratiquent parfois certains rituels plus élaborés, censés chasser les mauvais esprits de villages ou d'autres endroits où de nombreuses personnes ont été malades. Au cours de ces rituels, plusieurs Femmes Esprit entreront en transe sur le lieu qui doit être purgé des esprits qui y résident. Elles demandent à Dieu de chasser ces esprits des environs et de les enchaîner en enfer. Ensuite, elles plantent de petites croix de bois dans le sol aux entrées du village ou à l'endroit qu'elles ont ainsi nettoyé, érigeant, ce faisant, une barrière spirituelle destinée à empêcher les *motobil* de revenir prendre possession de leur territoire.

Ces pratiques ne font l'objet d'aucun débat, mais les rites destinés à purifier toute une région de la présence des esprits sont rarement pratiqués. Il existe néanmoins un aspect assez controversé de la pratique rituelle des Femmes Esprit. Quand un enfant est malade, ou lorsqu'un adulte souffre d'une maladie persistante ayant résisté au rituel de la prière, les Femmes Esprit décrètent que le Saint-Esprit ordonne aux parents du malade de sacrifier un cochon (*kang anfukeleng*) au *motobil* responsable de la maladie. Au cours de ce sacrifice pratiqué par l'un des rares spécialistes du rituel traditionnel à connaître les formules adéquates, on encourage les *motobil* à laisser en paix l'individu qu'ils tourmentent, en échange de l'odeur et parfois même du sang du cochon. La plupart des Urapmin éprouvent, au mieux, un sentiment d'ambivalence vis-à-vis du sacrifice d'un cochon. Ils pensent que le sacrifice de Jésus est censé constituer l'ultime sacrifice et que, en outre, nul n'est censé entretenir avec les *motobil* le genre de relations positives qui ont lieu au cours de ce sacrifice. Les esprits doivent être combattus avec l'aide de Dieu et on ne doit donc pas coopérer avec eux dans des échanges qui restaurent la relation. Certains suggèrent même que quand les Femmes Esprit prescrivent un sacrifice, elles pourraient bien ne pas être inspirées par le Saint-Esprit mais au contraire par un esprit maléfique (*sinik mafak*) se faisant passer pour lui. Néanmoins, malgré ce sentiment ambivalent, les Urapmin recourent au sacrifice, en particulier quand le malade est un enfant (en effet on pense que, contrairement aux adultes, les enfants peuvent être tués par les *motobil*) et ils reconnaissent que ce sacrifice est l'unique rituel traditionnel qu'ils continuent de pratiquer plus ou moins régulièrement et publiquement.

Le système de croyances et de comportements concernant les *motobil* reste relativement important chez les Urapmin et, comme nous l'avons vu, certains aspects essentiels des croyances et de la pratique chrétiennes des Urapmin leur sont consacrés. Selon une conception élémentaire du changement culturel ou selon les grilles classiques du syncrétisme auquel cette conception est souvent associée, l'importance des *motobil* dans la vie des Urapmin d'aujourd'hui prouve la persistance de l'influence de la tradition et suggère qu'il serait inapproprié de qualifier leur conversion de changement culturel radical. L'intérêt qu'ils portent à ces esprits montre que les Urapmin semblent se préoccuper assez régulièrement des questions de tradition.

En revanche, du point de vue d'une conception du changement résultant d'un basculement de valeurs et de l'organisation hiérarchique des composantes culturelles qui en découle, on ne peut guère prétendre, dans le cas des Urapmin, qu'il y ait eu persistance de la tradition. Le modèle de changement que j'ai exposé précédemment révélerait que, chez les Urapmin de l'après-Renouveau, la perception des pouvoirs spirituels traditionnels a beaucoup perdu en importance et que son élaboration s'est trouvée limitée. Tout en expliquant de quelle manière certains éléments culturels de moindre valeur se trouvent finalement affaiblis et limités, j'ai avancé l'idée selon laquelle ils ne sont élaborés que dans la mesure où ils ne contredisent pas les éléments plus valorisés, et que leur plus haut degré d'élaboration ne peut s'exprimer que dans des contextes subalternes. Ces deux facteurs sont clairement présents dans la manière dont les Urapmin appréhendent leurs croyances spirituelles traditionnelles. En outre, le processus que décrit Dumont, dans son modèle classique de l'englobement, a également opéré et les croyances spirituelles traditionnelles n'apparaissent plus que sur fond de conceptions chrétiennes plus valorisées.

Considérons d'abord les limites imposées à l'élaboration des notions moins valorisées lorsqu'elles entrent en conflit avec des éléments plus valorisés. L'un des piliers du christianisme des Urapmin est l'affirmation selon laquelle Dieu est la seule puissance créatrice de l'univers. Selon eux, c'est Dieu qui fait tout et ils répètent à l'envi, dans leurs prières, qu'il détient le véritable pouvoir. Si nous considérons les croyances des Urapmin comme un corpus unifié – qui intégrerait aussi bien leur perception des ancêtres que leur perception des *motobil* – il semble évident que les croyances traditionnelles dont l'élaboration tournait essentiellement autour des questions de puissance créatrice ont été abandonnées. On ne parle plus guère des ancêtres de nos jours, et l'on n'élabore plus de discours sur leur créativité ou les manières positives d'entrer en contact avec eux. En effet, tout discours élaboré sur leur pouvoir créatif contredirait la notion plus valorisée du pouvoir infini de Dieu. Cet état résiduel dans lequel survivent les croyances concernant les ancêtres s'explique par l'impossibilité pour les Urapmin de développer ces croyances sans porter atteinte aux valeurs chrétiennes devenues centrales.

Une seconde question se pose concernant les croyances traditionnelles qui ne sont pleinement élaborées que dans le cadre de contextes subalternes. Cela peut expliquer la manière dont les *motobil* ont fini par être représentés et appréhendés. La perception des *motobil* s'élabore essentiellement dans le contexte de la maladie. En effet, les Urapmin ont plutôt tendance à ne pas se soucier des *motobil* tant qu'ils sont en bonne santé. Ce n'est que dans le contexte de la maladie qu'ils évoquent la question de la propriété des esprits sur certaines composantes de l'environnement[9]. De telles constructions signalent avant tout le caractère possessif des *motobil*, leur refus de donner ce qu'ils possèdent aux Urapmin et leur volonté, une fois furieux, de prendre possession de la personne elle-même. En effet, c'est parce qu'ils se jettent comme des rapaces sur leurs victimes avec leurs queues, leurs mains et leurs pieds crochus que ces dernières tombent malades. Lorsque les Urapmin parlent des *motobil*, leur imagination reste assez limitée : leur rapport aux humains se borne au domaine des maladies dont la cause réside dans leur soif de posséder. Cette conception de l'efficacité des *motobil* en tant que fauteurs de trouble ne contredit plus, dès lors, les notions bien plus valorisées des pouvoirs illimités d'un Dieu qui pour sa part ne commet aucun méfait et n'inflige pas de maladies aux hommes. Les *motobil* jouent dans la théodicée urapmin le rôle qu'occupent souvent ailleurs dans le christianisme les croyances gravitant autour de Satan et des démons. Relégués de la sorte dans un contexte aussi limité et exclusivement conçu en des termes qui conviennent à ce contexte, les *motobil* se coulent parfaitement dans le monde du christianisme urapmin. C'est sur cette base qu'ils constituent le seul élément de l'univers spirituel traditionnel des Urapmin qui soit, aujourd'hui encore, pertinent.

En définitive, il est intéressant d'observer comment l'englobement, considéré en termes typiquement dumontiens, a permis d'informer l'usage des *motobil* dans la culture Urapmin de l'après-conversion. Tout en ne laissant à la notion de *motobil* que le contexte restreint et négativement valorisé de la maladie pour se développer, le christianisme urapmin parvient à les englober de manière à ce qu'on ne les considère que dans leur rapport à Dieu et au Saint-Esprit, qui apparaissent comme leurs homologues au sens mathématique du terme. Lorsque les Urapmin tentent de

9. Une seule exception à cette règle : l'idée selon laquelle les *motobil* peuvent nuire à la prospection de minerais à Urapmin. Cette idée, qui repose sur le fait que les *motobil* tiennent à l'or qu'ils possèdent et refusent de l'abandonner aux prospecteurs, est à l'origine de quelques innovations dans la pratique du sacrifice (Robbins, 1995). Néanmoins cette idée reste rudimentaire et je n'en traite pas ici. Quoi qu'il en soit, une telle idée ne s'oppose pas à ma proposition générale concernant les contextes restreints dans le cadre desquels s'élabore la perception des *motobil*. En mettant l'accent sur la possessivité des *motobil*, elle suit un parcours très semblable à celui qu'emprunte le débat autour de la maladie (discuté plus loin dans cette contribution).

répondre à l'agression des *motobil*, ils se tournent vers le Dieu et le Saint-Esprit des chrétiens. D'ailleurs, l'ensemble du domaine spirituel est désormais défini par « Dieu » qui peut le signifier à lui seul comme le lexème « homme » signifie la catégorie du genre en français. Les *motobil* qui posent encore des problèmes sont ceux que Dieu n'a pas encore chassés d'Urapmin ni enchaînés en enfer. Dans le futur chrétien que les Urapmin s'imaginent devoir advenir après le retour de Jésus, les *motobil* auront totalement disparu. On ne peut les prendre en compte au présent que dans la mesure où l'on dispose de pratiques chrétiennes pour répondre aux problèmes qu'ils posent.

Cette analyse fondée sur la notion d'englobement est largement confortée par l'apparition des Femmes Esprit en tant que principales spécialistes des rituels, aux-quelles les individus ont recours pour entrer en contact avec les esprits [10]. Les Femmes Esprit sont explicitement des figures chrétiennes qui reçoivent leur pouvoir du Saint-Esprit. Les gens croient en leur efficacité dans la mesure où elles peuvent permettre à Dieu de contrôler les esprits spécifiques qui posent des problèmes. Les Urapmin considèrent la quasi-totalité des pratiques des Femmes Esprit – possession, prières, érection de croix – comme des pratiques chrétiennes qui permettent donc de maintenir les réactions des individus confrontés aux esprits à l'intérieur du champ sur lequel règne le Dieu chrétien et (comme je le montrerai plus tard) dans lequel les valeurs chrétiennes sont souveraines. La seule exception apparente à cette thèse est le sacrifice. Ce recours à un rituel traditionnel pour répondre aux problèmes posés par des esprits, eux aussi traditionnels, semble bien être le seul cas où les Femmes Esprit autorisent les croyances et pratiques traditionnelles à échapper à l'englobement chrétien. Bien entendu, comme nous l'avons dit précédemment, cela ne peut se produire que dans la sphère négativement marquée de la maladie, mais il n'en demeure pas moins que, dans le cas du sacrifice, les *motobil* semblent n'être appréhendés que dans les termes traditionnels qui leur sont propres. Cela explique sans doute, en partie, pourquoi le sacrifice est un sujet si sensible et si controversé dans la société Urapmin contemporaine.

Si l'on peut admettre la spécificité du sacrifice au regard de notre thèse selon laquelle les constructions spirituelles traditionnelles se trouvent limitées et englobées par la culture Urapmin contemporaine, il reste néanmoins vrai qu'une observation attentive du déroulement de ce rituel peut nous amener à juger que les Urapmin s'efforcent de reproduire symboliquement le processus de l'englobement chrétien du

---

10. Si je parle de « principales spécialistes » c'est qu'au début de la maladie, les gens prient souvent avec leur pasteur ou simplement avec leurs parents pour demander à Dieu de les débarrasser, eux ou leurs enfants, des esprits.

rituel dans la pratique du rite lui-même. Cette reproduction symbolique se réalise d'une part par le fait que celle qui prescrit le sacrifice est une figure chrétienne spécialiste des rituels (la Femme Esprit) et d'autre part, par le fait que le rite s'ouvre sur une prière chrétienne qui tente d'en rendre compte dans un vocabulaire spécifiquement chrétien. L'étude d'une de ces prières nous éclairera sur l'objectif englobant de cette façon d'encadrer le rite.

La prière que je vais évoquer ici a été prononcée avant le sacrifice d'un porcelet pour venir en aide à une fillette d'environ quatre ans. Le pasteur qui récite cette prière commence par citer Jacques 5 :13-16. Voici la traduction de la version proposée par la Bible en pidgin qu'utilisent les Urapmin :

> « Y a-t-il parmi vous un frère qui ait un problème (littéralement : « une lourdeur ») ? Qu'il prie Dieu ! Quelqu'un d'heureux ? Qu'il chante les louanges de Dieu ! Un frère est-il malade ? Qu'il appelle les chefs de l'Église pour qu'au nom du Seigneur ils oignent son corps d'huile et qu'ils prient Dieu de le secourir ! S'ils ont foi en Dieu et s'ils prient, Dieu guérira le malade et le relèvera. S'il a commis des péchés, alors Dieu le délivrera totalement de ses péchés. Vous devez confesser vos péchés à vos frères. Et vous devez prier Dieu pour qu'il aide vos frères et Dieu vous rendra tous heureux. La prière de l'homme juste est puissante et suffit véritablement à secourir un homme. »

La lecture de ces quelques versets par le pasteur avant de réciter les prières du sacrifice est étonnante. En effet, ce sont justement ces mêmes versets que les pasteurs lisent avant d'entamer les prières de guérison destinées à demander à Dieu de libérer un individu des esprits maléfiques (Robbins, 2004b). Le pasteur se référera de nouveau à ces versets au cours de la prière suivante. En ouvrant le rituel avec la lecture de ces versets – et en y revenant dans la prière suivante – il tente d'assimiler le sacrifice à venir au rituel chrétien de guérison semblable à celui qui, immanquablement, a eu lieu auparavant (et dont l'inefficacité a incité la Femme Esprit à prescrire le sacrifice). Donc, avant même que la prière proprement dite ne débute, le processus d'englobement chrétien du sacrifice est à l'œuvre.

Après cette lecture, le pasteur poursuit en ces termes [11].

> 1 – Voici ce que les versets 13, 14 et 15 du chapitre V de Jacques nous disent. Je n'ai lu que ceux-ci [en réalité il a également lu le verset 16], et à présent la Femme Esprit peut sautiller d'allégresse [entrer en transe]. Elle peut faire ce qu'elle doit avec le porcelet.

> [Le pasteur se dirige vers l'enfant malade et dit « priez bien fort », avant de commencer à prier lui-même.]

---

11. J'ai placé quelques remarques explicatives entre crochets et j'ai numéroté chaque paragraphe pour offrir plus de lisibilité à la discussion qui suit.

2 – Ô Dieu! Dieu! Dieu sacré! Je t'adresse aujourd'hui une prière. Comme tu le vois, la fille de ma plus jeune sœur et de son époux est malade. Notre famille s'est rassemblée ici.

3 – Je t'en prie, Seigneur, tu es tout puissant. Dieu, tu as la force et tu as la gloire. Tu es le Dieu miséricordieux, le Dieu pacifique. Je prie en ton nom. Guéris ma petite fille!

4 – Mon fils Kiki [le père de l'enfant malade] et ma plus jeune sœur, la fille de ce couple, oh Jésus apparais-lui. Descends vers elle, et de ton poignard céleste et aiguisé, tranche les queues et les mains des esprits! Renvoie les esprits d'Alal [un lieu], les esprits de Lalip [un lieu], les esprits de la grotte de Wim tem, les esprits de Delolbikma [un lieu], les esprits de Bantok [un lieu], les esprits des animaux maléfiques comme ceux de la roussette de Belulumin!

5 – Toi seul Jésus en as le pouvoir. C'est comme lorsque les gens sont malades; qu'ils ont un problème. C'est ce qu'ils disent au chapitre V de Jacques, versets 13, 14 et 15. Il y est dit que « si ton ami a une lourdeur, qu'il est tombé malade par exemple, il faut venir et le déposer… Les chefs de l'Église, le diacre, le pasteur ou les Femmes Esprit et les Hommes Esprit [il y en a un à Urapmin], peuvent venir. Vous, chrétiens fervents, vous devriez venir et demeurer ainsi auprès de votre ami pour prier car je vous entendrai. Je guérirai votre ami malade. Et si votre ami a péché, s'il est lourd du poids de ses péchés, je le guérirai; je lui apporterai la vie ou lui redonnerai la vie. Je le guérirai. » C'est ce que tu as dit et voici l'enfant de mon enfant, oh Jésus! Ô toi! Nous frères et sœurs ne sommes que des hommes mais toi tu es pur et saint. Nous te prions.

6 – Nous disons que tu guériras cette enfant. C'est pour cela qu'elle est là et que je prie. En plus, nous allons tuer un bon petit porcelet afin de… de le tuer avant de le faire cuire. C'est avec ce porcelet que nous pouvons la guérir. C'est elle qui l'a amené et nous, sa famille, nous allons le tuer.

7 – Esprits maléfiques, fantômes, créatures invisibles, elle [ce pronom peut aussi bien faire référence à la Femme Esprit qu'au Saint-Esprit dont le genre grammatical en anglais est le féminin] va les expulser tous. Elle va expulser tous les esprits.

8 – Jésus, doux agneau, mort pour nous ressusciter tous. Tu l'as fait, et nous aussi nous avons amené un jeune porc pour le tuer et faire un rituel de guérison [12]. C'est ce que nous allons faire devant toi. Regarde-nous, Seigneur! Répands sur nous ta force! Ce n'est que de la viande et nous allons le tuer et le manger. Répands sur nous ta force et ta grâce et guéris cette enfant!

9 – Ô Seigneur, j'ai dit cela, et toi Seigneur…! Toi Seigneur, tu es miséricordieux; tu es pacifique et tu es la joie, c'est pour cela que je t'adresse mes prières. Je t'en prie, penche-toi sur cette enfant et guéris-la. Tranche les mains et les pieds de l'esprit du serpent venimeux, de l'esprit du chien, de l'esprit du casoar, de l'esprit de l'araignée et de tout ce qui pourrait ressembler à un esprit. Ceux qui vivent dans les arbres, tous les semblants d'humains [nom donné parfois aux esprits], les esprits serpents et le semblant d'humain, renvoie-le chez lui. Saisis-toi de lui; piétine-le; écrase-le et, je t'en prie, guéris cette enfant!

---

12. Le terme pidgin traduit ici par « faire un rituel » est singsing. Ce terme évoque sans doute un rituel traditionnel car le mot « singsing » est rarement utilisé pour désigner une pratique chrétienne.

10 – Je l'envoie vers toi, Jésus, vers ton royaume de vie. Résident de Nazareth, elle vient en ta sainte présence. Je t'en prie, apparais-lui et guéris-la.

11 – L'enfant de mon enfant est malade. Je prie pour elle, mais je suis un pauvre pécheur. Certains ne sont pas venus la voir et moi-même je ne l'ai pas fait. Ô Dieu sacré, je t'en prie, apparais-lui et guéris-la de sa maladie ! Jésus, toi seul peux guérir la fille de la famille de ma sœur. Nous, son père et le frère de sa mère, ne sommes que des hommes, aussi Jésus qu'il te plaise [de le faire]. Jésus, je l'envoie vers toi. J'en ai assez dit et c'est la vérité [formule finale utilisée dans la plupart des prières]. »

Les Urapmin exposent leurs conceptions théologiques de façon très articulée dans leurs prières (Robbins, 2004b). Cette prière spécifique présente nombre de thèmes qui occupent une place centrale dans cette théologie, en particulier dans la façon dont elle oppose la toute puissance de Dieu à la faiblesse humaine. Mais, du fait qu'elle précède un sacrifice, on peut considérer cette prière comme l'expression d'une théologie de l'englobement de l'univers spirituel traditionnel par le christianisme. Dans les paragraphes 6 et 8 (paragraphes essentiels) de cette prière, le pasteur évoque explicitement le sacrifice en le désignant comme un acte humain, par opposition aux actes divins. Les hommes peuvent pratiquer le sacrifice (paragraphe 8), mais en définitive il ne s'agit « que de […] viande » et l'acte en lui-même n'a aucune efficacité réelle (paragraphe 8). La guérison effective de l'enfant n'est due qu'à Dieu. Le pasteur suggère, en outre, qu'en pratiquant le sacrifice, les individus se contentent de prendre modèle sur le sacrifice de Jésus : un thème qu'il ne développe guère mais qui signifie clairement la christianisation du rite sacrificiel. Ces deux processus, décrits dans les paragraphes 6 et 8 de cette prière, sont typiquement des processus d'englobement. L'identification du sacrifice du porcelet à la mort de Jésus suggère en effet que le sacrifice pourrait être un rituel chrétien et la relativisation de ce même sacrifice, par son humanité même, permet d'affirmer que sa possible mais réelle efficacité repose, en dernier ressort, sur la seule puissance divine. Ainsi, le contenu explicite de ces paragraphes exprime-t-il à l'évidence le type d'englobement que le pasteur s'efforce d'effectuer.

Le contenu explicite de la prière vise à un englobement que, par ailleurs, certains aspects essentiels de sa structure réalisent concrètement. Autrement dit, ils le produisent en même temps qu'ils le décrètent. Ce processus est avéré à bien des égards. Pour commencer, la prière est plusieurs fois assimilée aux prières de guérison classiques. Comme je l'ai déjà dit, les versets de Jacques que le pasteur récite avant la prière sont ceux qu'on lit d'ordinaire à l'occasion des prières de guérison. En outre, les paragraphes 2 à 5 et 9 à 11 sont constitués de formules que l'on trouve assez communément dans ces mêmes prières. L'énumération des différents esprits potentiellement responsables de la maladie et le recours à Dieu pour « qu'il tranche les mains et les jambes de ces esprits, qu'il les écrase et qu'il les chasse », sont des composants classiques des prières de guérison. Ils servent ici à faire passer ce rituel pour une vraie prière de guérison et à suggérer que l'efficacité concrète du rite est due à la prière récitée et non au sacrifice lui-même. D'ailleurs, le seul fait de réciter la prière transforme concrètement le rite en un rite chrétien de guérison.

Un autre aspect de cette prière permet d'avantage encore, par sa seule énonciation, d'accomplir l'englobement du sacrifice. La structure même de cette prière fournit, par définition, une image de l'englobement tel que Dumont le conçoit : un terme générique qui en absorbe un autre tout en lui assignant un cadre dans lequel se développer. Le sacrifice n'occupe finalement que la section centrale de la prière. Il est encadré, au début et à la fin de la prière, par l'affirmation de la toute puissance de Dieu, de manière à suggérer qu'au bout du compte c'est à elle que l'on doit la guérison. Cette structure rend parfaitement compte de la manière dont les Urapmin conçoivent la sphère du spirituel comme une sphère entièrement christianisée, au sein de laquelle les esprits nonchrétiens n'ont de place que s'ils peuvent être interprétés et maîtrisés en termes chrétiens.

Si je m'attarde ici longuement sur le sacrifice, c'est qu'il constitue un défi pour le modèle de changement qui me semble prévaloir chez les Urapmin d'aujourd'hui. Pour ce modèle, un basculement en faveur des valeurs chrétiennes implique nécessairement que les croyances traditionnelles qui persistent ne peuvent être élaborées que dans la mesure où elles ne contredisent pas les croyances chrétiennes et ne trouvent de place que dans les domaines peu valorisés de la culture Urapmin. Par ailleurs, j'ai souligné précédemment que ces croyances sont totalement englobées par les croyances chrétiennes, de manière à ce qu'elles n'interviennent jamais sans indiquer clairement le cadre chrétien qui leur confère un sens. Pourtant, quand les Urapmin pratiquent le sacrifice, ils semblent répondre aux esprits traditionnels par des rituels traditionnels et préserver ainsi un domaine culturel dans le cadre duquel les croyances et les pratiques chrétiennes n'ont pas cours et où les croyances traditionnelles peuvent jouer pleinement leur rôle. Cependant, notre exemple a montré que tel n'était pas le cas. Les sacrifices sont prescrits et pratiqués, pour certains de leurs aspects les plus importants (mais pas tous), par les spécialistes des rituels chrétiens (Femmes Esprit et pasteurs). Ils sont également encadrés par des prières chrétiennes destinées à les assimiler aux rituels chrétiens et à mettre en question leur efficacité. Dans le cas du sacrifice, nous constatons que les techniques du confinement et de l'englobement qui, chez les Urapmin, limitent systématiquement l'élaboration des croyances spirituelles tradition-nelles sont ici explicitement mises en œuvre : reconnaissance de la part de ceux qui manient ces techniques de la nécessité d'en user avec précaution dans ce cas délicat.

Jusqu'ici, mon propos est resté centré sur la dynamique de la conversion des Urapmin au christianisme charismatique, dynamique qui a généré une situation dans laquelle les valeurs chrétiennes ont un effet structurant sur la culture Urapmin. J'ai également suggéré que ces valeurs avaient structuré cette culture sans en éliminer radicalement les croyances traditionnelles mais en exerçant une influence décisive sur leurs pratiques et leurs perceptions. J'ai montré sous quelle forme s'était exprimé ce pouvoir structurant des valeurs chrétiennes – limitation de l'élaboration des croyances traditionnelles accompagnée de leur confinement dans des contextes subalternes et de leur englobement par subordination aux croyances chrétiennes. Mon analyse s'est donc principalement appuyée sur le modèle proposé par Dumont pour expliquer la manière dont les valeurs structurent les composantes d'une culture. Je m'intéresserai à présent à la valeur souveraine introduite par le christianisme dans les cultures qui l'adoptent, et j'analyserai comment la signification même de cette valeur entre en conflit avec la valeur souveraine traditionnelle des cultures mélanésiennes.

Valeurs souveraines et changement culturel

Pour Dumont, toute culture est dominée par une valeur souveraine qui détermine les grandes lignes de sa structure. La plus grande part de l'œuvre de Dumont repose sur une vision du monde qui distingue deux types de cultures : celles pour lesquelles le holisme est la valeur souveraine, et celles qui sont gouvernées par l'individualisme. Telles que les décrit Dumont, les cultures holistes sont celles où l'entité sociale est valorisée tandis que les composantes culturelles ne sont estimées qu'au regard de leur contribution à la création d'un tout satisfaisant. En revanche, dans les cultures individualistes, ce sont les éléments individuels (les individus humains en particulier) qui sont valorisés et les autres composantes culturelles ne sont estimées qu'à l'aune de leur contribution à l'épanouissement des individus. L'opposition individualisme/holisme de Dumont présente un petit côté « l'Occident et les autres » et lorsque ses écrits évoquent le changement culturel, c'est essentiellement pour s'interroger sur la manière dont les cultures holistes se transforment parfois en cultures individualistes [13]. Peu surprenant, dès lors, que la plupart des lecteurs de Dumont jugent qu'il considère qu'individualisme et holisme épuisent à eux seuls toutes les valeurs souveraines qui structurent l'ensemble des cultures mondiales.

---

13. L'importance donnée par Dumont au changement a souvent échappé à ceux qui le considèrent avant tout comme un structuraliste convaincu. Cette notion est malgré tout très présente dans son œuvre (lire, en particulier, Dumont 1994 ainsi que Ortner 1994 : 381).

Pourtant, même si Dumont n'évoque personnellement aucune valeur souveraine en dehors du holisme et de l'individualisme, il précise néanmoins que les cultures de Papouasie Nouvelle-Guinée lui semblent gouvernées par une autre valeur fondamentale (Dumont : 215-216). J'ai défendu assez longuement ailleurs l'idée selon laquelle cette valeur pourrait être interprétée comme un relationnalisme (Robbins, 1994, 2004b). Pour les cultures dans lesquelles le relationnalisme est la valeur souveraine, ce sont les relations d'ordre social qui ont le plus de valeur et les autres composantes culturelles (personnes et objets y compris) ne sont valorisées qu'en fonction de leur aptitude à participer à la création et au maintien de ces relations. Cela ne signifie nullement que l'on ne trouve jamais de représentations holistes ou individualistes dans les cultures mélanésiennes mais, comme ce ne sont pas les plus valorisées, elles ne sont pas non plus les mieux élaborées (Dumont, 1980 : 420 fn. 118d, voir également p. 237). Pour emprunter une terminologie artistique au modèle théorique de Munn (1986), qui, à bien des égards, est assez compatible avec celui de Dumont, le concept de relationnalisme suppose que les Mélanésiens tendent généralement à produire des relations et que les représentations centrées sur les individus ou les entités ne peuvent que participer accessoirement au processus de transformation des valeurs qui, de bout en bout, servent uniquement des objectifs relationnels.

Il serait trop long de reprendre ici dans le détail ma défense du relationnalisme en tant que valeur souveraine des sociétés mélanésiennes, défense que j'ai déjà exposée ailleurs et qui se fonde très largement sur les travaux de Wagner (1977, 1981), Gregory (1982) et Starthern (1988). Pour l'évoquer néanmoins rapidement, en termes qui puissent servir à l'analyse à laquelle je me livre ici, je dirais que cet argument entend essentiellement appréhender la place centrale de différents types d'échanges dans les cultures de Papouasie Nouvelle-Guinée – échanges qui, selon de nombreux ethnographes, ont essentiellement pour fonction de créer, de conforter et de transformer les relations plutôt que de donner forme à une vie sociale qui puisse ainsi se couler dans un modèle d'entité sociale préexistant. Si l'on peut observer l'influence du relationnalisme dans nombre d'aspects des cultures mélané-siennes (Robbins, 2004b), elle s'exprime le plus clairement au travers de l'échange d'objets et de nourritures, aussi bien entre individus qu'entre groupes (Robbins, 1994).

Étant donné le caractère central du relationnalisme comme valeur dans les cultures traditionnelles mélanésiennes, les questions posées par la·conversion tournent, au moins en partie, autour de l'interaction des valeurs chrétiennes et des valeurs rela-tionnalistes. L'étude de cette interaction nécessite également que l'on caractérise la valeur souveraine qui structure le christianisme. Pour Dumont, le christianisme est essentiellement individualiste et son essor s'est avéré fondamental dans l'évolution des cultures occidentales vers l'individualisme (Dumont, 1986). Cet individualisme du christianisme est indéniable si l'on considère l'importance qu'il accorde au salut de l'individu, salut qui dépend de l'état de l'âme de l'individu et qui s'obtient bien souvent par une prise de distance plus ou moins grande vis-à-vis de la société. On peut trouver, bien entendu, des représentations holistes dans les cultures chrétiennes – en particulier dans certaines formes d'organisation ecclésiastique de la Haute Église – mais elles y trouvent en définitive leur place comme composantes des processus de transformation de valeurs dont l'objectif est le salut individuel. Ceci étant dit et si l'on en croit Dumont, on pourrait s'attendre à ce que la conversion soit considérée, dans les cultures de type mélanésien, comme un basculement de la valeur souveraine du relationnalisme vers celle de l'individualisme.

Comme je l'ai déjà dit ailleurs, dans le cas de la culture Urapmin, le conflit entre la valeur souveraine de l'individualisme et celle du holisme s'est avéré long et peu concluant (Robbins, 2004b). La vie sociale de ce groupe repose sur l'adhésion des individus à certains aspects culturels qui restent structurés selon des principes relationnalistes et ne pourront être remplacés tant que certaines institutions individualistes qui structurent la vie sociale (on pense avant tout à l'institution du marché) ne s'imposeront pas (Robbins, 2004b : 311). Ainsi, on ne peut prétendre que la culture Urapmin dans son ensemble ait été exclusivement structurée, après la conversion, par la valeur souveraine de l'individualisme. L'objectif de cette contribution n'est donc pas de défendre l'idée d'un triomphe écrasant de cette nouvelle valeur. Au fond, j'ai voulu simplement m'efforcer de montrer que, dans la sphère religieuse, les représentations sont en grande partie structurées par des principes individualistes. Il me semble qu'il s'agit là du critère minimal qui puisse nous autoriser à affirmer que la conversion chrétienne a radicalement bouleversé une culture dans ses valeurs.

Pour illustrer la manière dont l'individualisme s'est confronté au relationnalisme dans la sphère religieuse de la société Urapmin contemporaine, j'avancerai ici que le conflit entre les esprits traditionnels (ancêtres et *motobil*) d'une part, et le Dieu des chrétiens et le Saint-Esprit de l'autre – conflit que j'ai évoqué précédemment du point de vue des notions de l'englobement, de la limitation de l'élaboration et du confinement aux contextes subalternes – peut également s'interpréter comme un conflit entre représentations relationnalistes et individualistes. En considérant le genre de preuve qui étaierait cet argument, il est utile d'emprunter à Rio (2005) la notion de totalisation en tant que représentation du monde faite du point de vue d'une valeur précise. À de nombreux égards, la représentation des esprits et celle des processus de transformation des valeurs par lesquels ces représentations sont organisées, totalisent la valeur du relationnalisme au sens où elles l'explicitent et favorisent la réflexion à son propos. De la même manière, les rituels de guérison des Femmes Esprit qui font appel à la possession et à la prière (c'est-à-dire aux pratiques non sacrificielles) constituent une représentation totalisée générée par le point de vue individualiste. On admettra que la totalisation n'aboutit pas systématiquement à la représentation d'une entité sociale structurée selon les principes holistes, mais on peut néanmoins la définir comme une image élaborée assez précisément et qui représente la vie d'une société quelle qu'en soit la valeur souveraine ou prétendument souveraine. Lorsque cette valeur est l'individualisme, la totalisation incarnera alors une vie sociale composée d'individus entretenant des relations choisies par eux plutôt qu'une entité sociale structurée. Si nous concevons ainsi la totalisation, le conflit autour de la pratique des Femmes Esprit – conflit entre possession et prière d'une part et sacrifice de l'autre – peut être interprété comme un conflit entre les totalisations des deux valeurs souveraines qui prétendent structurer la vie religieuse des Urapmin.

On peut aisément se convaincre que les ancêtres sont les expressions totalisées des valeurs relationnalistes. Ils entretiennent des liens généalogiques avec ceux qui les vénèrent et cette vénération consiste essentiellement à se comporter de manière à conserver, dans les meilleurs termes possibles, les relations qui les unissent les uns aux autres. La démarche de rupture entreprise vis-à-vis des ancêtres par les Urapmin à l'époque du Renouveau est une démarche qu'ils ont, en toute conscience, perçue comme un moyen de détruire ces relations plutôt que de les renforcer. Comme ils le disent eux-mêmes, cette entreprise de destruction les a rendus « libres » (fri). Elle les a débarrassés de tous les tabous que ces liens ancestraux leur avaient imposés. De leur propre aveu, ils se sentent libérés après s'être défaits de leurs liens avec les ancêtres et ils qualifient souvent le présent de « temps libéré » (fri taim) : une formule qui, dans l'usage qu'ils en font, possède clairement une connotation individualiste.

En ce qui concerne les *motobil*, conçus comme l'expression des valeurs relationnalistes, le cas est un peu plus complexe mais pas insoluble. Les *motobil* expriment moins clairement que les ancêtres les valeurs relationnalistes puisque les Urapmin ne semblent guère soucieux d'entretenir des rapports avec eux. Ils n'ont de rapports rituels avec les *motobil* que lorsque les choses tournent mal. Autrement, ils tendent plutôt à les ignorer et ne considèrent pas ces rapports comme un aspect particulièrement positif de leur vie. Néanmoins, si nous estimons que les relations avec les *motobil* sont le symbole des relations qu'entretiennent les humains entre eux (Gardner 1987, Robbins 1995), alors la manière dont les Urapmin conceptualisent ces relations porte un message clairement relationnaliste. En effet, les *motobil* font montre de toutes ces caractéristiques qui compliquent d'ordinaire les relations humaines. Ils sont égoïstes, possessifs et vindicatifs lorsqu'ils estiment que leurs intérêts ont été malmenés. Confrontés à ce genre de personnages, la première réaction des individus est de les ignorer totalement. Mais le fait de tomber malade et de pratiquer un sacrifice pour satisfaire les *motobil* constitue une preuve éclatante de la vanité de cette stratégie de dénégation. En pratique, cela signifie qu'il est nécessaire d'entretenir ce genre de relations même lorsqu'elles s'avèrent difficiles à maintenir. Nous nous trouvons ici devant l'une des évidences du relationnalisme[14]. Le fait qu'elle s'exprime clairement chez les Urapmin au travers de représentations relatives aux *motobil* signifie que ces derniers constituent une incarnation essentielle de la dynamique relationnaliste de leur culture.

La notion et la pratique du sacrifice concrétisent à l'évidence l'aptitude des représentations relatives aux *motobil* à totaliser la valeur relationniste des Urapmin. La plupart du temps, les gens se contentent d'éviter les *motobil*. Ils préfèrent ne pas les déranger et n'échangent jamais ni biens matériels ni propos avec eux. Chez les Urapmin, les relations s'articulent autour d'échanges matériels et c'est pourquoi le don du cochon, qui se situe au cœur du sacrifice, donne aux relations qu'entretiennent les individus avec les *motobil* toute leur signification. C'est au moment du sacrifice que l'importance relationnelle de la représentation des esprits est la plus explicite.

L'offensive chrétienne contre le sacrifice dans la société Urapmin, ainsi que la tentative de le remplacer par la possession et la prière comme pratiques de guérison, constituent ainsi une offensive frontale contre le dernier bastion du relationnalisme dans la sphère religieuse contemporaine de cette société. Les prières de guérison chrétiennes visent d'avantage à mettre fin à ces relations qu'à les renforcer – les *motobil* doivent être chassés et disparaître de l'univers des Urapmin. Les malades n'offrent rien aux *motobil*. Au contraire, ils demandent à Dieu de dénouer les liens qui les unissent à ces esprits. La rhétorique imagée que déploient les individus dans leurs prières pour mettre fin à ces relations contraignantes et saisissantes, au sens propre, renverse clairement le sens de l'échange qui est la clé de voûte du sacrifice et qui est censé confirmer et restaurer la relation des individus avec les *motobil*[15]. Ce faisant, cette imagerie de la prière de guérison permet aux individus d'envisager une

---

14. En termes de comparaison, on pourrait dire que le *Kaluli ginsaro* tel qu'il est présenté dans le fameux récit de Schieffelins (1976) peut être considéré comme traduisant lui aussi cette évidence. Face à la menace ultime que constitue la mort pour la relation, le *ginsaro* déploie toute une série d'interactions agonistiques qui s'achève sur une estimation définitive de la valeur de l'échange et de la relation.

15. Il est intéressant de souligner que les Urapmin utilisent souvent le verbe « tenir » (*kutalfugumin*) dans un sens positif pour évoquer une relation d'entraide entre individus, comme lorsqu'un individu dit à un autre « je te tiendrai » pour lui signifier son soutien indéfectible.

vie plus pleinement consacrée aux valeurs individualistes, une vie qui leur permette de prendre des décisions personnelles sans se soucier de l'autre (spirituel) dont le souci premier, contrairement au Dieu chrétien, n'est certes pas leur épanouissement individuel[16]. C'est pour cette raison que les pratiques communes des Femmes Esprit et les rituels de guérison auxquels elles se livrent, lorsqu'ils privilégient la possession et les prières destinées à débarrasser les victimes des *motobil*, peuvent être considérés comme l'expression totalisante de l'individualisme chrétien.

Lorsque les Femmes Esprit jugent que la prière est insuffisante pour guérir un malade et prescrivent un sacrifice, elles opèrent un mouvement qui substitue la totalisation des valeurs relationnalistes à la totalisation des valeurs individualistes. C'est cette menace de substitution que la pratique actuelle du sacrifice et les prières qui l'encadrent cherchent à prévenir. J'ai montré précédemment comment les prières récitées par les individus avant le sacrifice permettent, entre autres choses, d'assimiler le rite à une prière de guérison. L'importance de cette transformation, perçue comme un processus antirelationnaliste, devient plus évidente encore au regard de ce que les sacrifices signifient ordinairement. Le sacrifice offert aux *motobil* s'apparente très étroitement, et à bien des égards, à ce qui constitue sans doute l'expression rituelle primordiale de la valeur relationnaliste dans la culture Urapmin. Je veux parler ici du rituel du *tisol dalamin* (« échange de richesses »). Les rituels du *tisol dalamin* impliquent un échange de biens strictement équivalents entre deux partis dont les relations ont eu, d'une manière ou d'une autre, à souffrir. On recourt à ces rituels à la suite de toutes sortes de disputes. Les rituels pratiqués dans le cas d'un décès sont semblables (Robbins 2003). Il s'agit des moments les plus explicites et les plus formalisés de l'affirmation d'une relation dans la vie des Urapmin. Les sacrifices ressemblent aux rituels du *tisol dalamin* dans la mesure où ils impliquent le don de biens matériels destiné à restaurer une relation malmenée. S'ils ne sont pas exactement semblables aux échanges qui ont lieu dans le cadre du *tisol dalamin,* c'est qu'il n'y a pas à proprement parler, de la part des esprits, d'échange de biens équivalents en retour (ce qu'ils rendent, c'est le malade lui-même et à cet égard ces rituels s'apparentent également à celui des fiançailles au cours duquel on échange des biens contre une personne). Mais dans son intention et son architecture générale, qui vise à restaurer une relation, le sacrifice offert aux esprits s'apparente suffisamment au rituel plus souvent pratiqué

---

16. Dans bien des régions du monde, les rituels de guérison et de délivrance pentecôtistes et charismatiques ont pour objectif de rompre les liens que les gens peuvent avoir avec leurs proches ou avec les esprits traditionnels (Robbins, 2004a). C'est pour cette raison qu'ils s'opposent souvent aux rituels de guérison traditionnels destinés à restaurer des relations mises à mal.

du *tisol dalamin* pour qu'il paraisse évident que ce dernier a fourni le cadre dans lequel le premier est le plus volontiers interprété. C'est pourquoi, lorsque ceux qui procèdent à la forme chrétienne contemporaine du sacrifice reformulent explicitement le rite en termes de prière de guérison fondée sur le principe individualiste, ils s'attachent clairement à en atténuer la portée relationnelle. Nous avons alors affaire ici à une illustration supplémentaire de la capacité de l'individualisme à se proposer comme la valeur souveraine de la sphère religieuse contemporaine.

La lutte entre les valeurs individualistes et relationnalistes dans le cadre des cultures Urapmin n'est très probablement pas près de s'achever de sitôt. Aussi longtemps que le relationnalisme conservera une certaine emprise sur nombre de domaines de la vie sociale, le christianisme sera dans l'incapacité de l'englober totalement, même s'il tente d'y parvenir en présentant le retrait de toutes formes de relations sociales comme la voie la plus sûre vers le salut individuel (Robbins, 2004b). Quoi qu'il en soit, l'individualisme s'est affirmé, dans la sphère religieuse, comme la valeur la plus influente. Sa domination se trouve au cœur de la dynamique culturelle du changement que j'ai décrite précédemment. Cette dynamique explique en termes formels comment se structure la sphère religieuse de la culture Urapmin contemporaine. Je viens de proposer une identification de l'individualisme et du relationnalisme, en tant que valeurs souveraines, qui permet de préciser la nature des objectifs que ces valeurs proposent à ceux dont elles influencent la vie et la manière dont ces objectifs donnent forme aux pratiques rituelles concrètes.

Conclusion

J'ai proposé ici un modèle de changement culturel fondé sur la contribution théorique de Dumont à notre compréhension de la manière dont les valeurs structurent les cultures. L'étude du changement culturel se trouve entravée par un certain penchant de l'anthropologie à mettre l'accent sur la pérennité culturelle. Ce penchant se fonde sur des modèles de syncrétisme qui considèrent généralement le changement comme un phénomène portant sur des composantes culturelles qui doivent être traitées de manière à ce que leur persistance indique que le changement fut finalement minime. Selon moi, l'une des manières de permettre à l'anthropologie de dépasser la question obsédante de la permanence culturelle est de placer au centre du débat sur le changement un modèle fondé sur la théorie développée par Dumont concernant les valeurs et l'organisation hiérarchique des éléments culturels qu'elles produisent. Dans le cadre de ce modèle, les changements ont lieu lorsque de nouvelles valeurs ou de nouvelles hiérarchies de valeurs créent une nouvelle organisation des valeurs dont certaines sont traditionnelles mais dont aucune ne conserve la place hiérarchique qu'elle occupait antérieurement. Les transformations sous forme de relations intra-culturelles entre ces éléments, telles que les a conceptualisées Dumont comme, par exemple, leur englobement, leur élaboration limitée, et leur confinement dans des contextes subalternes, sont ce qui confère au processus de transformation des valeurs toute son importance. Lorsque ce type de changement se produit, les anthropologues sont fondés à parler de changement culturel radical.

Ce modèle de changement est particulièrement adapté à l'étude des cultures qui ont été transformées par le christianisme pentecôtiste et charismatique. Ces formes de christianisme ne prétendent pas que les esprits traditionnels n'existent pas, et c'est pour cette raison que les observateurs jugent bien souvent qu'elles ne constituent pas des forces effectives de changement. Pourtant, partout où elles sont véritablement adoptées, elles transforment radicalement les valeurs culturelles et enclenchent, en conséquence, des processus par lesquels les esprits traditionnels et les valeurs qu'ils incarnent sont englobés, voient leur élaboration limitée et se retrouvent confinés dans des contextes subalternes. J'ai développé ici cette idée en me fondant sur l'analyse d'une situation unique, celle des Urapmin de Papouasie Nouvelle-Guinée. Mais j'estime généralement que ce qui s'est passé chez les Urapmin s'est également produit dans de nombreux autres endroits (Robbins, 2004a).

Si l'on s'intéresse aux questions qui préoccupent actuellement les anthropologues (la mondialisation, la modernité, les migrations, l'hybridation culturelle, etc.), on nous excusera sans doute d'avoir imaginé que le changement culturel radical puisse être l'un des rares sujets unificateurs d'une discipline en voie de fragmentation. Mais on a pu se tromper. En l'absence de toute théorie sérieusement élaborée du changement culturel radical, on soulève trop rarement le sujet et il n'existe aucun débat se proposant explicitement de rapprocher les travaux disparates qui en traitent. Je prétends personnellement que l'œuvre théorique de Dumont peut servir de base à une théorie du changement culturel radical susceptible de permettre ce débat. Pour l'anthropologie, depuis la fin des années 1980 et la vogue bourdieu-sienne, l'époque ne s'est guère montrée favorable aux projets théoriques de grande envergure et c'est la raison pour laquelle les travaux de Dumont sont de moins en moins lus de nos jours. Cette contribution avait pour objectif de rappeler la puissance de sa pensée et de montrer comment, si l'on embrassait l'ampleur de sa vision théorique, on pourrait élaborer une nouvelle conceptualisation de la dynamique du changement culturel radical qui est aujourd'hui au cœur de la vie sociale partout dans le monde.

Bibliographie

Allen, N.J.
1998   "Obituary: Louis Dumont (1911-1998)." *Journal of Anthropological Society of Oxford,*
        29(1) : 1-4.

Barrett, D.B. et T.M. Johnson
2002   "Global Statistics." In S. M. Burgess and E. M. van der Maas (eds), *The New International
        Dictionary of Pentecostal and Charismatic Movements*. Grand Rapids, MI : Zondervan,
        pp. 283-302.

Battistella, Edwin L.
1990   *Markedness: The Evaluative Superstructure of Language*. Albany : State University
        of New York Press.

Dumont, Louis
1977   *From Mandeville to Marx: The Genesis and Triumph of Economic Ideology*.
        Chicago : University of Chicago Press.
1981   *Homo Hierarchicus: The Caste System and its Implications*. Édition anglaise révisée.
        Chicago : University of Chicago Press.
1986   *Essays on Individualism: Modern Ideology in Anthropological Perspective*.
        Chicago : University of Chicago Press.
1994   *German Ideology: From France to Germany and Back*.
        Chicago : University of Chicago Press.

Eriksen, Annelin
2005   "The Gendered Dynamics of Inverted Hierarchy in North Ambrym, Vanuatu."
        Présentation à la conférence de l'*ESfO*, Marseille.

Flannery, Wendy
1983a   *Religious Movements in Melanesia Today. Vol. 1*. Goroka, Papouasie Nouvelle-Guinée :
        Melanesian Institute.
1983b   *Religious Movements in Melanesia Today. Vol.2*. Goroka, Papouasie Nouvelle-Guinée :
        Melanesian Institute.
1983c   *Religious Movements in Melanesia: A Selection of Case Studies and Reports*.
        Goroka, Papouasie Nouvelle-Guinée : Melanesian Institute.
1984   *Religious Movements in Melanesia Today. Vol.3*. Goroka, Papouasie Nouvelle-Guinée :
        Melanesian Institute.

Gardner, D.S.
1987   "Spirits and Conceptions of Agency among the Mianmin of Papua New Guinea."
        Oceania, 57(3) : 161-177.

Gregory, Chris.A.
1982   *Gifts and Commodities*. Londres : Academic Press.

Jenkins, Philip
2002   *The Next Christendom: The Coming of Global Christianity*. Oxford : Oxford University Press.

Martin, David
2001   *Pentecostalism: The World Their Parish*. Oxford : Blackwell Publishers.

Meyer, Birgit
1999   *Translating the Devil: Religion and Modernity among the Ewe in Ghana*.
           Trenton, NJ : Africa World Press.

Munn, Nancy D.
1986   *The Fame of Gawa: A Symbolic Study of Value Transformation in a Massim
           (Papua New Guinea) Society*. Cambridge : Cambridge University Press.

Ortner, Sherry B.
1994   "Theory in Anthropology Since the Sixties". In N. B. Dirks, G. Eley, et S. B. Ortner (eds),
           Culture/Power/History: A Reader in Contemporary Social Theory. Princeton : Princeton
           University Press, pp. 372-411.

Patterson, Orlando
2004   "Culture and Continuity: Causal Structures in Socio-Cultural Persistence". In R. Friedland
           et J. Mohr (eds), *Matters of Culture: Cultural Sociology in Practice*. Cambridge :
           Cambridge University Press, pp. 71-109.

Rio, Knut
2005   "Discussions Around a Sand-Drawing: Creations of Agency and Society in Melanesia",
           Journal of the Royal Anthropological Institute, 11 : 401-423.

Robbins, Joel
1994   "Equality as a Value: Ideology in Dumont, Melanesia and the West",
           Social Analysis, 36 : 21-70.
1995   "Dispossessing the Spirits: Christian Transformations of Desire and Ecology among
           the Urapmin of Papua New Guinea", *Ethnology*, 34(3) : 211-224.
2003   "Given to Anger, Given to Shame: The Psychology of the Gift among the Urapmin of
           Papua New Guinea", *Paideuma*, 49 : 249-261.
2004a   "The Globalization of Pentecostal and Charismatic Christianity", *Annual Review
           of Anthropology*, 33 : 117-143.
2004b   *Becoming Sinners: Christianity and Moral Torment in a Papua New Guinea Society*.
           Berkeley : University of California Press.
2007   "Continuity Thinking and the Problem of Christian Culture: Belief, Time and the
           Anthropology of Christianity", *Current Anthropology*, 48(1) : 5-38.
2009   "Conversion, Hierarchy, and Cultural Change: Value and Syncretism in the Globalization
           of Pentecostal and Charismatic Christianity". In K. Rio and Olaf H. Smedal, (eds),
           Hierarchy: Persistence and Transformation in Social Formations, New York : Berghahn
           Publishers, pp.65-88.

Robbins, Joel, Pamela J. Stewart, et Andrew Strathern (eds)
2001   *Charismatic and Pentecostal Christianity in Oceania. Journal of Ritual Studies* 15(2)
           [special issue]. Pittsburgh : Departement d'anthropologie, Université de Pittsburgh.

Schieffelin, Edward L.
1976   *The Sorrow of the Lonely and the Burning of the Dancers*. New-York : St. Martin's Press.

Strathern, Marilyn
1988   *The Gender of the Gift: Problems with Women and Problems with Society in Melanesia*.
           Berkeley : University of California Press.

Wagner, Roy

1977   "Analogic Kinship: A Daribi Example". *American Ethnologist*, 4(4) : 623-642.

1981   *The Invention of Culture*. Édition revue et augmentée. Chicago :
University of Chicago Press

Notices sur les auteurs

Pascale Bonnemère est directrice de recherche au CNRS et membre du Centre de recherche et de documentation sur l'Océanie (CREDO), à Marseille. Elle mène des enquêtes ethnographiques auprès des Ankave-Anga de Papouasie Nouvelle-Guinée depuis 1987, le plus souvent en collaboration avec Pierre Lemonnier. Elle a publié : *Le pandanus rouge : Corps, différence des sexes et parenté chez les Ankave-Anga*, CNRS-Éditions et Éditions de la MSH (1996) ; *Les tambours de l'oubli : la vie ordinaire et cérémonielle d'un peuple forestier de Papouasie* (avec P. Lemonnier), Au Vent des Îles (2007) ; et a coordonné : *Women as Unseen Characters : Male Ritual in Papua New Guinea*, University of Pennsylvania Press (2004) et *Ce que le genre fait aux personnes* (avec I. Théry), Éditions de l'EHESS (2008). Elle termine actuellement un ouvrage sur la construction de la personne masculine à partir de l'étude du rituel organisé à l'occasion de la naissance d'un premier enfant.

Françoise Douaire-Marsaudon est directrice de recherche au CNRS et membre du Centre de recherche et de documentation sur l'Océanie (CREDO), à Marseille. Ses recherches, commencées en 1982 à Tonga, puis à Wallis et à Futuna, ont pour objet l'étude des rapports entre les transformations des systèmes politiques polynésiens et la construction de la personne (sexuée), les processus de christianisation et les relations entre mémoire et histoire. Elle a publié notamment *Les premiers fruits : Parenté, identité sexuelle et pouvoirs en Polynésie (Tonga, Wallis et Futuna)*, Paris : CNRS-Éditions et Éditions de la MSH (1998) et elle a coordonné plusieurs ouvrages dont *The Changing South Pacific : Identities and Transformations*, (avec S. Tcherkézoff), Canberra : Pandanus Book, ANU (2005) ; *Missionnaires chrétiens, XIXe-XXe, Asie-Pacifique* (avec A. Guillemin et C. Zheng) Autrement (2008) ; *Grand-mère, grand-père. La grandparentalité en Asie et dans le Pacifique*, Marseille, Publications de l'Université de Provence (2008).

Annelin Eriksen est professeur associé d'anthropologie au département d'anthropologie sociale, à l'Université de Bergen, en Norvège. Elle a accompli, depuis 1995, des recherches de terrain à Ambrym, au Vanuatu, ainsi que dans la capitale Port-Vila. Sa monographie, *Gender, Christianity and Change, An analysis of social movements on Ambrym, Vanuatu*, basée sur sa thèse de doctorat, a été publiée par Ashgate en 2008. Elle a aussi co-édité, en collaboration avec Bruce Kapferer et Kari Telle, l'ouvrage *Contemporary Religiousities : Ermergent Socialities and the Post Nation State*, Berghahn (2009).

Richard Eves est directeur de recherche à l'Université Nationale d'Australie (ANU) et membre du programme État, Société et Gouvernance en Mélanésie. Ses recherches sur la religion vont de l'histoire de la mission méthodiste dans le Pacifique aux formes contemporaines du christianisme en Papouasie Nouvelle-Guinée. Ses travaux les plus récents portent sur les interprétations chrétiennes de l'épidémie de Sida et sur les reconfigurations chrétiennes de la masculinité. Ses dernières publications comprennent l'ouvrage collectif (with Leslie Butt), *Making Sense of AIDS: Culture, Sexuality and Power in Melanesia* (2008) ainsi que l'article « 'In God's Hands': Pentecostal Christianity, Morality and Illness in a Melanesian Society », *Journal of the Royal Anthropological Institute* (2010).

Astrid de Hontheim est docteur en anthropologie (Université Libre de Bruxelles [ULB] et Université d'Aix-Marseille 1), collaboratrice scientifique du Centre d'Anthropologie Culturelle de l'ULB et chercheur au Centre Interdisciplinaire d'Études des Religions et de la Laïcité. Elle enseigne l'anthropologie de l'Océanie à l'ULB et à l'Université d'Ottawa, l'anthropologie religieuse à l'Université de Mons et l'anthropologie de la famille et de la naissance à l'EIULB. Ses intérêts de recherche portent sur les missionnaires pionniers dans le Pacifique, les contenus symboliques de l'objet d'art, l'alimentation rituelle, la construction de l'image des peuples océaniens dans la littérature et les médias et l'exorcisme chrétien, envisagé dans un cadre anthropologique, historique et psychiatrique. Elle est l'auteur de *Chasseurs de diables et collectionneurs d'art. Tentatives de conversion des Asmat par les missionnaires pionniers protestants et catholiques* (2007), Presses Interuniversitaires Européennes (PIE-Peter Lang).

Denis Monnerie est professeur d'ethnologie à l'Université de Strasbourg et membre du Laboratoire Cultures et Sociétés en Europe. Son travail se développe dans une perspective comparatiste explorant formes, dynamiques et significations du social. Après des voyages et enquêtes en Asie, il s'est plus particulièrement intéressé à l'Océanie où le cadre de ses recherches est dessiné par les articulations entre les sociétés locales et leurs relations externes. Ceci d'abord à Mono-Alu aux Îles Salomon du Nord-Ouest, avec des recherches d'ethnohistoire concernant les XIXe et XXe siècles. Depuis 1992, il travaille sur le terrain à Arama et dans la région Hoot ma Whaap, au nord de la Nouvelle-Calédonie. Il a publié notamment *Nitu, les vivants, les morts et le cosmos selon la société de Mono-Alu (Îles Salomon)*, Leiden, Center for Non Western Studies (Pays-Bas), (1996) et *La parole de notre Maison. Discours et cérémonies kanak aujourd'hui*, Paris, CNRS Éditions et Éditions de la Maison des Sciences de l'Homme (2005).

Marc Tabani, ethnologue, chargé de recherche au CNRS, a mené de nombreuses enquêtes à Vanuatu et en Nouvelle-Calédonie depuis 1993. Ses deux thèmes de prédilection sont : les politiques de l'identité et de la tradition dans le contexte du processus d'édification nationale à Vanuatu ; les mouvements millénaristes en Mélanésie et plus spécialement le culte de John Frum, dans l'île de Tanna. Chacun de ces thèmes a donné lieu à la publication d'un ouvrage et de diverses productions audiovisuelles. Marc Tabani est actuellement engagé dans la construction et l'aménagement d'un centre culturel à Tanna et dans un programme de recherche sur les héritages culturels de la francophonie vanuataise.

Joel Robbins est professeur, Président du Département d'Anthropologie à l'Université de Californie, San Diego. Ses travaux sont centrés sur le changement culturel, l'anthropologie du christianisme, la globalisation du pentecôtisme ainsi que l'étude du langage, de l'échange et du rituel. Il a publié *Becoming Sinners: Christianity and Moral Torment in a Papua New Guinea Society*, Berkeley, University of California Press (2004). Il co-édite le *Journal of Anthropological Theory*.

Andrew Robson est professeur d'anglais à l'Université du Wisconsin Oshkosh, USA. Il est né en Angleterre et a obtenu son doctorat à l'Université Nationale d'Australie. Il a fait du terrain à Samoa (Samoa occidentales), à Fidji et aux îles Salomon, entre autres. Il est l'auteur de *Prelude to Empire: Consuls, Missionary Kingdoms, and the Precolonial South Seas, seen through the Life of William Thomas Pritchard*. Vienna and Hamburg: LIT Verlag/Austrian-South Pacific Society, 2004. Il fait actuellement des recherches sur la vie et les écrits de Robert Louis Stevenson à Samoa.

Deborah Van Heekeren est chargée de cours à l'Université de Macquarie à Sydney (Australie). Elle a mené une recherche de terrain chez les Vula'a, dans la Province Centrale de Papouasie Nouvelle-Guinée, où elle a étudié plus particulièrement les effets du christianisme, introduit au XIXe siècle, sur la socialité de cette population. Ses travaux sur les Vula'a se placent dans une perspective phénoménologique influencée par la philosophie de Heidegger. Ils sont centrés sur l'ontologie et la cosmologie des Vula'a, ainsi que sur le mythe et le genre tels qu'appréhendés dans les interstices des dichotomies occidentales comme mythe/histoire, chrétien/préchrétien etc. Son livre à paraître *The Shark Warrior of Alewai: a Phenomenology of Melanesian Identity* (Sean Kingston Publishing) est une monographie ethnographique fondée sur l'ensemble de ces approches.

Gabriele WEICHART est chargée de cours au Département d'Anthropologie sociale et culturelle de l'Université de Vienne (Autriche). Ses recherches de terrain se situent en Indonésie et dans l'Australie indigène et ses publications portent sur l'art et l'identité, la nourriture et les festins ainsi que sur le christianisme et les missions chrétiennes. Elle a co-édité *Food Chains: Eating, drinking, feeding – framing social relations (Les chaînes alimentaires : du boire et du manger ou comment se nourrissent les relations sociales)* dans le périodique *Anthropology of Food* (2007).

Remerciements

Nous voudrions remercier toutes les personnes qui ont accepté de participer, d'une manière ou d'une autre, à la fabrication de cet ouvrage : en nous proposant un article, en nous manifestant leur aide et leur soutien, en nous témoignant leur sympathie, en partageant nous soucis, nos doutes et nos enthousiasmes.

Nos remerciements vont plus particulièrement à :

nos auteurs ; au Centre de recherche et de documentation sur l'Océanie et à son directeur Laurent Dousset ;

au CNRS, à l'Université de Provence et à l'EHESS qui ont largement contribué à la réussite de VIe Conférence de l'ESfO (European Society for Oceanists), à Marseille (juillet 2005), d'où ce livre est issu ;

à Simonne Pauwels, pour sa disponibilité et ses conseils éclairés ; à Deborah Pope, pour les traductions et la relecture des articles en anglais ; à Émilie Courel, pour la responsabilité de la PAO et les relations entretenues avec les contributeurs et avec les partenaires institutionnels ; à Judith Hannoun, pour les corrections bibliographiques ; à Maïa Ponsonnet, pour la relecture du manuscrit ; à Julia Fargeot, pour le suivi administratif et juridique du dossier éditorial.

www.ingramcontent.com/pod-product-compliance
Lightning Source LLC
Chambersburg PA
CBHW080607270326
41928CB00016B/2957